청도 밀양박씨 嘯皐公派와 朴時默·朴在馨

청도 밀양박씨 嘯皐公派와 朴時默·朴在馨

박 홍 갑 외

景仁文化社

책 간행에 부쳐

한반도에 부족국가가 성립한 이래로, 청도지역에 정착했던 사람들도 매우 왕성한 활동을 해 왔던 것으로 보인다. 우리 지역에 산재한 각종 유적들이나 발굴된 유물들이 이를 말해주고 있으며, 이는 기후나 토질 같은 여러 조건들이 인간이 살아가는 환경에 적합하기 때문일 것이다. 이서국이 비록 신라에 병합되어 버렸지만, 그 후예들은 끈질긴 생명력을 유지한 채 청도 땅을 지켜냈다. 그리하여 고려시대에는 토착세력이 워낙 강성하여 중앙에서 파견 된 관리들도 다스리기 어려워했다는 기록이 있을 정도다. 왕사 국사를 이곳에 파견했던 것에서도 청도의 위상을 짐작할 수 있다.

여기에다 고려 후기부터의 인구이동 현상에 따라 김해나 밀양 혹은 안동에서 청도로 이주해 왔던 세력들이 새로이 정착해 갔다. 흔히들 조선시대를 재지사족(在地士族)의 시대라 일컫는 데서 알 수 있듯이, 청도 땅에도 기왕에 정착했던 청도 김씨 외에도 김해 김씨나 밀양 박씨, 고성 이씨 등과 같은 여러 성씨들이 새로 이주해 왔고, 이들이 재지사족으로 훌륭하게 정착하여 고을을 주도하는 형국이 되었다.

그런 가운데 임진왜란을 당하자 보국충정의 일념으로 창의의 깃발을 올린 밀양박씨 소고공파의 활약은 우리 의병전쟁사에서도 보기 드문 일이 되었다. 그 일문(一門)에서 무려 11명이 선무원종공신으로 책봉 받았기 때문이다. 그리고 그 후예들은 퇴계 학맥을 이은 남인(南人) 학자로 활동하면서 많은 저술을 남겼다. 뿐만 아니라 당대 지식인들이 꿈꾸며 노력했던 각종 사회활동을 통하여 진정한 노블레스 오블리제를 실천하고자 했다. 그리고 그 중심에는 운강(雲岡) 박시묵(朴時默)과 그의 아들 진계(進溪) 박재형(朴在馨)이 있었다.

청도에 살았던 수많은 선인(先人)들 중에는 그들의 활동들이 잘 알려지지 못한 경우가 많은데, 이들 역시 그러한 예에 벗어나지 않는다. 이런 안타까운 현실을 타개하고자, 경상북도 문화원연합회 주최 제20회 경북 역사인물학술발표회 주제를 「한말 청도 학자 박시묵·박재형 선생의 학문과 저술」로 한 것이 지난해였다. 향토 출신 박홍갑(朴洪甲) 박사의 도움으로 무사히 학술회의를 마쳤지만, 이 논문들을 좀 더 보완하여 한권의 책으로 묶자는 참가 교수님들의 제안으로 더 큰 결실을 맺게 되었으니, 청도문화원장으로서 무한한 감사의 말씀을 올린다. 더욱이 이미 발표되었던 소고공파 혹은 소요당 논문을 함께 게재(揭載)할 수 있도록 허락해 주신 김성우·신병주 교수님께도 감사의 말씀을 올린다.

청도가 배출한 각종 역사 인물에 대한 올바른 역사적 평가를 위해 더 분발하라는 채찍의 계기가 되었다고 자평하고 싶다. 이 책이 나올 수 있게 도와주신 모든 분들, 그리고 출판사 관계자분들께도 감사를 드린다.

2019년 8월   일
청도문화원장   박 윤 제

서 문

이 책은 크게 두 부분으로 나누어져 있다.

제1편은 조선초기 밀양박씨 소고공파(嘯皐公派)가 밀양에서 청도로 이주한 이래 각종 정치 사회적 활동을 통하여 재지사족(在地士族)으로서의 위상을 굳혀갔던 부분을 설명한 것이다. 그리고 제2편은 한말 서세동점(西勢東漸)의 위기에 살았던 남인(南人) 학자 박시묵(朴時默)과 그의 아들 박재형(朴在馨)의 현실 인식과 그들의 학문적 성과를 설명한 것이다. 그러니까 밀양박씨 청도 입향조 소고공 박건(朴乾)으로부터 박시묵 부자가 살았던 시대까지의 개별 문중에 대한 역사이기도 하다.

2018년 가을에 열린 제20회 경북역사인물학술발표회 주제가 「한말 청도 학자 박시묵·박재형 선생의 학문과 저술」이었다. 이 때 발표된 논문들은 「박시묵 박재형 부자의 학맥과 현실의식(권대웅)」, 「운강 박시묵의 저술과 학문사적 위상(권오영)」, 「진계 박재형의 저술과 학문사적 위상(박인호)」, 「박재형의 해동속소학 편찬과 의의(박홍갑)」 등 4편이었는데, 영남 지방 남인 계열 학자로 살았던 박시묵과 그의 아들 박재형의 많은 저술들이 학계에 주목을 받아 왔으면서도, 더 이상 깊이 있는 연구가 이루어진 일이 없었기 때문에 기획된 것이었다.

학술발표회를 마친 후 각자 별개의 논문으로 학술지에 발표되는 것보다는, 한 데 모은다는 의미를 살려 책으로 간행하는 것이 바람직하다는 의견이 제시되었다. 그럴 경우 박시묵 선대(先代)의 정치 사회적 활동에 대한 내용들도 아울러 필요했고, 다행스럽게도 기존에 발표되었던 몇 편의 논문 집필자 양해를 얻어 추가할 수 있었다. 제1편에 실은 「밀양박씨 소고공파의 가문 내력(박홍갑)」, 「밀양박씨 소고공파의 종족 활동(김성우)」, 「처사형 학자 박하담의 생애와 활동(신병주)」 등이 그것이다.

여기에다 「용암공 박숙의 의병활동과 사회 활동(박홍갑)」 부분을 추가했는데, 이는 체제를 맞추기 위해 부득이 새로 집필한 원고이다. 소고공 후예들 여러 파(派) 중의 한 갈래인 용암공파(龍巖公派) 파시조가 박숙(朴璹)인데, 그를 비롯하여 가계(家系)를 이어간 상황들에 대해 보충한 것이다. 잘 알려져 있듯이 박시묵과 박재형이 활동하던 때가 바로 용암공파 성세(姓勢)의 정점에 해당하는 시기였다는 점에서 연결고리가 필요했기 때문이다.

이리하여 소고공 박건 → 소요당 박하담 → 용암공 박숙 → 박시묵과 박재형으로 연결되는 큰 줄기의 계보를 맞춘 셈이다. 그러니 서두에서 말한 바 있던 문중에 대한 역사가 되고 말았다. 우리 역사 연구에 있어 문중 사학의 폐해는 일찍부터 지적되어 온 바가 있다. 후손들의 지나친 간섭과 참견으로 올바른 연구 풍토가 조성되기 어렵다는 것이 큰 문제점이었다. 실증적 논거에 바탕을 둔 학자들의 소신 있는 글쓰기가 되어야 함은 아무리 강조해도 지나침이 없다. 객관적인 논고에 대해 후손들 또한 겸허한 자세로 받아들일 자세가 요구된다. 조상 대대로 전승된 내용이라 할지라도 엄정한 사료 비판의 토대 위에서 검증 과정을 거쳐야 객관성을 갖는 역사가 될 수 있기 때문이다.

운강·진계 선생 관련 학술회의를 기획해 주신 청도문화원 박윤제 원장은 물론, 이 책 단락별 집필자들께 우선 감사의 말씀을 드린다. 상업성 없는 전문 서적 시장을 바라보며 겨우 지탱해 나가는 경인문화사 한정희 사장님께 또 한 번 신세를 진 느낌이다. 필자와의 작은 인연으로 기꺼이 응해주셨다. 난삽한 원고를 깔끔하게 마무리해 준 편집부께도 고맙다는 말을 전하고 싶다.

2019년 8월   일

여러 집필자를 대신하여   박 홍 갑   삼가 씀

제 1 편

소고공파의
청도 정착과 활동

1장
청도 밀양박씨 嘯皐公派 가문내력

1. 머리말

조선 세종조 이래 경상도 청도에서 살아왔던 밀양박씨 소고공파는 영남에서도 비교적 큰 문중을 이루고 있다. 세칭 거주지에 따라 수야박가(이서면 수야) 보리미박가(이서면 모산) 혹은 섶마리박가(금천면 신지)로 불리는 동족마을을 잘 유지해 오고 있는데, 조선총독부 조사에 의하면,[1] 당시 수야동은 밀양박씨가 120호로 안동 구담마을의 순천김씨 문중을 제외하고는 가장 큰 규모를 자랑하고 있었다. 소고공 박건이 처음 정착지로 삼았던 마을이 곧 수야인데, 1673년에 편찬되었던 청도 사찬 읍지『오산지』에 의하면, "오산군(鰲山郡: 청도의 별칭) 동쪽 5리쯤에 목마른 용이 물을 마시는 형국으로 만세(萬世)가 지나도 깨어지지 않는 터가 있으며, 수여현(水餘峴)의 두 물줄기 사이에 명당이 있다"라는 도선의 「답산기(踏山記)」를 소개하면서, "수여는 지금의 수야촌(水也村)이다" 라고 부가설명하고 있으니,[2] 수야 마을의 인문지리적 환경이 매우

---

1 조선총독부, 1933,『朝鮮の聚落』後篇.
2 李重慶,『鰲山誌』「道詵踏山記」 참조.

뛰어났음을 알 수가 있겠다.

　이렇듯 밀양박씨 소고공파 후예들은 청도에 뿌리를 내린 이래 청도
김씨를 비롯한 토성 세력이나 동시대에 이주해 왔던 다른 문중(김해김
씨, 고성이씨 등)들과 때로는 협력관계 때로는 대립관계를 보이면서 지
역사회의 으뜸가는 문중으로 성장해 갔고, 이런 과정을 거치는 동안 문
중 규모에 걸 맞는 다양한 종족활동을 해왔기에 일찍부터 학계의 주목
을 받아왔다.

渡部學, 「海東續小學とその著者　朴在馨－舊韓末在鄕處士層の思想と行動」
　　　(『武藏大學人文學會雜誌』 7-1, 1975).
渡部學, 「海東續小學에 對하여－進溪先生　撰著－」(『한국학논집』 7, 계명
　　　대 한국학연구소, 1980).
姜周鎭, 「壬辰倭亂과　淸道十四義士論」(『한국학논집』 7, 1980).
渡部學, 「仙湖龍巖公派朴氏의 兩班性－いわゆる鄕班の社會的　成立」(『歷史
　　　における民衆と文化』, 東京, 1982).
金錫禧・金康植, 「壬辰倭亂과　淸道地域의　倡義活動－淸道　密城朴氏　14義士
　　　를 중심으로－」(『부산사학』 23, 1992, 부산사학회).
金侖秀, 「『逍遙堂逸稿』 해제」(『남명학연구』 6, 1996).
申炳周, 「16세기 초　處士型 學者의　學風과　現實觀－金大有와　朴河談을 중
　　　심으로－」(『南冥學硏究論叢』 5, 1997, 南冥學硏究院).
張東杓, 「16・17세기 청도지역 재지사족의 향촌지배와 그 성격」(『釜大史
　　　學』 22, 1998).
金盛祐, 「密城朴氏 嘯皐公派의　淸道 定着과　宗族 활동」(『震檀學報』 91, 2001,
　　　震檀學會).
노관범, 「19세기 후반 淸道 지역 南人學者의 학문과　小學의 대중화－進
　　　溪　朴在馨의　海東續小學을 중심으로－」(『韓國學報』 104, 2001).
김광철, 「여말선초 사회변동과 朴翊의 生涯」(『밀양고법리벽화묘』, 2002,

동아대박물관).

박홍갑, 「16세기초 청도지역 사림의 활동-瓶齋 朴河澄을 중심으로-」
　　(『民族文化論叢』 28, 영남대 민족문화연구소, 2003).
박홍갑, 「조선초기 밀양 재지세력의 청도이주와 정착과정-밀양박씨
　　소고공파를 중심으로-」(『백산학보』 70집, 2004. 12)
박홍갑, 『병재 박하징 연구』(경인문화사, 2006)

　　이상의 논고들에서 확인되듯이, 소고공 박건이 청도 수야에 정착한 이래 그 후예들은 다양한 종족활동을 통하여 정체성을 확립해 나갔고, 그 결과들이 오늘에까지 영향을 미치고 있다. 특히 영남사림 세력이 성장해 가던 시기에 소고공의 손자 3형제(하담·하청·하징)가 두드러진 행적을 남겨 각기 파조로 받들어지고 있는데, 이들 후예들은 조선후기에 접어들어서도 위선사업을 위한 다양한 종족 활동을 해왔고, 그 결과물인 각종 유형 무형의 문화재들이 학계나 언론에서까지 꾸준하게 주목을 받아왔다. 본고는 한국국학진흥원 제12회 기탁문중특별전 -청도 밀양박씨 소고공파 문중- 학술회의에 맞춰, 기왕에 발표되었던 필자의 원고를 바탕으로 동학이나 선학들의 글을 약간 덧붙여 재집필한 것이다. 따라서 이미 발표했던 논문이란 점을 미리 밝혀둔다.

2. 소고공 박건의 가계

　　고려말기 밀양의 박씨들은 박홍신 계열과 은산·행산 계열이 그 지역을 대표하였다. 그 중에서도 소고공 박건의 선계는 은산부원군 박영균으로 연결된다. 밀양박씨 여러 갈래 중에서 은산파 시조였던 영균(중조 彦孚의 7세)은 판도판서를 역임하였고, 그의 아들 익(翊) 또한 고려말에 출

사하여 예조판서까지 역임했으나 이성계 섬기기를 거부하면서 고향 땅 송계 계곡에 은거하여 두문동 72현으로 추앙 받는 인물이다. 박익의 아들 4형제는 모두 새 왕조에 출사 하였다. 이들의 가계표를 간략하게 제시하면 다음과 같다.

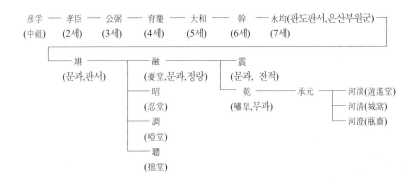

박건의 조부였던 박익이 문과에 급제하여 판서를 역임하면서 가문의 입지를 세울 수 있었다고 보여진다. 족보나 문집류에서는 박익의 조부였던 간이 평장사(정2품), 부친이었던 영균이 판도판서(정3품)를 역임했다고 하나, 『고려사』를 비롯한 사서에서는 확인이 되지 않는다. 족보나 문집이 당대의 기록이 아니라 조선후기에 만들어졌다는 점이 있긴 하지만, 박익과 동시대에 살았던 황희가 지은 묘표에 실려 있는 내용이기에,[3] 신빙성은 있을 것으로 추정된다.

박익의 기록 역시 마찬가지이다. 박익은 이성계가 5차례 불러 좌상까

---

3 『松隱先生文集』권2, 「墓表」참조. 이런 의문은 이미 김광철의 「여말선초 사회변동과 박익의 생애」(『密陽古法里壁畵墓』, 동아대, 2002)에서 지적된 바도 있다. 그 의문에는 필자 역시 동감한다. 그럼에도 불구하고 17세기 이후 편찬된 朴翊의 文集이나 族譜類 등에서 소개된 내용들이 묘의 발굴을 통해 거의 사실에 부합한다는 것을 알 수 있었던 것도 큰 소득이었다고 본다.

지 제수하려 했으나 끝까지 출사하지 않았는데, 이 역시 『고려사』나 『조선왕조실록』 같은 정사류에서는 찾아지지 않는다. 다만 『경주부윤선생안』에서 동경판관(종5품)을 역임한 사실이 기재되어 있고, 최근에 발굴된 묘지석에서 사재소감(司宰少監, 종4품)을 역임했던 사실이 확인될 뿐이다.[4] 그 밖에 그의 문집에 있는 황희의 글 「묘표」에서 예부시랑(정4품), 황보인의 글 「유허신도비속지(遺墟神道碑續誌)」에서 예조판서(정3품)를 역임한 것으로 나타내고 있다. 따라서 문집에 있는 내용들을 그대로 받아들일 수 있다면 최종 관직은 예조판서였다고 할 수 있다. 박익이 정종 즉위년(1398)에 죽자 찬성 변계량이 시장(諡狀)을 올려 충숙공(忠肅公)으로 시호가 내려졌다.[5] 조선초기에는 대체로 정3품 이상의 고위직을 역임한 자만 시호를 받을 수 있었고,[6] 시장을 쓴 변계량은 밀양 출신이었으니, 박익에 대해 누구보다도 잘 아는 인물이었을 것이다.

이렇듯 송은(松隱) 박익(朴翊)의 행적에 대해서는 정사류의 사서에 나오지 않는다는 맹점으로 기존 사학계에서 별로 주목을 받지 못하였으나, 2000년 늦여름 태풍으로 밀양 고법리에 있던 그의 묘에 벽화가 발견되면서 세간에 크게 화제가 되었다.[7] 그 벽화는 고려말 조선초기의 역사뿐만

---

4 朴翊의 묘지석에는 "朝奉大夫 司宰少監 朴翊墓 長子融 二者昭 三子昕(족보에는 調로 표기되어 있음) 四子聰 長女適孫奕 二女適曹功顯 三女適孫億 永樂 庚子 二月 甲寅葬"이라 새겨져 있다. 그의 사망 연대가 1398년이니, 묘의 조성은 약 22년이 흐른 1420년이었음을 알 수 있다.

5 『松隱先生文集』 권2, 「請諡狀(卞季良 撰)」.

6 朴洪甲, 2001, 「조선시대 시호제도」 『한국중세사회의 제문제』, 한국중세사학회.

7 밀양 청도면 고법리 산 134번지에 위치한 朴翊의 묘는 화악산 남서쪽 기슭의 낮은 구릉지대에 가로 605cm, 세로 482cm, 높이 230cm의 장방형 봉분이다. 2000년 9월 태풍 사오마이로 인해 봉분이 내려앉아 벽화가 발견되었는데, 1987년경 도굴로 인한 훼손 때문이었다. 판석으로 짜여진 석실 내부는 동서 벽이 각각 235cm, 남북 벽이 각각 90cm, 높이가 80cm의 크기인데, 석회를 바른 벽면에

아니라 민속생활사적인 면에서 매우 소중한 자료여서, 각 일간지나 방송에서 대대적인 소개가 있었음은 물론 학술적으로 큰 조명을 받기도 했다.[8]

박익이 살았던 당시는 밖으로는 왜구의 잦은 침입이나 명나라를 비롯한 북방의 민족들과도 잦은 마찰을 빚고 있었고, 안으로는 신유학으로 무장한 일군의 유학파들이 온건파와 강경파로 나누어져 혼란을 거듭하고 있었다. 이런 시기에 살았던 박익은 정몽주를 비롯한 온건파 유학자에 속하는 인물로 분류된다.

『경주선생안』에 의하면, 박익은 우왕 12년 9월부터 이듬해 8월까지만 1년 정도 동경판관에 재직한 것으로 나타난다.[9] 이때에 권농방어사(勸農防禦使)란 관직도 겸하고 있었다. 이 당시는 내륙 깊숙이 왜구가 출몰하여 노략질을 일삼을 때였기에 박익이 권농방어사를 겸했다면 왜구 격퇴 임무까지 함께 수행했다고 볼 수 있다.[10] 그런 후 우왕 13년에 동경판관 임기를 마치고 개경으로 올라가 사재소감직을 수행했을 것인데, 이 시기는 명나라의 철령위 설치 통보로 인해 양국 관계가 극도로 악화된 때였다. 그리하여 결국 요동정벌이 결정되어 전군에 동원 명령이 하달되었다. 박익이 소속된 사재시(司宰寺)는 물자 조달을 임무로 하는 관청이다. 따라서 박익은 직접적이든 간접적이든 요동정벌에 동원이 되었음이 분명하다. 그 후 박익은 우·창왕대에 정치가 어지러워지자 동생 천경과 함께 낙향하여 정몽주·이색 등과 교류하다가 공양왕때 다시 상경하여

먹선과 붉은색 및 푸른색 안료를 사용하여 벽화를 그렸다. 이는 조선초기의 벽화로는 처음 발견된 것이며, 또한 전대에 유행한 12支神像이나 星宿圖가 아닌 梅竹圖와 인물풍속화였다는 점에서 학계에 비상한 관심을 끌었다.

8 『密陽古法里壁畵墓』(동아대박물관, 2002).
9 「府尹先生案」『慶州先生案』(아세아문화사, 1982).
10 이는 김광철의 앞의 논문에서 언급한 바가 있고, 필자 역시 동감하는 바이다.

예조판서를 역임하였다 한다.[11]

공양왕 4년 초에 정몽주 일파는 이성계 세력 탄핵에 박차를 가하여 정도전·조준을 비롯한 핵심세력을 유배시킬 수 있었는데, 박익 역시 여기에 일조를 했다고 본다. 정몽주 요청으로 상경하여 그와 뜻을 같이 하는 시기였기 때문이다. 그러나 이성계 일파는 정몽주 암살이라는 비상 수단을 동원하여 대대적인 반격을 시도하였고, 이것이 성공되어 반대파의 숙청 작업까지 마무리할 수 있었다.[12] 이러한 상황으로 박익에게도 위기가 닥쳤으나,[13] 이성계 도움으로 참형을 면하여 귀양으로 마무리되었다. 박익의 귀양살이는 오래지 않아 바로 풀려난 듯하다. 곧 이어 개경 생활을 접고 낙향하여 완전한 은둔의 길로 들어 선 것으로 보이기 때문이다.[14] 아무튼 그는 밀양으로 내려가 호를 송은(松隱)으로, 거처하는 마을을 송계(松溪)라 이름하고 은둔생활을 시작하였다. 그 후 태조 4년에는 공조판서로 불렸으나 나가지 않았고, 이어 형조판서, 예조판서, 이조판서로 불렸으나 역시 나가지 않았으며, 다섯 번째는 좌의정으로 부르기도 했으나 결국 은둔의 고집을 꺾지 않아,[15] 후세에까지 5징불부(五徵不赴)로 칭송되었다.

박익의 아들 4형제 중 맏이는 융으로 문과를 거쳐 이조정랑과 군수

---

11 『松隱先生文集』 권3, 「實蹟」.
12 『高麗史』 권46, 世家, 恭讓王 4年 4月 丁巳條, 癸酉條 등에 의하면 탄핵을 주도했던 金震陽을 비롯한 대간들을 유배 보내고 전면적인 인사 개편을 단행하였다.
13 그 당시 위기는 황보인이 찬한 글에 잘 나타나 있다(『松隱先生文集』 권2, 「朴松隱公遺墟神道碑續誌(皇甫仁 書)」).
14 松京 경덕궁 앞에 있던 고개 不朝峴에서 朴翊·朴宜中·吉再가 서로의 이별을 아쉬워하면서 지은 시(『松隱先生文集』 권1, 詩篇)에서 낙향에 대한 결심이 잘 나타나 있다.
15 『松隱先生文集』 권2, 「墓表(黃喜 撰)」.

를 역임했고, 둘째 소는 생원시를 거쳐 현감, 셋째 조는 진사시를 거쳐 예조정랑, 넷째 총은 호조정랑을 역임했다. 후일 이들 4형제의 호를 따서 우당·인당·아당·졸당파로 각기 분기되었다.

앞의 가계표에서 확인하였듯이, 소고공 박건의 아버지가 우당 박융이다. 박융의 태어난 해는 현재 알 수가 없다. 태종 8년(1408) 문과에 급제하였는데, 그로부터 3년이 지나 확인된 관직은 사간원 정언이다.[16] 그가 정언으로 활동할 때 흉년임에도 불구하고 내관 황도 등이 황해도지역에 사냥을 다니던 문제점을 조목조목 따졌고,[17] 그로부터 한 달 후 취각(吹角) 때 간관들과 함께 참여하지 않았다는 이유로 동료들과 함께 파직 당하였다.[18] 그 뒤 다시 등용되어 형조·이조좌랑(정6품)을 거쳐 전사판관(종5품)으로 근무하였다는 기록이 『태종실록』 17년 기사에 나온다. 따라서 태종 11년 12월에 파직되었다가 얼마 후 다시 복직을 하여 형조좌랑과 이조좌랑 등을 역임하였던 것이다. 그 기사에 의하면 형조좌랑 시절 대간과 더불어 좌의정 박은의 노비를 추변하다가 양쪽이 모두 부당하다 하여 속공(屬公)시켰던 것이 문제가 된 사실을 전하고 있다. 이 사건으로 재차 관직을 떠났고, 그것이 태종 17년(1417)이었다. 그러나 당시의 사람들은 박융이 모함에 걸린 것이라 여겼다니,[19] 아마 억울하게 탄핵받았던 것 같다.

그러다가 몇 달 후인 태종 18년(1418) 5월에 직첩을 돌려받은 박융은[20] 세종이 즉위하자 외직인 금산군수로 나갔다가, 새로이 내직인 이조

---

16 『태종실록』 권22, 태종 11년 12월 신축조.
17 『태종실록』 권22, 태종 11년 11월 임오조.
18 『태종실록』 권22, 태종 11년 12월 신축조.
19 『태종실록』 권33, 태종 17년 윤5월 정축조.
20 『태종실록』 권35, 태종 18년 5월 임신조.

정랑이라는 요직을 맡게 되었다. 그러는 사이에 강원도 경차관, 경상도 도사 등을 겸직으로 업무를 수행하였고, 세종 6년 7월 전농소윤을 제수받아서도 경상도 도사를 겸직한 상태였다. 이 상태에서 경력으로 승진하였다가 세종 7년 8월에 성균 사예 벼슬이 내려져 한양으로 올라갔다가, 곧 이어 함안군수로 파견되었다. 『함주지(咸州誌)』에 의하면 조산대부(종4품) 박융이 세종 7년 10월에 부임하였다 했으니, 함안 군수로 제수될 때 이미 통덕랑에서 조산대부로 승진하였음을 알 수 있고, 또 약 5개월 정도 성균관 사예 직책을 수행하였음을 알 수 있다. 그리고 세종 10년(1428) 3월에 함안의 임소에서 생을 마쳤다.[21]

이상에서 본 바와 같이 박융은 50이 넘은 나이에 출사하여 약 20년 동안 관직 생활을 하였다. 그는 부친 박익과 도의지교로 사귄 정몽주 문하에서 학문을 익혔지만, 태조 7년(1398)에 박익이 죽으면서 새 왕조를 섬겨도 좋다는 유언을 듣기 전까지는 출사에 뜻이 없었던 것으로 보인다. 그 자신을 비롯한 4형제 모두가 태종 8년에 나란히 사마시에 응시하였던 것은 그 형제들이 모종의 결의에서 비롯된 것이라 보이기 때문이다. 그런 후 박융은 그 해 바로 문과까지 합격하여 관직에 첫발을 딛게 되었다. 그는 성균관과 사간원을 거쳐 관료들의 인사권을 쥐고 있던 핵심관직 이조좌랑과 정랑을 역임하였다.

그의 강직한 성격은 사간원 정언으로 재직시 언론 활동에서 잘 드러난다. 내관 황도가 황해도 장연의 강무장에서 개 말을 조습한다는 핑계로 농민들의 원성을 일게 하자 이를 중지시키도록 태종에게 요구하였다. 강무는 군사 목적상 필요한 것이란 태종 나름대로의 방침으로 해명하자, 박융은 이에 굴하지 않고 재차 요구하여 강무장을 폐쇄하도록 하는 간

---

21 鄭逑 編, 『咸州志』 (규장각 도서번호 10985, 12249).

관의 풍도를 잃지 않았다.[22] 강원도 경차관 시절에는 개국공신들이 수렵장을 빙자하여 농토를 침식하는 폐단을 극간하여 바로 잡기도 했다.[23] 그 후 경상도 도사로 재임하는 동안 권근의 『입학도설』을 간행 반질하여 교육 진흥에 힘을 쏟는 한편 각 군의 향교를 중수하고, 제례제법을 고증하여 재정비하는 등 유교이념을 정착시키는 데 진력을 다했다. 박융이 청도 향교를 크게 중흥시킨 것도 이때의 일이었다. 그가 함안 임소에서 생을 마감하자 이민(吏民)들이 부모상을 당한 것처럼 슬퍼하고 파시(罷市)하였다 한 것에서도 수령으로서의 자질에 대한 단면을 잘 보여준다 하겠다.

박융의 배위는 아산장씨이며, 2남 2녀를 두었다. 그 중에서 소고공 박건은 차남인데, 장녀는 순흥안씨 안돈후에게 시집가 장과 당을 낳았는데, 장은 부사를 역임하였고, 당은 중종 때 이조판서를 거쳐 좌의정에 올랐다. 2녀는 김유장에게 시집가 치원·치형·치리·치성을 낳았는데, 이들 5부자는 모두 절도사를 역임하여 세칭 5절도라 불렸다. 김유장은 익안대군(태조 이성계의 셋째 李芳毅)의 사위였던 첨총제 김한의 아들이었고, 치원과 치형은 세조 즉위시 원종공신에 녹공되었다.

3. 소고공 박건의 청도 입향과 정착과정

탁영 김일손이 청도 교수직으로 있을 때 향교를 중수하면서 남긴 「중수청도학기」에서 "본군의 학교는 다섯 번이나 옮겼지만 자리를 정하지

---

22 『태종실록』 권22, 태종 11년 12월 신축조.
23 『세종실록』 권19, 세종 5년 1월 신축조.

못한 채 사찰을 빌려 사용하다가 국초에 와서 지금의 자리에 세울 수 있었는데, 경상도 도사 박융 선생이 큰 힘을 썼다"라고[24] 한 바가 있다. 이처럼 박융이 청도와 인연을 맺었던 것이 곧 그의 차자였던 소고공 박건이 청도로 입향한 계기가 아닌가 한다. 당시 청도에서 큰 세력을 유지한 이가 병조판서 김철성이었는데, 소고공 박건이 그의 딸과 혼인을 계기로 청도 밀양박씨 소고공파를 여는 입향조가 되었기 때문이다.

조선전기 대대수의 입향 과정을 분석해 보면 처가동네로 이주한 사례가 많은데, 당시에는 재산상속 자체가 아들과 딸에게 고루 나누어주는 균분상속이었다. 따라서 재산을 상속받은 처향 혹은 외가향으로 이주하는 것이 보편화된 사회였다. 이러한 사회적 분위기를 반영하듯 박건의 경우에도 밀양 삽포에서 처향이었던 청도 수야로 이주하였다. 당시 청도 상북면 이동(耳洞: 현 이서면 수야)에 정착하고 있었던 광산김씨 김철성의 가계를 살펴보면 다음과 같다.

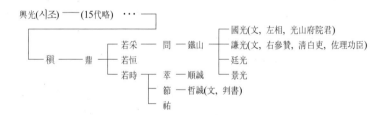

김철성은 17세기 중엽에 편찬된 청도의 사찬 읍지『오산지』「문무명인」조에 첫 번째로 나오는 인물이다. 그 기록에 의하면 문과에 급제하여 병조판서를 지냈다고 한다. 또한 청도 상북면 이동에 살았으며, 그의 묘

---

24 『鰲山誌』「重修淸道學記」 참조.

역시 그곳에 있었던 것으로 기재되어 있다. 그러나 조선시대 문과 급제자 명단인『문과방목』에는 그의 이름을 확인할 수가 없다. 아울러『조선왕조실록』기록에 의하면 세종 26년(1444)에 사헌부 감찰을 역임한 것으로 확인될 뿐,[25] 그 밖의 행적에 대해서는 기록이 전혀 남아있지 않다.

『광산김씨판군기감사공파보』에 의하면 자는 계명(季明)이고 사헌부 감찰을 역임했으며, 묘는 충남 서천 행제동 자좌(子坐)에 있는 것으로 나타난다. 그러나『오산지』기록에 의하면 그의 묘가 청도에 소재한 것으로 되어 있고, 또 밀양 박씨 문중에서 지금껏 그 묘를 관리하면서 향사를 받들고 있다. 따라서 서천에 있는 그의 묘는 허묘일 가능성이 크다.

고려초기부터 명문의 기틀을 다지기 시작한 광산김씨는 시조의 11세손 위(位)와 주영(珠永)을 이은 광세와 광존대에 와서 양대 산맥으로 분기된다. 그 중에서 광존계를 살펴보면 그의 현손 진이 대제학, 진의 증손 약채는 문과에 급제후 대사헌을 거쳐 충청도 관찰사를 지냈고, 그의 아우 약항은 공민왕 때 대사성으로 명나라에 갔다가 표문이 공손치 못하다 하여 황제 노여움으로 유배되어 돌아오지 못하였다.[26] 김철성 조부인 약시는 고려말 문과에 급제하여 진현관직제학(進賢館直提學)에 이르렀다가 나라가 망하자 경기도 광주(현 성남시 금광동) 산골에 은거하였는데, 이들 광산김씨 일파가 청도에 정착하게 된 연유에 대해서는 알 수가 없다. 김철성은 1남 7녀를 두었는데, 박건은 그 중에서 제6녀와 혼인하였다. 이렇듯 8남매의 균분상속이었다면, 박건에게 상속된 재산 역시 큰 규모는 아니었다고 보여진다. 현재 청도 수야4리에 해당하는 지대(池臺) 일원을 김철성에게 상속받았던 것으로 알려지고 있다.

---

25 『세종실록』권101, 세종 25년 8월 8일 경인조.
26 『용재총화』에서는 약항의 아들 處가 부친의 일로 반미치광이가 되었다고 전한다.

소고공 박건은 무과를 통해 입사하였다. 족보에 의하면, 어모장군(정
3품)으로 훈련원 봉사와 용양위 부사직(종5품)을 지냈다고 한다. 조선초
기 군사제도의 근간을 살펴보면, 세종이 기존의 10사(司)에서 12사로 개
편하였다가 문종이 즉위하자 이를 다시 5사 체제로 만들었고, 그 뒤 세
조 3년(1457)에 5사를 다시 5위로 개편하게 되었다.[27] 이때 새로 개편된
5위 중에 하나가 용양위였으니, 박건이 무과 급제 이후 훈련원 봉사를
거쳐 용양위 부사직을 역임했다는 족보의 설명은 어느 정도 신빙성을
확보하고 있다고 볼 수 있다. 훈련원 역시 조선초기에 무과출신들이 권
지로 배속되는 기구였고,[28] 따라서 박건이 훈련원 봉사를 역임했다는 사
실 또한 믿을 수 있는 내용이다.

이렇듯 박건은 세조 초기에 설립된 용양위 소속 장군으로 있다가 그
후 두 차례 정도 귀양 간 것으로 보인다. 세조 11년(1465) 왕세자가 사냥
을 하고 돌아 올 때 박건 일행이 말을 달려 길을 끊었다는 것인데,[29] 이
행위가 의도적이었는지 아니면 실수였는지에 대한 것은 잘 나타나 있지
않다. 이로 인해 박건은 이신행과 함께 장 1백 대에 고신을 거두어 외방
에 유배하는 형을 받아 귀양 가게 되었다.[30] 현재 남아 있는 박건의 시
몇 편은 모두 적거지에서 남겼던 것들이나, 더 이상의 행적에 대해서는
알 길이 없다. 다만 실록 기록과 현존하는 문중 기록이 어느정도 상관성
을 가진다는 점이다.

청도 밀양박씨 입향조 박건은 아들 박승원을 두었는데, 그 역시 무과
를 통해 입사하여 어모장군(정3품) 충순위 부사직을 역임하였고, 사후

27　육사 한국군사연구실편, 1968, 『韓國軍制史 : 近世朝鮮前期篇』, 陸軍本部.
28　박홍갑, 2002, 「조선초기 훈련원의 위상과 기능」 『史學硏究』 67.
29　『세조실록』 권35, 세조 11년 3월 신해조.
30　『세조실록』 권35, 세조 11년 3월 기미조.

충순공(忠順公) 시호가 내려졌다. 박승원은 밀양에서 이주해 온 아버지 박건의 기반과 또 외가인 판서공 김철성의 사회·경제적 기반을 물려받았고, 또 진주하씨 경절공 하숙부 딸과의 혼인을 계기로 경제적 배경을 더욱 공고히 할 수 있었다. 당시 청도 수야 지역의 광활한 농장을 소유했던 경절공 하숙부는 아들이 없었다. 따라서 그의 재산이 사위인 박승원에게 거의 상속되었던 것으로 보인다.

진주하씨는 그 계통이 뚜렷하지 않은 3개의 계파로 나누어진다. 하공진을 시조로 하는 시랑공파, 하진을 시조로 하는 사직공파, 하성을 시조로 하는 단계공파가 그것이다. 사직공파의 하연과 시랑공파의 하륜은 같은 시대에 정승을 지냈건만, 서로의 계보를 상고할 수가 없다. 하륜과 계보를 같이 하는 하숙부의 경우 그 조부가 하경복이다. 하경복은 조선 초기 병마도절제사로 15년 동안 북경 수비에 큰 공을 세운 인물로, 영의정을 지낸 하륜과는 7촌간이 된다. 이에 대한 간략한 계보는 대략 다음과 같다.

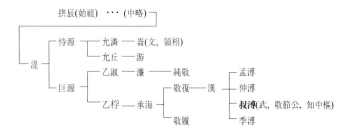

양정공 하경복, 장강공 하한, 경절공 하숙부는 3대에 걸쳐 내리 무과를 급제한 무반 가문이었다. 경절공이 청도에 정착했던 연유에 대해서는 이렇다 할 단서를 잡을 수가 없다. 진주와 하동 지역에 진양하씨 집성촌이 많고, 그 중에서 대곡면 단목리, 수곡면 사곡리, 옥종면 안계와 종화리 등이 대표적인데, 양정공 후손은 종화리 중심으로 세거하고 있다.

박승원의 장인이 되는 하숙부는 무과에 올라 벼슬이 참판에 이르렀다. 청간(淸簡)함이 칭송되었고, 그의 조부 하경복과 함께『신증동국여지승람』진주 인물조에도 나란히 올랐을 정도다.[31] 세조 12년(1466)에 이미 통정대부에 올라 당상관이 되었고, 이듬해에는 명에서 여진정벌을 위한 원군을 요청하자 대장 강순 휘하의 비장으로 어유소·남이와 함께 출정하여 공을 세운 바가 있다. 그 후 부총관과 경상우도 병마절도사를 거처 충청도절도사로 있던 연산군 7년(1501)에 생을 마감하였다.[32]

당시의 사회·경제적 지위로 봐서는 적지 않은 하숙부 재산이 사위였던 박승원에게 상속되었는데, 그것은 수야 마을 일대의 전답과 노비였다. 박승원의 장자 박하담의 문집『소요당일고』에 의하면, 지대(池臺)는 중외조(重外祖) 김철성에게, 노비는 외대부(外大父) 하숙부에게서 물려받았다 한다. 이리하여 박승원은 아들 삼형제 이름을 하담(河淡)·하청(河淸)·하징(河澄)으로 지었는데, 이는 외가인 진주하씨를 잊지 말라는 뜻을 담은 것이었다.

4. 사림세력 성장과 소고공파 후예들

소요당 박하담, 성와 박하청, 병재 박하징 등 소고공 손자인 이들 3형

---

31 하숙부 :『新增東國輿地勝覽』제30권, 慶尙道 晋州牧 新增 人物 本朝.
    하경복 :『新增東國輿地勝覽』제30권 慶尙道 晋州牧 人物 本朝, 제32권 慶尙
        道 昌原都護府 名宦 本朝, 제50권 咸鏡道 鏡城都護府 名宦 本朝, 同
        卷 吉城縣 名宦 本朝.
32 『연산군일기』권41, 연산군 7년 11월 정축조, 충청도절도사 하숙부의 졸기.

제대에 이르면 청도 지역을 대표하는 사림(士林)의 위치에 우뚝 서게 되었지만, 사화기를 맞아 중앙의 정치 현실에 참여하는 것보다 은거의 삶을 통하여 현실비판자로서의 입지를 지켜 나갔다. 16세기에는 정치에 참여하여 국정을 운영할 수 있는 능력을 지녔음에도 당대를 난세로 인식하여 출사를 단념하고 초야에 은둔한 일군의 선비들이 다수 형성 되었는데, 이들 형제의 삶이 바로 이런 시대적 분위기와 맥을 같이 하고 있어 주목되어 왔다.

청도는 무오사화 당사자인 김일손의 출신지이기도 했고, 아울러 밀양과 더불어 진주권이 중심인 경상우도와는 구분되는 경상하도로 파악되지만, 이곳의 학풍이나 학문적 교유범위는 경상우도와 밀접히 관련되어 있었다. 16세기 조선사회는 성리학이 정학(正學)으로 자리를 잡아 나가는 시기였지만 학문적인 분위기는 상대적으로 자유로웠다. 조식의 경우 성리학을 근간으로 하면서도 다양한 인접학문에 경도되어 있었듯이, 박하담이 호를 소요당이라 한 것 역시 노장적인 처세의 일면을 보여주고 있다.[33]

박하담은 중종 11년(1516년)에 사마시에 합격한 3년 후 유일로 천거받아 현량과에 추천되었으나 응시하지 않았다. 이후 출사를 포기하고 청도의 운문산 아래의 눌연에 정자를 짓고 소요당이라 이름하고 여생을 보냈다. 그는 기묘사화로 조광조일파가 처형되자 남았던 전고(全稿)를 다 불태워 버렸으며, 임진왜란 이후로는 유문(遺文)마저 없어졌다고 전한다. 박하담에게 있어서도 16세기 처사상을 견지한 대부분의 학자처럼 사화의 충격은 매우 컸음을 알 수 있다. 『소요당일고』서문을 쓴 이돈우(1801-1884)는 "중종-명종대에는 정치와 문화가 융성하여 조식·김대유·

33 申炳周, 1997, 「16세기초 處士型 學者의 學風과 現實觀 – 金大有와 朴河談을 중심으로 –」『남명학연구논총』5, 남명학연구원.

주세붕 등과 같은 많은 학자들이 배출되었는데 박하담도 그 중의 한 명이었고, 기묘사화와 을사사화 이후에 화를 피하여 은거했다”고 기록하고 있을 정도다.[34]

박하담은 은거와 학문의 중심무대를 운문산으로 정했지만, 청도는 동서로 길게 뻗은 중간 지점의 험준한 곰티재를 넘어야 하기에 산동과 산서지역 왕래가 불편한 곳이다. 그리하여 박하담은 산서의 수아마을에서 산동의 섶마루로 이주하여 별업을 마련하였는데, 이곳이 바로 은거하기 좋은 운문산 자락이었다. 그가 남긴 운문산부(雲門山賦)나 소요당기(逍遙堂記) 등에서 학풍이나 처세가 단적으로 드러난다. 운문산 아래에 소요당을 짓고 유유자적하는 삶의 즐거움에 취하지만, 그는 결코 현실을 잊은 은둔자는 아니었다. 김대유와 함께 산동지역이 군 소재지와 멀고 길이 험하여 백성들이 관가에 납부할 곡식을 운반하기가 불편하다는 향촌민들의 민원을 적극 수용하여 사창 건립을 실현시켰으며,[35] 향단을 설치하여 향촌민들과 향음주례를 익히는 등[36] 적극적인 성리학적 실천 운동을 벌여 나갔다. 사창 건립이나 향사례와 향음주례가 16세기 사림파들이 향촌 주도권을 잡아가는 과정에서 향촌민들을 교화시키는 주요한 수단이었던 점을 고려하면, 박하담이야말로 16세기 사림파 학자들의 전형적인 모습을 보여주고 있다.

박하담 아래에는 성와공 박하청이 있었으며, 박하청 역시 그의 형이나 동생 박하징과 비슷한 학풍과 현실관을 보였던 것으로 보인다. 그는 1481년에 출생했으며 호는 성와(城窩)인데, 소요당 문집에서 찾은 그에 관한 기록을 보면, ‘己卯士禍後 兄弟遂杜門 講究經理’란 내용처럼, 기묘

---

34 『逍遙堂逸稿』 권1, 序, 逍遙堂逸稿序 (李敦禹).

35 『逍遙堂逸稿』 附錄, 行狀.

36 『逍遙堂逸稿』 권1, 壇杏記. “壇可用五十人 時與鄕隣僚友 習鄕飮酒禮於其上”

사화가 은거의 생활로 들게 한 직접적인 원인이었던 것으로 추정된다. 그런데 기묘사화가 있고 2년 후 재차 일어난 신사무옥이 박하담 형제에게는 더 큰 충격이었을 것이다. 중종 16년(1521) 안당의 아들 안처겸이 기묘사화를 일으킨 주역 남곤과 심정 등을 숙청하고 경명군(숙의홍씨 소생, 성종 열째 아들) 추대를 모의했다는 역모죄로 처벌되었는데, 안당이 우당 박융의 외손자이니, 이들에겐 외5촌이 되는 셈이다. 따라서 옆동네 김일손이 무오사화로 처형당한 이후 연이어 벌어진 사화 속에서 출사를 포기하고 은거형 처사로 살아갔던 박하담 형제들은 비슷한 학풍과 현실관을 보였던 것으로 이해된다. 현재 남아 있는 시를 보면 주로 3형제끼리 주고받은 것이 많은데, 그만큼 돈독한 우의를 다진 것으로 보인다.

박하담과 5살 터울인 막내 하징은 성종 14년(1483) 청도 지내리에서 출생하여 3~4세 때부터 글을 깨우치기 시작하여, 주로 백형인 소요당을 따라 운문산 기슭의 입암과 눌연에서 사서를 탐독하였으니, 소요당 영향이 컸음을 알 수 있다. 그의 나이 15살 되던 해에 무오사화가 일어나 김일손 처형을 몸소 경험하였고, 21살이 되던 해에 갑자사화가 일어나 족숙(11촌)이던 오졸재 박한주가 처형되었으니, 그의 젊은 시절은 매우 급박했던 정치상황 속에서 살았던 것이다. 이런 가운데 향내의 삼족당 김대유를 비롯하여 경상우도의 주도적 인물이었던 조남명은 물론이고, 파주의 청송 성수침과 충주의 탄수 이연경 등 기호사림계의 인사들과도 폭넓게 교류한 점이 이채롭다.

32살이 되던 중종 10년(1515) 천거로 사간원 정언에 제수되자, 그의 심정을 시로 남기는 동시에 탄수 이연경에게 서신을 보내 관직에 뜻이 없음을 간접적으로 표현하기도 했다.[37] 그리하여 입대(入對)한 후 옛 제

---

37 『병재선생문집』 권2, 「答李灘叟書」 및 권4, 「行狀」 등.

왕의 도와 임금은 모름지기 덕에 힘을 쏟아야 한다고 건의하고 물러나, 송도로 가서 고조부 충숙공 박익의 유허지를 둘러보고 감회에 젖기도 했다. 천거로 사간원 정언에 제수 되었다는 것은 당시로서는 매우 파격적인데, 이는 이조판서로 인사권을 쥐고 있던 안당의 영향력이었던 것으로 추정된다. 이 시기는 인사권을 장악한 안당이 조광조를 비롯한 신진 세력들을 적극적으로 천거하던 시기였고, 아울러 안당이 박융(박하징 曾祖)의 외손자였다는 점을 감안한다면[38] 외5촌 조카에게 도움을 준 것으로 여겨진다. 그러나 박하징은 끝내 관직에 뜻을 접었고, 기묘사화 후 더욱 학문에만 정진하게 되었다. 이리하여 수석이 아름다운 귀일곡(현재 수야 4리)에서 석대를 쌓고 두어 묘(畝)의 땅에 연못을 만들었는데, 이것이 대대로 전해 내려오는 별업(別業)이다.

박하징에게서 백형 소요당과 삼족당은 늘 함께 하는 벗이자 스승이었는데, 소요당이 82세, 삼족당이 73세의 일기로 생을 마감하였던 것을 생각하면 거의 한 평생을 같이 한 동지이기도 했던 셈이다. 그리고 연하인 남명 조식이나 퇴계 이황과의 교류 역시 박하징 혼자 보다는 형제들이 함께 한 적이 많았다. 남명이 곽순을 대동하고 청도를 방문하였을 때 함께 어울렸다거나, 형제가 같이 남명을 방문한 것에서 그들의 공동 교류가 잘 나타난다. 특히 박하징 형제가 조식을 방문하였을 때 이별의 아쉬움을 토로하면서 지은 조식의 시에서 그들의 교류관계는 극명하게 드러난다. 특히 박하징 문집에 보이는 퇴계와의 편지글에서 그의 진정한 도학 탐구자세와 학문적 경향이 잘 나타나 있는데, 이런 교류로 인하여 박하징의 외아들 박적이 퇴계 문인록에도 올랐다고 보여진다.[39]

---

38 『憂堂集』「行狀」및 『國朝文科榜目』成宗 12년 親試 丙科의 安瑭條.
39 『陶山及門諸賢錄』(국립중앙도서관 古2510-37) 권5 續錄.

뿐만 아니라 박하징 형제는 경기도 파주에 있던 청송 성수침을 방문하여 성리학에 대한 갈증을 해소하기도 하였다. 성수침은 아우 수종과 함께 조광조의 문인으로 현량과에 천거되었다가 기묘사화가 일어나자 벼슬을 단념하고 어머니 고향인 파주 우계에서 청송이라는 편액을 내걸고 두문불출하였다. 이때부터 경서 공부에 전념하여 도학사상을 부흥하였는데, 그의 문하에서 아들 혼(渾)을 배출함으로서 기호학파의 연원이 되기도 했다. 성수침은 박하징보다는 연하였음에도 불구하고 형제가 나란히 파주까지 내왕하고 있다는 점에서 그들의 교유관계는 지역과 연령을 초월한 것이었음을 알 수 있다.[40]

아울러 박하담이 주세붕이나 선산의 박영 등 경상도 북부지역 인사들과 교류한 사실들도 기록으로 남아 있고, 또 박하징이 충주 사림을 영도하던 탄수 이연경은 물론이고 을사사화 여파로 일어난 양재역벽서 사건에 연루되어 강계로 유배된 이언적에게 자주 안부를 묻는 서찰과 약재까지 보내주는 등의 성의를 다하고 있었다는[41] 점에서 이들 형제들의 교류관계는 인근 영남지역 인물들뿐만 아니라 기호지역 학자들까지 광범위하게 이루어졌음을 알 수 있다.

박하담을 비롯한 3형제의 학문관이나 처세관은 김종직·김일손 등으로 이어지는 영남사림파의 전통위에서 성장한 것이었으며, 사화기라는 당시의 정치현실을 부정적으로 인식하고 출사를 단념하고 향촌에 은거하면서 학문을 닦았지만, 단순한 현실은둔자는 아니었다. 여느 사림세력들이 그러하듯, 사창이나 향음주례 등을 적극 보급하는 한편, 처사적 삶

---

40 『병재선생문집』『소요당일고』 등에는 당시 박하징·하담 형제가 파주 우계에 은거하던 성수침을 방문하여 남긴 시를 비롯하여, 성수침이 상을 당했을 때 牛溪居廬를 직접 방문하여 남긴 글들이 여러 편 전한다.

41 『병재선생문집』 권2, 「書」 晦齋李先生答先生兄弟書.

을 살았기 때문에 사상적으로도 자유로울 수 있었다. 따라서 이들은 성리학 이념을 실천해 가면서도 불교나 노장사상에 경도된 모습을 보였으며, 무예 등에도 관심을 가지고 있었다. 박하담 형제는 경상우도 사림의 영수가 되었던 조식과는 특별히 깊은 교분을 형성했다. 남명 조식이 중시한 의(義) 사상 때문에 경상우도 지역이 임란을 당하여 의병운동의 중심지가 되었듯이, 박하담 형제의 후손들이 주로 무과로 진출한 것이나 임진왜란을 당하여 적극적으로 의병활동에 나선 것 역시 이와 무관하지는 않다고 본다.

5. 조선후기 소고공파 위상과 활동

4대 사화기를 거쳐 선조가 즉위하면서 사림정치가 이루어졌으나, 미증유의 임진왜란을 맞이하여 전 국토가 유린되었다. 약 200년 동안의 평화가 지속되는 가운데 전쟁 준비에는 자연히 소홀하게 되었으니, 왜적이 쳐들어 온 선조 25년(1592) 4월 13일에 부산이 함락되고, 이튿날 동래성까지 적의 수중에 들어가 17일에는 밀양, 20일에는 청도까지 함락되고 말았다. 이렇듯 밀양과 청도가 일찍 적의 수중에 들어간 것은 적들이 한양으로 진격하는 중요한 길목이었기 때문인데, 순찰사 김수는 후퇴하여 진주성에 머물렀고, 청도 군수 배응경은 적을 피해 청도와 대구 경계에 있는 최정산에 숨어버렸고, 좌병사 이각은 병사를 거느리고도 진격하지 못하고 있었으며, 우병사 조대곤은 웅천에서 싸워 패배한 장수가 되었으니, 삽시간에 영남의 울산·언양 이북의 6~7개 읍이 적의 수중에 들어가고 말았다.

이에 청도의 재지사족들은 스스로 의병을 조직하여 적을 격퇴시키는 수훈을 세웠는데, 그 중에서도 밀양박씨 소고공파 일문에서 선도한 공이 컸다. 즉, 후일 14의사로 명명된 의병들은 주로 소요당 박하담 손자들이 중심이 되어 운문산 일대에서 창의의 깃발을 올려 청도 읍성 탈환의 공을 세웠는데, 이들은 모두 부자·형제·숙질·종형제 사이이다. 이 가운데 11사람은 선무원종공신 1~3등에 각각 등재되었고, 한 사람은 병자호란 때 진무원종공신 1등에 녹훈되었으니, 이러한 경우는 타 가문에 찾기 어려운 매우 희귀한 예라 하겠다.[42]

이렇듯 공신책봉을 통해 정치사회적 기반과 경제적 기반을 더욱 공고히 하게 된 소고공 후예들은 청도 지역을 영도하는 재지사족으로서의 위상을 넓혀가기 시작했다. 예컨대, 임란이 끝난 후 청도 사찬읍지 간행을 주도한다거나, 유향소를 통해 그 성세를 확인하는데도 적극적이어서, 그 결과물들이 『오산지』나 17세기에 작성된 청도향안에 잘 나타나 있다. 우선 청도 사찬 읍지 『오산지』의 항목에서부터 그런 사실들을 엿볼 수 있는데,

〈표 1〉『오산지』 항목 내용

구분	항목 내용	계
자연지리	山川形勢總論(沿革, 官員 포함)	1
역사문화	三國遺事, 道詵踏山記, 鰲山三傑, 土姓, 官基, 學宮, 三先生奉安文, 三先生春秋常享祝文, 平時濯纓先生常享祝文, 追贈三先生, 賜額紫溪書院三賢祠諭祭文, 節孝先生行蹟, 濯纓先生行蹟, 史禍首末略錄, 古跡, 三足堂先生行蹟, 薦目, 仙巖鄕賢祠, 鄕賢祠移建仙巖記, 逍遙堂先生行蹟, 三足堂贈逍遙堂詩, 先賢墓地, 先賢墓田, 節孝先生孝門碑銘 幷序, 節孝先生孝門碑銘跋, 三足堂先生墓碣銘 幷序, 英憲公事蹟, 名宦, 土主來歷, 郡守善政碑文, 孝子烈女旌表門, 文武名人, 文武東班職, 境內勝地, 境內寺刹, 石塔, 石佛, 東松亭, 栗林, 考異, 送金直長駿孫驥孫榮親淸道序, 重修淸道學記, 如海院重刱移文, 鄕老堂記, 大同記, 講學諸生論文, 拄笏軒記, 拄笏軒移建上樑文	48

42 『두산백과』「14의사묘정비」.

경제	土産, 面禾倉, 堤堰, 防川, 官竹田, 官紙所, 投虎店, 田結元數, 帳籍戶口元數, 進上土産	10
행정 군사	城內外廨宇各所, 重創淸德樓, 郡地界遠近, 分掌道里, 典社壇, 祈雨壇, 境內五驛, 境內 各站院舍, 境內山城, 閱武堂, 陣場, 烽燧, 軍額元數, 各項身役	14

밑줄 친 20개 편목은 모두 「학궁(學宮)」 편을 보충하기 위한 것으로, <향교>와 <자계서원>으로 나누어져 소개되어 있다. 자계서원은 선조 11년(1578) 탁영 김일손을 봉안하기 위해 설치되었다가 광해군 7년(1615)에 절효·삼족당 두 선생을 함께 봉안하던 곳이다. 따라서 「삼선생봉안문」[43]을 비롯한 20개 편목은 주로 김해김씨에 대한 것들이고, 그 중에서 「선암향현사」 「향현사이건선암기」 「소요당선생행적」 「삼족당중소요당시」 등은 소요당 박하담에 관련된 내용이다. 삼족당 김대유와 박하담은 중종조 사림세력들 힘이 꺾이자 운문산 아래에서 평생을 함께 한 동지였고, 선암사는 두 선생을 모시는 사당이었기에 「소요당선생행적」 등과 함께 편목으로 잡혔다. 따라서 『오산지』 편목을 보면 청도를 대표하던 김해김씨와 밀양박씨의 행적들을 집중적으로 부각하고 있는데, 김해김씨는 구세력이었던 반면 밀양박씨는 신세력으로서의 위상을 반영한 것이었다.[44]

원래 청도는 토성 세력이 강하여 중앙에서 파견되는 수령이 다스리기 어려운 지역이었음이 『고려사』에도 나타나지만, 특히 고려말기에는 청도김씨의 세력이 매우 왕성했다. 고려 후기에 사족으로 성장한 청도김씨 일파는 개경으로 이주하기도 했지만, 재지 일파는 사족과 이족으로

---

43 節孝선생은 효행으로 『삼강행실』에도 올랐던 金克一을 말한다, 그의 아들 金孟은 金駿孫·驥孫·馹孫을 두었으며, 김준손 아들이 三足堂 金大有이다.

44 박홍갑, 2005, 「청도 사찬읍지 鰲山志(1673)의 編目과 특징」 『중앙사론』 21, 중앙대학교 중앙사학연구소.

분화되어 갔다. 그런데 청도 지역에는 조선이 건국된 후 본읍의 토성들은 침체된 반면 타 지역에서 이주해 온 가문들이 재지사족으로 성장하여 일향을 영도하는 현상을 보여주고 있다.

특히 고려말에 청도에 이주한 김해김씨는 탁영 김일손과 삼족당 김대유와 같은 명환을 배출하여 청도 지역을 영도하는 가문으로 부상하였고, 밀양박씨 소고공파 또한 세종집권기를 즈음하여 청도로 이주해 온 이후 착실하게 재지적 기반을 다져나갔다. 그럼에도 15~16세기 청도지역에는 김해김씨 성세가 크게 앞서고 밀양박씨가 그 뒤를 잇는 형국이었다. 그런데 17세기 이후 작성된 청도지역의 향안을 분석하면 김해김씨는 쇠퇴해 간 반면 밀양박씨 소고공파가 청도 재지사족을 주도해 간 형국으로 변해갔다.

향안이란 조선시대 지방자치 기구인 유향소를 운영하던 향중 사류들의 명부인데, 여기에는 세족(世族)·현족(顯族)·우족(右族) 등으로 불리던 양반 사족들만이 입록될 수 있었고, 향안에 입록되어야만 좌수·별감 등의 향임에도 선출되고 지배신분으로 행세할 수 있었다. 입록 자격으로는 친족은 물론 처족과 외족까지 포함된 족계가 분명해야 되고, 반드시 문벌세족이어야 하였다. 그리고 가계는 물론 본인에게도 허물이 없고 품행이 뛰어나야 했다. 허물이란 본인 및 내외족계 안에 천계(賤系) 또는 범죄 흔적을 말한다. 입록 절차 또한 까다롭다. 향원들이 추천을 하면 충분한 토의를 거친 후 권점을 통해 결정하기에, 매우 엄격하게 관리되었음을 알 수 있다.

따라서 17세기 청도지역 양반 사족층은 『청도향안정명록』[45] 거의 망라되어 있다고 볼 수 있다. 1712년 이광절에 의해 편찬된 『청도향안정

---

45 『淸道鄕案正名錄』(계명대학교 도서관 소장 목활자본).

명록』은 목활자본이며, 17세기 전반에 작성된 「청도향안정명구록」과 후반에 작성된 「청도향안정명록」으로 구성되어 있다. 따라서 당시 청도에 산재한 재지사족들의 명단이 이 향안에 일목요연하게 정리된 셈인데, 청도 지역의 향권을 이해하는 데 매우 소중한 자료이다. 이들 향안을 토대로 하여 각 시기별·성관별 입록자를 분류해 보면 다음 표와 같다.[46]

〈표 2〉 17세기 전반 청도지역 姓貫별 鄕案 入錄者 현황

구분	김				이				박	최		손			예	민	반	원	곽	장	조	노	고	蔣	합계
	청도	김해	고령	의성	고성	경주	재령	전의	밀양	경주	미상	밀양	안동	미상	의흥	여흥	기성	원주	현풍	하산	함안	장연	제주	아산	계
1599	1	1			8	3	2		4		1					1						1	1		23
1600	1				1	1		1	4	1	1					1							1	1	13
1609					2	1	1		8						1										13
1610																		1	1						2
1614					1	1			3											2	1				8
1617		1	1		1														1						4
1627					3	4			2										1						10
1645	1	1		1	17	6	2	1	16	3		1			2		1	1							53
1651					4				5				1		2			1							13
1655	1	1			1	4			9	1				2	2		1								22
1657	1	1	1	1	8			1	7						1		1		1						23
합계	5	5	2	2	46	20	5	3	58	5	2	1	1	2	8	2	3	3	4	2	1	1	2	1	184

여기에서는 밀양박씨와 고성이씨 비율이 약 57%에 달하고 있다. 즉 고려말 성세를 보인 청도김씨를 비롯한 토성들이 절멸한 상태였고, 조선 전기에 큰 세력을 형성한 김해김씨 역시 크게 쇠락한 양상이다. 대개 연산군 이후 연속되는 사화 등 정치적 혼란 속에서 지방 재지사족 역시

---

46 향안 분석에 관한 <표 2> <표 3>은 다음 논문을 참조하였다. 장동표, 1998, 「16·17세기 청도지역 재지사족의 향촌지배와 그 성격」『釜大史學』 22, 부산대 ; 박홍갑, 2013, 「조선중기 청도 士族들의 정치 사회적 활동」『한국국학진흥원 국학순회 교양강좌』.

큰 영향력을 받았다. 이는 청도지역 또한 예외는 아니어서, 김해김씨는 무오사화로 죽음을 당하거나 전라도 등지로 이주해 갔던 후손들이 많았고, 고성이씨는 사화를 피해 새로이 청도로 입향한 경우이다.

이 시기의 청도 향안 입록자 184명 중 밀양박씨가 58명을 차지하고 있는데, 여기에는 계파를 달리하는 소고공파 46명과 두촌공파(입향조 朴揚茂) 12명으로 구분된다. 소고공 후손들은 산동과 산서를 막론하고 청도 관내에 고르게 분포하고 있는 반면, 두촌공 후손들은 이서 신촌마을을 중심으로 세거하고 있다. 아무튼 17세기 전반기 향안을 통해 본 청도 향촌세력 위세는 소고공 후손과 고성이씨 중심이었음을 짐작할 수 있다. 그러나 17세기 후반기에 접어들면, 아래 <표 3>에서 보듯이 밀양박씨의 향권 주도세는 더욱 두드러진다.

<표 3> 17세기 후반 청도지역 姓貫別 鄕案 入錄者 현황

구분	김				이				박	최		손			예	민	반	원	곽	장	조	노	고	蔣	합계
	청도	김해	고령	의성	고성	경주	재령	전의	밀양	죽산	경주	밀양	안동	미상	의흥	여흥	기성	원주	현풍	하산	함안	장연	제주	아산	
1661	3	4	1	2	27	9	1	3	46		3	1	2	3	5	1		3	1						115
1693	1	4	2	1	11	1	2		16		1				3		2	1							45
1700	4	2	1		15		5		13	1					7	1	1	1	1						52
합계	8	10	4	3	53	10	8	3	75	1	4	1	2	3	15	2	3	5	2						212

※ 총 214명의 입록자 중에서 본관 미상의 김씨·이씨 각 1명을 제외한 수치임

17세기 이후에는 각 지역별 향촌사회 질서가 크게 재편된 시기이기도 한데, 여러 원인 중에서 가장 큰 것이 왜란과 호란이었다. 앞에서도 언급되었듯이, 청도지역은 소고공파 문중에서 박경신을 비롯한 14명의 의병장이 배출되어 고을을 지켜냈고,[47] 임란 후 이들이 공신으로 책봉되

---

47 姜周鎭, 1980, 「壬辰倭亂과 淸道十四義士論」 『한국학논집』 7.

면서 그 성세는 더욱 커져갔다. 당시의 공신 책봉 상황을 보면, 1등공신 박경신을 비롯하여, 2등공신 박경전·박경윤·박지남·박린·박철남·박근, 3등공신 박선·박찬·박구·박숙 등 모두 11명이 선무원종공신으로 책록되었고, 여기에 누락되었던 박우는 진무원종공신으로 책봉 받았다. 그리하여 소고공 후예들은 임란 공신 책봉을 바탕으로 향내의 향권 장악은 물론이고, 각기 지파별로 위상을 더 높이기 위해 경쟁적으로 위선사업에 뛰어들었다.

18세기에 접어들고부터는 경향 각지의 어느 문중 할 것 없이 조상 현양사업에 너도나도 뛰어들던 시기였기에, 변무록·창의록·동고록·충효록 같은 자료가 쏟아지던 시기였고, 이런 시대적 분위기 속에서 소고 공 후예들도 예외는 아니었다. 임란 당시 충의로 싸운 인물을 현양하기 위해 『충효록』이나 『박씨충의록』이 편찬되었으며, 이를 기초로 하여 고종 4년(1867)에 최종적인 결과물인 『십사의사록』이 간행될 수 있었다. 『십사의사록』은 기존의 관찬사료나 일반적으로 알려진 야사에서 결여된 임진왜란 당시의 지역전투 상황과 전쟁극복에 대한 구체적인 실상을 소상히 제시해 준다는 점에서 보존가치가 높은 자료로 평가된다. 그럼에도 불구하고 『충효록』은 1797년(정조 21)에 간행된 것이고, 『박씨충의록』도 편찬자 박정상의 생몰년을 볼 때 1800년 이후에 편찬된 것이기에, 당대의 기록을 토대로 한 것이 아니라는 점에서 그 사료적 가치에 사실성이 결여된다는 평가를 받고 있기도 하다.[48]

이는 임란 당시부터 '14의사'란 명칭이 있었던 것이 아니라 후손들에 의해 추승되는 과정에서 만들어진 용어이기 때문인데, 이런 결과물이 도

金錫禧·金康植, 1992, 「壬辰倭亂과 淸道地域의 倡義活動-淸道 密城朴氏 14 義士를 중심으로-」『부산사학』23, 부산사학회.
48 『두산백과』「십사의사록판목(十四義士錄板木)」항목.

출되기까지에는 지난한 과정들이 있을 수밖에 없었다. 당대에 공신 반열에 오르지 못했던 박경선과 박경인 2인의 추증은 곧 그런 노력의 결과였다. 왕조실록에서는 증직을 내렸다는 사실만 전하고 있는데,[49] 문중 기록에 의하면 박경인은 사헌부 지평, 박경선은 좌승지로 내려졌던 것으로 파악된다.

그러자 공신으로 책봉되긴 했지만 증직을 받지 못했던 인물들에 대한 추증 노력을 경주한 결과 박경신·박경전·박경윤 등에게도 각각 증직이 내려졌는데,[50] 문중 기록에 의하면 박경신이 형조참판, 박경전이 병조판서, 박경윤이 병조판서, 박선이 승지로, 또 진무원종공신으로 책봉 받았던 박우까지 호조참의로 증직 되었다고 한다.

이리하여 임진왜란이 일어난 지 약 200년이 더 흐른 19세기 초반에 와서야 이미 공신책봉을 받은 12명에다 순조 12년에 증직 받았던 경인·경선까지 포함한 14명의 임란 의사를 최종적으로 확정 보게 되었다. 세칭 14의사로 알려진 임란 공신들은 이렇게 확립되어 갔고, 이들의 위패를 모시는 사우(祠宇) 설치가 필요하게 되자, 순조 32년(1832)에 이서 학산1리 소재 용강재 경내에 충렬사라는 사당을 건립하였다.[51]

이런 작업들은 소위 섶마리박가(청도 금천 신지)와 보리미박가(청도 이서 학산)라 칭해지는 소요당 박하담 후손들이 중심이 되었는데, 선대였던 송은 박익이나 우당 박융, 그리고 소요당 박하담의 문집을 집중적으로 간행한 것도 이 시기였고, 족보 편찬 역시 이런 것들과 연관되어 있었다. 즉, 신유보(1741년)가 판각되기 이전인 1719년에 이미 기해보가 육필로 성책되어 있었고, 1804년 구갑자보, 1865년 병진보, 1924년 갑자보 등으

49 『순조실록』 권15, 순조 12년 3월 13일 을유.
50 『순조실록』 권19, 순조 16년 7월 2일 기유.
51 박홍갑, 2005, 『조선시대 청도와 청도사람들』, 청도문화원.

로 이어지는 동안에도 크고 작은 보송(譜訟)의 갈등도 겪었다.[52] 이에 자극을 받은 병재공 박하징 후손들 또한 병재의 유문들을 수습하여 문집을 간행하거나 명동서사(청도 이서 수야)라는 사우를 건립하기에 이르렀다.

아무튼 이런 와중에 종족내부의 갈등이 나타나기도 했지만, 이는 소고공파 문중에만 한정된 것이 아니라 당시 양반사회에서는 흔한 일상이었다. 이를 국사학계에서는 향전이라 부르기도 하는데, 각 문중마다 향전의 소용돌이 속에 휩말리지 않은 가문이 없을 정도로 자연스런 현상이었다. 안동지역의 병호시비는 물론이고, 경주의 여주이씨(이언적)와 경주손씨(손중돈) 문중간의 손이시비, 한강 정구 문중과 여헌 장현광 문중간의 치열했던 한려시비 등 크고 작은 시비가 끊이질 않았던 것이 바로 그것이다. 이런 시대적 상황 속에서 밀양박씨 소고공파 역시 청도 관내의 김해김씨와의 향전을 통하여 그 성세를 확보하는데 주저하지 않았고, 동시에 종족 내부의 갈등까지 첨예하게 노출되곤 했지만, 이는 곧 우리 역사상 조선후기 종족활동의 한 흐름으로 이해할 수 있다.[53]

6. 맺음말

청도는 경상 좌·우도의 중간이기도 하지만 남북으로도 중간지점이

---

52 18세기 이후 족보 편간 과정에서 겪는 譜訟 역시 거의 모든 문중에서 일어나는 보편적인 현상이었고, 이에 대해서는 박홍갑의 저서 『우리 성씨와 족보 이야기』 (산처럼, 2014)에 자세하게 언급되어 있다.

53 조선후기 밀양박씨 소고공파의 서원건립, 문집간행, 족보편찬과 같은 위선사업과 다양한 종족 활동에 대해서는 金盛祐의 「密城朴氏 嘯皐公派의 淸道 定着과 宗族 활동」(『震檀學報』 91, 2001, 震檀學會)에 자세하게 논급되어 있다.

다. 이는 자유로운 지리적 여건인 동시에 타 지역과 교류하기 편한 면도 있다. 따라서 청도 지역에 세거하던 밀양박씨 소고공파들의 종족 활동은 대내외적으로 매우 활발하게 진행되었다.

소고공 박건의 조부 박익은 밀양 재지세력으로 고려말 예조판서를 역임했고, 그의 아들 4형제 중 맏이 박융이 경상도 도사를 역임할 당시 청도와 자주 인연을 맺었다. 이에 따라 당시 청도에 정착해 있던 광산김 씨 판서공 김철성의 딸을 그의 둘째 아들 박건과 혼인시키게 되었다. 아무튼 소고공 박건은 혼인을 계기로 청도로 이주하게 되었고, 그의 외아들 박승원 또한 딸만 셋을 둔 경절공 하숙부의 사위가 되면서 청도 수야의 광활한 땅과 재산을 물려받았다. 박승원이 아들 3형제 이름에 하(河)자를 넣은 것은 외가를 잊지 말라는 뜻이었다.

이처럼 명당으로 이름난 청도 수야 일원을 우리나라에서 규모가 가장 큰 동족마을로 만들었던 것은 결코 우연이 아니었다. 물론 박승원의 아들 삼형제가 사림으로 활동기반을 넓혔다거나, 또 그 후손들이 임란을 당하여 의병에 투신함으로써 활동 영역을 넓혀갔기 때문이었음은 부인할 수가 없다. 그러나 그 후손들의 활동 역시 이미 이루어 놓은 선대의 사회경제적 토대가 있었기 때문에 가능했던 것이다.

이어 소고공 후손들은 임란을 당하여 14명의 의병장을 배출하면서 청도 고을을 지켜냈고, 이를 바탕으로 조선후기부터 한말에 이르기까지 재지사족으로서의 다양한 활동들을 펼칠 수 있었다. 즉, 서원건립, 족보와 문집 편찬 등 위선사업에 힘을 쏟는 한편 『해동속소학』과 같은 교과서 편찬사업은 물론이고, 나아가 다른 종족과의 적극적인 향전을 통하여 자신들의 입지를 굳혀갔다. 이같이 밀양박씨 소고공파가 조선후기에 들어와 다양한 종족 활동을 펼쳤다는 것은 입향조 이래 재지적 기반을 굳건히 하여 성공적으로 정착하였기 때문인데, 우리나라 동족마을 중에서도 가장 큰 규모를 자랑할 수 있었던 것도 여기에 기인한 것이며, 아울러 타 문중에 비해 학계의 연구 결과가 매우 풍부한 것도 그러한 이유 때문인 듯하다.

※ 이 글은 한국국학진흥원 제12회 기탁문중특별전 기획논문(2015)으로 수록된 「청도 밀양박씨 소고공파 가문내력과 활동」을 전재(轉載)한 것임.

2장
밀성박씨 嘯皐公派의
청도 정착과 종족 활동

1. 머리말

청도는 팔조령(해발 398m)을 경계로 대구의 남쪽에 연접한 산간 지대로서 경북과 경남지방의 경계에 있는 군세가 그리 크지 않은 작은 고을이다. 이 지역은 일제시대 행정개편 이후 경상북도에 편제되기 이전시기만 하더라도 경남 좌도를 대표하는 밀양 권역에 속해 있으면서 그곳으로부터 절대적인 영향을 받던 곳이었다. 조선시대까지 이 지역은 대구 이북의 경상 상도보다는 이남 지방인 하도로부터의 영향력이 더 큰 지역이었던 것이다.

한편 청도는 동으로는 운문·가지산으로부터 서로는 비슬산에 이르기까지 해발 1,000m가 넘는 험준한 산들 사이에 위치한 곳으로서, 땅콩을 옆으로 눕혀놓은 듯 동서의 길이가 남북보다 훨씬 긴 지형적 특성을 띠고 있다. 이러한 특성 때문에 청도는 대구(북), 경주(등), 밀양(남), 창녕(서)과 같은 영남의 대읍들과 연접해 있음에도 불구하고 이들 권역과는 독립·독자적인 영역을 구축할 수 있었다. 그렇지만 이러한 지형적·지역

적 특성 때문에 청도는 1988년 현재 경북 도내에서 인구면에서나[1] 산업
시설면에서[2] 가장 적거나 취약한 지역으로 남아 있다. 이러한 여건 탓에
재래적인 농업 경제로부터의 탈피가 쉽지 않았으며, 산업화가 본격적으
로 진행된 1960년대 이래 인근 대구나 부산 등지로 인구 유출이 극심하
게 일어난 대표적인 인구감소 지역이기도 하다.[3]

경북 도내에서 산업화의 세례를 가장 적게 받은 지역이라는 점, 그
때문에 전근대적인 생활 형태나 관습이 원래의 형태에 가까운 모습으로
보존되고 있다는 점에서 청도는 관찰자의 관점에 따라서는 주목의 대상
이 될 수도 있다. 이 지역은 오늘날까지도 각 종족이 취락하고 있는 집
성 촌락이 상당수 보존되어 있으며[4] 종족을 기본 단위로 하여 사회 활동
이 활발하게 이뤄지는 곳이기도 하다. 1970년대 이래 각 종족들이 마치
경쟁이나 하듯 문중 사우나 재실을 건립하는 현실에서 그와 같은 유추
가 가능하다.[5]

---

1 1988년 현재 청도의 전체 인구는 7만539명(남 3만4천562명·여3만5천977명)으
   로 경북 전체 인구의 2.33%를 차지하고 있을 뿐이며, 인구수는 34개 시·군 가
   운데 23번째에 불과하다(1991, 『淸道郡誌』, 68쪽).
2 1988년 현재 청도의 공장 수는 23개에 불과하고, 그나마 섬유·식료품·화공업과
   같은 경공업이 대부분을 차지했다. 그리하여 전체 노동자의 수는 500여명에 지
   나지 않았다. 이 때문에 군지 편찬자도 "우리 군의 공업은 도내에서 가장 낙후
   된 곳이다"고 언급할 정도였다 (『淸道郡誌』 「現代의 공업」, 600~603쪽).
3 청도의 인구는 12만4천174명에 이른 1965년을 정점으로 해서 1988년 현재까지
   인평균 -2.07%의 급격한 감소를 보였다. 참고로 이 시기 전국 연평균 증가율은
   1.7~2.4%였다(『淸道郡誌』, 70~72쪽).
4 1970년대 청도의 집성촌은 100여 개에 이르렀고, 이 가운데 향교 출입이 가능한
   종족, 곧 '鄕員'의 자격이 부여된 종족은 18개였다(『淸道郡誌』 466쪽).
5 『淸道郡誌』에는 각 종족들이 건립한 祠宇 및 齋室을 수록하고 있다. 연도 확인
   이 가능한 재실을 대상으로 시기별 건립 현황을 살펴보면, 16세기 4개, 17세기
   7개, 18세기 8개. 19세기 26개, 20세기 155개였다. 특히 1960년대 이후부터 조

따라서 청도지역을 역사학적인 방법으로 접근하고자 할 때 다음과 같은 두가지 사실관계의 추적이 가능하다고 생각된다. 첫째는 시간적·공간적 변화의 전 과정을 장기지속적인 관점에서 관찰할 수 있는 지역이라는 점이다. 조선 중기 이래 형성되고 완성되어 간 각 종족들이 원형에 가깝게 보존되어 있을 뿐 아니라 오늘날까지도 종족을 중심으로 사회활동이 활발하게 이뤄지는 곳이기 때문이다. 따라서 전근대 조선사회가 근대 한국사회로 이행하는 과정에서 그 변화의 속도가 가장 늦게 나타나는 사회 구조의 최저층에 대한 이해, 곧 장기 지속적인 역사에 대한 이해가 가능한 지역이라고 생각된다.

둘째는 연구 대상 공간을 군역(郡域) 전체로 확대할 수 있는 지역이라는 점이다. 그것은 이 지역이 분석을 허용해 줄 기초자료가 많지 않은 지역이라는 점, 그리고 그 때문에 이 지역 연구가 활성화되지 않은 지역이라는 현실적인 여건에서 기인한다.[6] 자료가 많지 않다는 사실은 지역연구를 수행할 때 중대한 제약 요인이 될 것이 분명하다. 그렇지만 현존자료 전체를 검토의 대상으로 함으로써 대상 시간을 조선시대로부터 현대에 이르기까지 최대한 늘릴 수 있을 뿐 아니라 대상 공간을 지역 전체

사 종료 시점인 1988년까지 28년 동안 건립된 재실 수는 56개로서, 전체 재실 200개 가운데 28%를 차지하고 있다(『淸道郡誌』 文化遺蹟 : 齋舍·書堂·亭子).

6 그 동안 국문학, 한문학 분야에서는 청도 출신의 개별 인물에 대한 연구를 진행한 바 있으며, 종족 활동의 일환으로 특정 인물을 중심으로 검토가 이뤄진 바 있다. 영남대 민족문화연구소에서 편찬한 『濯纓 金馹孫의 문학과 사상』(영남대 출판부, 1998)이 그러한 경우에 속한다. 조선시대 청도지역을 대상으로 한 한국사학계의 본격적인 연구는 張東杓의 「16·17세기 청도지역 재지사족의 향촌지배와 그 성격」(『釜山史學』 22, 1998)이 거의 유일한 것이라고 생각된다. 이 밖에 인류학의 성과로는 新村의 밀양박씨 종족에 대한 민속지 자료인 「淸道의 傳統文化와 마을 生活樣式－新村의 人類學的 調査」(영남대박물관, 1994)가 있다.

로 확대할 수 있다는 점에서, 장점으로 작용할 여지가 없지 않다.

위에서 제기한 두가지 목표를 달성하기 위해 본고는 다음과 같은 접근방식을 동원하려 한다. 우선 대상 공간과 시간의 확장이라는 쉽지 않은 과제를 해결하기 위한 방편으로 지역사회의 기본 단위인 종족(혹은 문중)을 중심으로, 종족의 형성과 성장, 그리고 발전과 분열이라는 종족의 역사 진행의 전 과정을 추적하는 작업이다.[7] 두 번째로는 이러한 변화 추이를 긴 호흡을 통해 추적하기 위해서는 최대한 많은 자료들을 동원하는 한편, 가능한 모든 자료들을 분석 대상에 놓고 청도 사회의 시간적·공간적 변화 추이를 검토하는 작업이다.[8]

이러한 접근방식과 관련하여 주목되는 종족은 밀성박씨 소고공파(嘯皐公派)이다.[9] 소고공파는 문집·족보를 비롯한 각종 자료를 다른 종족과

---

7 지역사회에서는 특정지역에 세거하는 同姓集團을 흔히 門中이라고 표현한다. 한국사학계에서도 이러한 표현 방식에 영향을 받아 문중이라는 용어에 친숙하다. 그렇지만 인류학에서는 '특정조상의 후손들로 구성된 남계친 자손들'을 종족(lincage)이라 종종 표현하고 있다. 본고에서도 인류학적 개념에 입각하여 문중 대신 종족이라는 용어를 사용하도록 한다. 종족의 개념에 대해서는 金光億, 「中國의 親族制度와 宗族 組織 – 人類學과 歷史學의 接合을 위한 序論」(『韓國親族制度硏究』, 일조각, 1992)이 참고 된다.

8 한국사학계 내에서는 최근 미시사의 적용에 대한 논의가 활발한 편이다. 1개 郡縣을 단위로 하거나(金俊亨, 2000, 「조선후기 丹城지역의 사회변화와 士族層의 대응」, 서울대 박사학위논문), 1개 面을 단위로(白承鍾, 1996, 『韓國社會史硏究』, 일조각) 남아 있는 자료 전체를 대상으로 세밀하게 분석하는 것과 같은 경향이다. 본 연구는 지역사회의 최소단위인 종족을 단위로 한 일종의 미시사적 접근이라 할 수 있다. 한국사에서의 미시사 적용에 대한 이론적 접근으로는 李勛相, 「미시사와 多聲性의 글쓰기: 조선후기 향리 집단과 이들을 둘러싼 시선들」『歷史學報』 167, 2000)이 참고 된다.

9 밀양을 본관으로 하는 박씨들은 흔히 貫鄕을 密城이라 불렀다. 밀성박씨 嘯皐公派는 입향조 嘯皐公 朴乾의 후손으로서 청도에 세거하는 밀성박씨들을 지칭한다. 이들은 水也, 牟山(보리미), 薪旨(섶마루) 일대에 세거하면서 집성촌을 이

비교할 수 없을 정도로 많이 편찬한 바 있으며, 종족 소유 건축물 또한 가장 많이 남아 있는 종족이다.[10] 그리고 오늘날까지도 종족 활동의 일환으로 전개되는 위선사업이 어느 종족보다 활발하게 전개되는 종족이기도 하다. 그런 점에서 소고공파는 조선시대 이래 종족의 형성과 활동, 사회적 연결망의 확보, 그리고 다른 종족과의 대립 갈등과 같은 종족의 변천 과정을 구체적으로 보여주는데 좋은 길잡이가 될 것이라고 판단된다. 즉 본고는 청도지역 전체라는 공간을 대상으로, 조선시대로부터 현대에 이르는 시간의 변화상을 장기 지속적인 관점에서 살펴보되, 그 실마리를 소고공파 종족이라는 창을 통해 풀어 나가고자 한다.

마지막으로 밀성박씨 소고공파의 종족 활동을 통해서 조선 중기 이래 형성되기 시작한 각 지역에 산재한 종족들의 조직이나 활동이 갖는 의의를 찾아보고자 한다. 이러한 작업은 18세기 이후 지역사회의 기초 단위로 기능한 종족의 변화가 갖는 역사적 의미, 그리고 18, 19세기 조선사회의 전망에 대한 하나의 전제가 될 수 있을 것이라고 생각한다.

루고 있다. 그런데 이들 이외에도 여말선초에 청도로 입향한 또 다른 밀성박씨가 있어서 주의가 요청된다. 이들은 김천 찰방을 역임한 朴揚茂를 입향조로 하는 杜村派로서 新村 七谷 일대에서 집성촌을 형성하고 있다(『淸道의 傳統文化와 마을 生活樣式). 이들 종족 사이에는 計寸이 어려울 정도로 同宗 의식이 희박했으며, 이 때문에 양대 종족이 공동으로 종족 활동을 전개한 예는 거의 없었다. 본고에서는 편의상 嘯皐公派를 밀성박씨(A)로, 杜村派를 밀성박씨(B)로 구분하여 논의를 전개하고자 한다. 장동표는 「16·17세기 청도지역 재지사족의 향촌 지배와 그 성격」에서 양 종족을 同宗으로 인식, 서술하고 있다는 점에서 중대한 오류를 범했다고 생각된다. 밀성박씨 소고공파에 대해서는 渡部學에 의해서 적극적으로 검토된 바 있다(渡部學, 1982, 「仙湖龍巖公派朴氏의 兩班性 － いわゆる鄕班の社會的成立」『歷史における民衆と文化』, 동경).

10 소고공파는 보물 제917호인 『禮部韻略』을 비롯해서 중요민속자료 제106호인 雲岡 古宅, 지방유형 문화재 제79호 仙巖書院과 제208호 『海東續小學板本』등 여타 종족보다 훨씬 많은 문화재와 서적을 보유하고 있다(『淸道郡誌』「文化遺蹟」).

2. 밀성박씨 嘯皐公派의 청도 정착

1) 정착 과정

청도 지역은 고려 시대 이래 김·신·백·이·조의 5대 토성이 향직을 세습하면서 토착적 기반을 형성하고 있었다.[11] 이들 가운데 고려 후기 이래 김지대(金之岱)·김선장(金善莊)·김한귀(金漢貴)에 이르는 3대 내리 문과 급제자를 배출한 청도 김씨가 가장 강성한 족적기반을 구축하고 있었다.[12] 3대에 걸친 중앙 정계에서의 사환(仕宦)과 강력한 지역적 기반을 통해서 청도김씨는 사족 가문과의 혼인을 확대해 나갔으며, 다른 사족 가문들을 이 지역으로 유입시키는 파이프라인 구실을 담당하고 있었다.

고려 후기 김항(金伉)을 입향조로 하면서 김맹(金孟: 집의) - 김준손 (金駿孫: 직제학)·김기손(金驥孫: 좌랑)·김일손(金馹孫: 정언) 형제를 배출한 김해 김씨, 최환(崔換: 목사)으로 대표되는 홍해 최씨, 박양무(朴揚茂: 찰방)를 입향조로 하는 밀성 박씨(B), 그리고 병조판서를 역임한 광주 김씨 김철성(金哲誠), 이육(李育)을 입향조로 하는 고성 이씨 등은 대부분 청도 김씨와의 관련 아래 이 지역으로 이주해 왔다. 이들 사족 가문들은 이곳에서 강력한 기반을 구축하면서 지역을 대표하는 사족 가문으로 성장할 수 있는 기틀을 마련할 수 있었다.

본고의 검토 대상 종족인 밀성박씨 소고공파(A)는 이들보다 다소 입향 시기가 늦은 15세기 중반 무렵 청도로 이주해 왔다. 소고공파는 은산

---

11 『世宗實錄地理志』청도군 土姓 五 : 申·金·白·李·曹, 來姓 二 : 崔·孫.
12 李重慶(1599~1678), 『鰲山誌』「英憲公事蹟」.

부원군(銀山府院君) 박영균(朴永均)을 중시조로, 고려말 중서령을 역임한 송은(松隱) 박익(朴翊)을 파시조로 하는 종족으로서 고려시대 이래 밀양에서 세거하고 있었다. 이 종족은 조선 초기까지도 박익의 아들 4형제가 문과와 소과에 각각 급제하여 관직에 진출하는 등 현달한 인물들을 계속해서 배출했다. 이들은 훗날 은산부원군 4파를 형성하게 된다. 은산부원군 이하 소고공파의 가계를 도표화 한 것이 <표 1>이다.

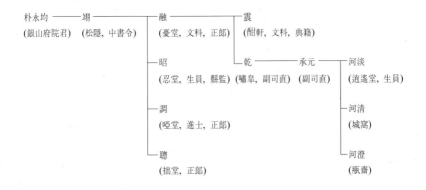

이들 가운데 청도에 처음으로 입향 한 인물은 은산부원군 4파의 백파에 해당하는 우당(융)파의 차자 박건(朴乾)이었다. 그의 청도 이주 계기도 앞서 이주한 사족들과 크게 다르지 않았다. 그 또한 병조판서 김철성(광주인)의 딸과의 혼인을 통해서 이곳으로 이주한 것이다. 김철성은 오늘날 이서면 일대의 상북이동(上北耳洞)에 거주하고 있었는데,[13] 그도 처가가 있는 상북면에 거주했을 것으로 여겨진다. 박건의 외아들인 박승원(朴承元)은 인근 수야에 거주하던 경절공 하숙부(河叔溥: 진양인)의 외동딸과 결혼하게 되면서, 수야 일대에 거주할 기반을 마련할 수 있었다.

---

13 李重慶『鰲山誌』「文武名人」.

하숙부는 '만석지기' 혹은 '2천마지기'로 알려진 광활한 농장의 소유주였지만, 아들을 두지 못한 까닭에 그의 전 재산이 사위 박승원에게 고스란히 상속되었다.[14]

박승원은 외가인 하씨를 잊지 말라는 뜻에서 아들 3형제에게 각각 '하(河)' 자를 넣어 하담(河淡)·하청(河淸)·하징(河澄)이란 이름을 지어주었으며, 이후 그의 후손들은 진양 하씨에 대한 외손 봉사의 의무를 떠안게 되었다. 수야는 "목마른 용이 물을 먹는 형국"으로서 '만세불파지기(萬世不破之基)'로 알려진 청도 제일의 명당 자리였다.[15] 이처럼 비옥한 수야 일대의 광활한 농장을 상속받은 박건·승원 부자는 이후 이 지역 유력 종족으로 성장할 수 있는 경제적 발판을 확보할 수 있었다. 소고공파가 본격적으로 사회 활동을 개시한 시점은 박승원의 아들 소요당 박하담(1479~1560)대부터였다. 중종 11년(1516) 생원시에 합격한 박하담은 16세기 중반 청도사회를 영도하는 인물 가운데 한 사람으로 부상했다. 그는 유향소 좌수로 재직 중이던 중종 34년(1537) 유향소의 중건을 관청에 건의, 공정을 직접 관장하는가 하면, 객관(客館) 공사에도 적극적으로 간여하는 등[16] '향장(鄕丈)'으로서의 역할을 수행하고 있었다.

그렇지만 그가 후대에 향현으로 깊이 각인될 수 있었던 계기는 삼족당(三足堂) 김대유(金大有; 1479~1551)와의 교유와 동창(東倉)의 창건에 있었다. 김대유는 이 지역 최고 명문가인 김해 김씨 출신으로서 무오사화로 유명한 탁영(濯纓) 김일손(1464~1498)의 조카이자 직제학 김준손

---

14 朴河淡(1479~1560), 『逍遙堂逸稿』「年譜」. "按池臺 卽所受於重外祖判書金(哲誠)公者 奴婢卽外大父敬節公河(叔溥)公 所兩給者 物亦不貲 而盡劃付季弟(朴河澄)"

15 李重慶(1599~1678), 『鰲山誌』「道訛踏山記」.

16 위의 책, 「鄕老堂記」(朴河淡): 『逍遙堂逸稿』「道州客館上樑文」.

의 장남이었다. 이러한 가문적 배경으로 해서 그 또한 무오사화(1498)에 연루, 부친과 더불어 전라도로 귀양 간 바 있었다. 그는 중종반정(1506) 직후인 중종 2년(1507) 진사시에 합격했으며. 조광조를 비롯한 기묘사림의 추천으로 현량과(賢良科)에 합격하는 등 영남을 대표하는 사림으로서의 전국적인 명성을 획득하고 있었다. 그렇지만 기묘사화 이후 현실정치에 대한 뜻을 접고 청도의 동쪽 운문산 근처 우연(愚淵)에 삼족당을 짓고 자연과 더불어 말년을 보낸 불우한 인물이기도 했다.[17] 이러한 가문적 배경과 학문적 성취, 그리고 조신한 행동으로 그는 당대 사림 세력으로부터 크게 추앙을 받았으며, 교우 관계가 까다롭기로 유명한 남명(南冥) 조식(曺植; 1501~1572)과 막역지교를 맺을 수 있었다. 그의 사후 조식은 애절한 묘갈명을 헌증함으로써 그와의 친교를 증명하고자 했다.[18]

박하담 또한 김대유와 교분이 두터웠다. 그는 우연 근처인 입암(立巖)에 정자를 짓고 김대유와 교유하고 있었다. 그런데 운문산과 동창천이 에워싸고 있는 산동 지역은 읍치로부터 멀리 떨어져 있는데다가 16세기 중반 이후에야 개발이 본격화되는 등 산서 지역과는 비교가 어려울 정도로 열악한 지역이었다.[19] 읍치까지 조세를 직접 운송해야 하는 산동 주민들에게 험준한 산세와 굽이 친 하천은 큰 고통을 안겨주는 요인이 되었다. 이러한 사정을 잘 알고 있던 김대유는 박하담과 더불어 동창천 가에 관창(官倉)을 설치, 주민들의 민원을 덜어 주고자 했다.

---

17 金大有(1479~1551), 『三足堂文集』 「宣務郞戶曹佐郞金公墓碣文」.

18 李重慶, 『鰲山誌』 「三足堂先生墓碣幷書」(曺植).

19 청도는 곰티재(280m)를 경계로 동쪽의 山東과 서쪽의 山西로 나뉜다. 산동은 운문·금천·매전 등 3개면 밖에 보유하지 않은데다가 경지 또한 크게 부족한 산간 지대였다. 반면 6개 면을 보유한 산서는 경지가 넓고 수리시설이 발달하여 '산업의 보고'로 평가받는 지역이었다(紫溪書院刊, 『淸道文獻考』 「地勢」 1940년).

동창 설치 이후 혜택을 크게 입은 산동 주민들은 김대유와 박하담 사후인 선조 원년(1568)에 이르러 동창 곁에다가 이들의 신주를 봉안하는 동창사(東倉祠)를 짓고 추모했다. 이후 동창사는 선조 10년(1577) 군수 황응규의 주선으로 입암으로 이건, 선암서원으로 그 위상이 한 단계 격상 되었다.[20] 청도에서 최초로 건립된 서원인 선암서원의 배향자로 김대유와 더불어 박하담이 확정되면서, 그의 후손들은 향현(鄕賢)을 배출한 종족으로서의 위상을 크게 높일 수 있었다.

2) 임진왜란 발발과 박씨 종족의 대응

소고공파가 제2의 도약의 계기를 잡은 것은 임진왜란이었다. 임란 발발 이후 의병이나 관군으로 참전한 이들이 10여 명이나 배출되고 이들 가운데 다수가 1605년(선조 38) 선무원종공신에 책록되었기 때문이다. 우선 이들의 활동에 대해 살펴보자.

청도는 영남대로 상의 주요 교통로로서 동래 - 밀양 - 대구를 잇는 중도의 길목에 위치한 탓에, 전쟁 개시 7일 만인 4월 20일경에 고니시 유키나가(小西行長) 군을 필두로 한 일본 제1군에 의해 일찍이 점령 당한 곳이었다. 전쟁 초기의 공통된 양상이었지만 관군은 일본군의 공세 앞에서 제대로 방어하지 못하고 궤산되었으며, 지방관이나 군사 지휘관들은 지역민들보다 먼저 도주했다. 청도군수 배응경도 전쟁 발발 소식이 전해지자마자 최정산(889m) 일대로 도피하는 등, 일본군의 청도 점령 이전에 관군은 이미 궤산되고만 상태였다. 행정체계의 와해, 그리고 일본군의 신속한 점령이라는 상황 아래 버려지다시피 한 상민(常民)들은

---

20 李重慶, 『鰲山誌』 「鄕獻祠移建仙巖記」(郡守 黃應奎).

피난중인 사족들을 추적, 살육 방화하는 등 국가와 사족에 대한 적개심을 표출하는데 아무런 거리낌이 없었다. 사족들은 일본군이나 상민들로부터 협공을 당하는 처지에서 생존의 위협이라는 절체절명의 위기상황을 극복해 나가지 않으면 안 되었다.[21]

이러한 상황에서 운문산(1195m, 산동)과 최정산(산서) 일대로 피난간 사족들은 자구책을 모색하기 시작했다. 운문산으로 피신한 사족들 가운데는 밀양박씨 소고공파의 활약이 특히 두드러졌다. 소고공파의 활동을 주도한 이는 무과 출신인 박경신(朴慶新; 1539~1594)이었다.[22] 그는 청도가 일본군으로부터 점령 당한지 3일 뒤인 4월 23일 그의 아들 박지남(朴智男)·철남(哲男) 형제, 수야 일대에 거주하던 박경전(朴慶傳)·박숙(朴琡)을 비롯한 조카와 사촌들을 선암서원으로 불러들여 의병 창의를 결의했다. 소고공파 의병은 주로 박하담의 손자(경신·경전·경윤)와 증손자(찬·숙·린·구·선·지남·철남), 그리고 방손(근: 박하청의 증손)으로 구성 되었다. 의병 가담자 및 훗날 14의사(義士)로 알려진 이들이다.

이들은 그들이 보유한 노비들과 동원 가능한 상민들을 중심으로 대오를 편성하여, 수 십명에 이르는 가병을 조직할 수 있었다.[23] 박경신은 가병을 조직한 다음 국왕 선조의 호종을 위해 곧 바로 상경하게 되었다.

---

21 임란 초기 常民層의 동향과 士族層의 대응에 대해서는 金盛祐, 「壬辰倭亂 시기 常人層의 동향과 士族層의 대응」(『韓國史學報』 8, 2000)이 참고 된다.

22 소고공파의 임란 활동은 朴慶新 계열의 기록인 李璣玉의 『倡義日錄』(林湖書院 편, 『三友亭朴慶新先生實記』, 1990, 所收)과 朴慶傳 계열의 기록인 金後生의 『倡義日記』(『悌友堂先生文集』, 1861, 所收)에 각각 수록되어 있다.

23 의병부대는 대체로 지역사회를 주도하는 사족 몇 명이 창의를 모의하고 이들과 가까운 자들을 가담시켜 대오를 구성하는 것이 일반적이었다. 반면 소고공파는 구성원 대부분이 동일 가계의 6촌 이하의 至親이라는 점, 그리고 그들의 지배 아래 있던 다수의 노비나 상민들을 중심으로 대오를 편성했다는 점에서, 다른 지역의 의병과 성격이 달랐다. 그런 점에서 家兵이라 칭하는 것이 어떨까 한다.

이후 가병 조직은 박경전(1553~1623)의 주도 아래 들어갔다. 박경전은 소고공파의 가병 결의 3일 뒤인 4월 25일경에 의병장을 맡아 본부를 선암서원에 두고 박경윤(朴慶胤)·박지남·박철남으로 하여금 제1·2·3진을 구성하는 등 조직을 한층 강화해 나갔다. 이러한 여세를 몰아 격문을 띄워 창의 사실을 청도 지역 사족들에게 널리 알렸다. 소고공파 가병이 본격적인 활동을 개시한 시점은 4월 25일경이 아닌가 생각된다.[24]

그렇지만 가병 활동을 개시한지 2개여 월이 지나도록 소고공파의 활동은 크게 드러나지 않았다. 5월 3일 동당으로 침입한 일본군과의 접전에서 제1진 박경윤부대(40~50명)는 절반의 전력을 상실하고 패주했으며, 이튿날 길부의 제2진 박지남부대(200여명) 또한 이와 다르지 않았다. 서지의 제3진 박철남부대도 5월 8일에 치러진 전투에서 수많은 사상자를 내고 운문산으로 퇴각하고 말았다. 산서에서 활동하던 의병부대도 이와 다를 바 없었다. 그리하여 산동의 밀양박씨 가병은 5월 8일경에, 산서의 의병은 5월 19일경에 각각 의병진을 해체하고 운문산과 최정산 일대에서 은신, 활로를 모색할 수밖에 없었다.

청도의병은 박경신이 경상도 안집사(安集使) 김륵(金玏)의 군관 자격으로 그리고 청도 조전장(助戰將)의 직함을 띠고 1592년 7월 1일 청도에 부임하면서 활기를 띠기 시작했다. 그는 7월 3일 최정산에서 피신 중인 군수 배응경을 찾아가 회동, 의병과 관군 전체를 통솔할 지휘권을 부여받았다. 그리하여 400~500여 명에 달하는 산동·산서의 의병과 관군이 그의 통제 아래 들어갔다. 그는 이러한 여세를 몰아 인근 자인현의 최문

---

24 삼우정파와 제우당파는 모두 창의 시점을 4월 23일로 보고 있다. 그렇지만 가병의 구성이 완료되고 그러한 사실을 인근 지역에 알린 4월 25일을 거사일로 잡는 것이 옳다고 여겨진다. 그럴 경우 가병 모의는 박경신이, 창의는 박경전이 각각 주도했다는 가정이 성립된다.

병 의병 부대와 연합, 7월 9일 청도 읍성을 탈환하는 대전과를 세웠다. 이후 청도의 군통제권은 군수 배응경에게 이양되었다. 이 과정에서 의병들이 관군으로 편제되는 조처에 반발, 저항하는 양상을 보이기도 했지만, 청도의 전력 대부분은 이때에 이르러 관군으로 재편된 것으로 보인다.

1592년 12월~1593년 1월 일본군의 전면 철수가 개시되면서 군수 배응경과 조전장 박경신이 지휘하는 청도 관군은 일본군 패잔병들을 대상으로 매복, 야습과 같은 기습 공격을 통해서 다수의 일본군을 사살하는 전과를 올렸다. 일본군의 청도 철군이 완료된 1593년 3월말까지 박경신이 지휘하는 관군이 참획한 일본군의 머릿수는 170여급이나 되었다.

소고공파는 국가가 의병 참전자에 대한 포상 차원에서 실시한 '광취무과(廣取武科)'에 응시, 다수의 무과급제자를 배출하기도 했다.[25] 이 무렵 무과에 급제한 이들은 박경윤(선조36년, 1603), 박찬(선조 27년, 1594), 박우(선조 36년), 박지남(선조 36년) 등 4명이었다. 그리고 이들 가운데 11명은 선조 38년(1605) 전국적으로 실시된 공신 책봉 과정에서 선무원종공신(宣武原從功臣)으로 책록되었다. 다음의 <표 2>는 소고공파 가운데 선무공신에 책록된 이들을 등급 별로 표시한 것이다.

<표 2> 嘯皐公派의 宣武原從功臣 책록 명단 및 등급

등급	성 명
1등	박경신
2등	박경전·박경윤·박지남·박린·발철남·박근
3등	박선·박찬·박구·박숙

---

25 廣試武科에 대해서는 김성우의 「壬辰倭亂 시기 常人層의 동향과 士族層의 대응」(『한국사학보』 8, 200)이 참고된다.

이들 가운데 전공이 가장 두드러진 이는 박경신이었다. 그는 국가로부터 혁혁한 전과를 인정받아 밀양부사에 임명되었으며 사후 호성원종공신 2등과 선무원종공신 1등에 각각 책록, 섶마루 본가 근처의 토지 100여 만평을 사패지(賜牌地)로 지급 받았다. 그와 더불어 가병 활동을 주도한 박경전 또한 선무원종공신 2등에 책록되고 창녕현감에 임명되었다.

소고공파는 이처럼 임란을 계기로 지위를 상승시켰을 뿐 아니라, 종전이후 지역사회의 재편 과정에도 깊숙이 개입, 향권 장악의 계기를 마련할 수 있었다.

〈표 3〉 17세기 청도향안에 입록된 소고공파와 그들의 입록 시기 및 비율

연도	경연					경인	경전	경윤	경준	하청	하징	기타	합(A)	전체(B)	A/B(%)
	환	찬	우	숙	규										
1599													0	23	0
1600							경전	경윤					2	11	18.2
1609	환	찬	우			선	정	린		근			7	13	53.8
1610													0	2	0
1614				숙	규							황	3	8	37.5
1617													0	4	0
1627		동수		동효 동제									3	11	27.3
1645	동정		동주	동신	동익 동설 동직	동흠 동온	동로	동징 동휘	기	동현	동유		14	50	28
1651				동전			동구			동위		위한	4	13	30.8
1655	인한			시한	동석	병한	동질	동장 동욱					7	23	30.4
1657	빈한			서한		태한		동언				경한 우한	6	22	27.3
합	4	2	2	6	6	5	5	4	4	2	3	3	46	180	25.6
	20														

<표 3>은 17세기 청도 향안에 입록한 전체 인원 가운데 소고공파의 비율 및 입록 시기를 표시한 것이다. 여기에서 확인할 수 있는 것처럼 소고공파는 17세기에 작성된 향안에 참전 1세대를 비롯, 2~3세대에 이르기까지 대거 입록되었다. 그들은 전체 향안 입록자(180명)의 1/4에 해당하는 46명을 입록시켜 단일 종족으로는 가장 많은 입록자를 배출했다.

그런데 이들의 주요 입록 시기가 선무공신의 책록이 이뤄진 1605년으로부터 얼마 지나지 않은 1609년 경이라는 점, 그리고 그로부터 1세대가 경과한 1645년경에 그들의 2세대 다수가 집중적으로 입록되고 있다는 점이 흥미롭다. 이러한 사실은 향안 입록의 주요 계기가 의병 참전 1세대의 선무공신 책록 및 그들의 자손이라는 점을 보여 주는 것이라고 생각된다. 요컨대 임란이야말로 소고공파의 사회적 도약의 발판을 마련해 준 결정적인 계기였다.

3. 문집 및 족보의 편찬

1) 소요당 박하담과 14의사의 추숭 작업

밀성박씨 소고공파는 향현으로 추앙되어 선암서원에 배향된 박하담과 임란 공신들을 다수 배출하면서 지역사회에서 일정 지분을 확보하는 데 성공했다. 그렇지만 청도 정착 이후 문과 급제자를 1명도 배출하지 못했다는 사실은,[26] 종족의 족세가 날로 번창해지고 사회적 활동이 점차

---

26 1871년에 편찬된『淸道邑誌』에 의하면 조선시대 전 기간을 통틀어 청도 출신으로 문과에 급제한 이들은 모두 16명이었다. 이들은 다음과 같다.

확대되는 상황에도 불구하고 이들의 성장이 갖는 한계는 명확한 것이었다. 1520년대 국가에서 공인한 사족의 범주는 「4조 내에 과거 혹은 음서로 문·무반 정직(正職) 6품 이상에 진출한 관료를 배출한 가문의 후손 및 생원·진사」였다.[27] 소고공파는 생원 출신인 박하담과 임란 공신을 제외하면 국가가 공인하는 사족의 범주에 들 현조를 배출하지 못했다. 따라서 지역사회를 주도하는 종족으로서의 성세를 유지하기 위해서는 그들의 족세나 사회적 활동에 걸맞는 현조를 확보하는 것이 무엇보다 중요했다. 이들이 박하담과 14의사에 대한 추숭 작업에 매달린 이유가 여기에 있었다. 추숭 작업과 관련하여 특히 주목되는 것은 그들의 문집 출간 작업이었다. 우선 박하담의 문집인 『소요당집(逍遙堂集)』의 출간 과정을 살펴보자.

『소요당집』의 편찬 계획은 임란 직후부터 시작되었다. 이와 관련하여 가장 일찍이 관심을 보인 이는 박숙(朴琡: 1578~1639)이었다. 그는 선무원종공신 3등에 책록된 인물로서 박경전·박경윤이 주도한 과거시험 준비서인 『예부운략(禮部韻略)』의 간행에 참여하고, 청도 최초의 읍지인 『오산지(鰲山志)』 발간에도 깊숙이 개입하는 등,[28] 박경전과 더불

15~16세기 : 崔煥(흥해인, 목사), 金哲誠(광주인, 판서), 盧允昌(? 부사). 金孟(김해인. 집의), 金駿孫(김해인. 직제학), 金驥孫(김해인. 좌랑), 金馹孫(김해인. 정랑), 金大有(김해인, 정언), 金重衡(청도인, 현감), 李思均(경주인, 관찰사), 朴虎(밀성인(B), 군수)

18~19세기 : 禹錫龜(단양인. 찰방). 張周翼(창녕인. 도사), 李舜善(? 지평), 崔鶴昇(경주인. 대사간). 千馹晟(영양인, 주서)

이들 가운데 김맹 - 김준손·김기손·김일손 3형제 - 김대유로 이어지는 3대 내리 명현을 배출한 김해 김씨가 가장 두드러진다. 나머지 종족은 1명 정도를 배출하는데 그쳤는데. 이 가운데 조선후기까지 유력종족으로서의 기반을 확보한 종족은 박호의 밀성박씨(B), 최학승의 경주최씨 등 두가문에 지나지 않았다.

27 金盛祐, 1997, 「16세기 農庄의 발달과 土族層의 성장」『大丘史學』54.

어 임란 이후 소고공파를 이끌던 인물이었다. 그는 사회활동을 활발하게 전개하는 한편, 중조부 박하담의 유문(遺文)을 수습, 문집을 편찬하려는 계획을 일찍부터 세우고 있었다. 대암(大庵) 박성(朴惺; 1549~1606)과 여헌(旅軒) 장현광(張顯光; 1554~1637)에게 『소요당집』의 교정을 부탁한 사례에서[29] 그러한 노력의 일단을 확인 할 수 있다. 이밖에 정인홍(鄭仁弘; 1536~1623)의 문집인 『내암집(來庵集)』에 「소요당 박공 행적(逍遙堂朴公行蹟)」이 실려 있는 것,[30] 그리고 1636년(인조 14) 동계(桐溪) 정온(鄭蘊; 1569~1641) 주도로 편찬된 『남명사우록(南冥師友錄)』에 조식의 벗으로 기록되어 있는 것[31] 등도 그러한 노력의 일단을 보여주는 사례들이다.

『소요당집』 편찬과 관련하여 주목되는 또 다른 인물은 고산(孤山) 박심휴(朴心休: 1657~1724)였다. 그는 갈암(葛庵) 이현일(李玄逸; 1627~1704)의 제자로서 스승으로부터 박하담의 묘갈을 받아낼 수 있었다.[32] 이후 박하담의 문집 편찬에 박차를 가한 이는 박심휴의 현손인 주암(珠巖) 박윤덕(朴潤德; 1759~1814)이었다. 그는 정조 16년(1792) 진사시에 합격한 문재를 바탕으로 평생을 위선 사업과 후학 양성에 열의를 보인 인물이었는데, 그에 의해 「소요당연보(逍遙堂年譜)」가 완성되었다.[33] 이처럼 200여 년이라는 오랜 기간 동안 후손들의 지속적인 노력의 결과,

---

28 仙巖書院 간, 『十四義士錄』「龍巖遺集」(朴琡) 「書鰲山誌後」.

29 仙巖書院 간, 『十四義士錄』「龍巖遺集」(朴琡) 」「輿朴大庵惺」. "就白琡之曾王考逍遙遺集校勘事 曾有所仰托於門下 而但草本未定 至此不遷就 不肖無狀 其於繼述之地 又疏遠如此 所以夙夜恐懼罪死無知也 若得高明一言之賜 則因欲就質於立巖張先生爲計 未知盛敎以爲如何"

30 鄭仁弘(1536~1623), 『來庵集』「逍遙堂朴公行蹟」.

31 朴河淡, 『逍遙堂逸稿』「年譜」.

32 『立巖文獻錄』「소요당선생묘갈명」(葛庵 李玄逸).

33 朴潤德(1759~1814), 『珠巖集』「묘갈명」(知禮縣監 李龜星)

『소요당집』의 초간본인 갑인본(甲寅本)이 정조 18년(1794) 간행을 보게 되었다.[34] '갑인본' 출간으로 소고공파는 박하담의 추숭 작업을 1차적으로 마무리 할 수 있었다.

그렇지만『소요당집』중간 작업은 이후에도 계속 시도되었다. 1830년 대를 전후하여 재간 계획이 수립되고 1840년경에 이르러 재간본의 초고가 완성된 것이 그러한 경우였다. 그렇지만 문집으로 출간되기까지는 많은 시일이 더 소요되었다. 1870년 겨울 재간본의 최종 원고가 완성되었으며,[35] 이후 5여 년에 걸친 목판 인각 작업을 끝으로 고종 9년(1875)『소요당일고(逍遙堂逸稿)』라는 제하의 박하담 문집의 출간을 보게 되었다. 소고공파의 현안사업이었던『소요당집』의 출간은 임란 이후 무려 250여 년이 경과한 19세기 후반에 이르러서야 결실을 거둘 수 있었던 것이다.

다음으로 14의사들의 문집인『십사의사록(十四義士錄)』의 출간 경위를 살펴보자. 그런데 이와 관련하여 주의를 요하는 것은 임란 당시부터 창의 과정과 활동의 주체를 박경신과 박경전으로 각각 달리 보는 기록이 존재해 왔다는 점이다. 문제는 박경전 계의 김후생(金後生)이 작성한『창의일기(倡義日記)』가 이후 각종 포상과 관련된 중요한 준거 자료로 활용되면서, 박경신 계의 이기옥(李璣玉)의『창의일록(倡義日錄)』이 거의 무시되었으며, 이 때문에 그의 후손들이 사회적 진출 과정에서 소외되었다는 점이다.[36]

---

34 『소요당집』은 초간본이 나온 이래 몇 차례에 걸쳐 보수 중간되었다. 그 출간 경위 및 문집의 내용에 대해서는 金侖秀의「『소요당일고』해제」(『南冥學연구』6. 1996)가 참고 된다.

35 朴廷兌(1814~1874),『喜齋集』「謹次黃是盧(蘭善)見贈」. "庚午(1870년)仲冬 有事于逍遙先生遺集編次之役 時鶴坡‧後山(星默)‧雲岡(時默)諸族丈 興黃丈(蘭善)是盧 實主是事"

36 양측의 분쟁은 밀양부사 朴慶新이 임지에서 사망한 직후부터 시작되었다. 분쟁

소고공파는 김후생의 『창의일기』를 근거로 가병 및 관군에 가담한 의사들에 대한 추숭 작업을 지속적으로 전개해 갔다. 임란 이후 이 사업을 주도한 이는 박경전이었다. 그는 박경신과 더불어 가병을 주도했으며 국가로부터도 공로를 인정받아 창녕현감에 제수되었다. 그리하여 임란 의사의 현양사업에 관한 한 그의 직계가 중심이 될 수밖에 없었으며, 그러한 사업의 중심에는 늘 박경전이 위치해 있었다. 숙종 32년(1706) 그의 증손 박성명(朴聖命)에 의해서 박경전의 문집인 『제우당집(悌友堂集)』이 출간된 것도 이러한 이유에서였다. 이 문집은 소고공파에서 간행한 여러 종의 문집 가운데 최초의 것이라는 영예를 안았다. 『제우당집』편찬에 기울인 소고공파의 열정이 어떠했던가를 짐작할 수 있다.

『제우당집』은 청도의 임란 의병을 체계적으로 정리한 최초의 문집이었다. 따라서 소고공파는 문집 출간을 계기로 임란 의사들에 대한 본격적인 추숭 작업에 들어갔다. 이 사업을 주도한 이는 박심휴였다. 그의 노력에 힘입어 숙종 36년(1710)에 이르러 소고공파 임란 의사들에 대한 최초의 공식 자료인 『충효록(忠孝錄)』이 출간되었다. 이 문집도 『소요당집』과 마찬가지로 중간 노력이 지속적으로 전개되었으며, 1790년대에 이르러 재간본이 출간되기에 이르렀다.[37]

임란 의사에 대한 현양사업은 19세기에 접어들어 한층 더 적극성을 띠었다. 이미 두차례에 걸쳐 『충효록』이 출간되어 임란 의병의 활동 양

은 주로 박경신 계의 두 아들인 智男과 哲男이 庶子라는 辛酉譜의 기록, 박경신에게 지급된 賜牌田과 각종 자료를 박경전 측에서 전유하려 했다는 박경신 계의 주장에서 기인한 것이다. 이후 양측은 辛酉譜의 개정과 賜牌田 및 각종 자료의 반환 문제를 둘러싸고 첨예하게 대립했으며, 그 분쟁은 지금까지도 계속되고 있다(『三友亭朴慶新先生實記』「辨誣錄」).

37 『忠孝錄』의 서문은 1797년(정조21) 朴光臣의 요청으로 당시 경산현령으로 재직 중이던 柳潀(풍산인)가 작성했다.

상이 구체적으로 정리된 상황이었으므로, 이들에 대한 현양사업은 그다지 어려울 것이 없었다. 소고공파는 의병 활동에도 불구하고 공신 반열에 오르지 못한 박경인(朴慶因)과 박경선(朴慶宣)의 추증을 위해 노력하는가 하면, 박경신을 비롯한 선무공신들에 대한 증직을 위해 많은 노력을 아끼지 않았다. 그 결과 순조 12년(1812) 박경인과 박경선에 대한 증직 조처가 내려지고[38] 순조 17년(1817)에는 박경신·박경전을 비롯한 일부의 선무공신들에 대해서도 증직이 이뤄졌다. <표 4>는 이때 증직된 이들과 그 내용을 표시한 것이다.

〈표 4〉嘯皐公派 壬亂 義士들에 대한 贈職 내용

성명	증직 내용	공신 책록 유무
박경신	형조 참판	선무 원종공신 1등
박경전	병조 판서	선무 원종공신 2등
박경윤	병조 판서	선무 원종공신 2등
박경인	지평	×
박경선	좌승지	×
박지남	×	선무 원종공신 2등
박철남	×	선무 원종공신 2등
박 린	×	선무 원종공신 2등
박 근	×	선무 원종공신 2등
박 선	승지	선무 원종공신 3등
박 찬	×	선무 원종공신 3등
박 구	×	선무 원종공신 3등
박 숙	×	선무 원종공신 3등
박 우	호조 참의	진무 원종공신 1등

---

38 『純祖實錄』 권15, 순조 12년 3월 13일 乙酉 "禮曹 各式年京外忠·孝·烈文書抄啓 「忠臣贈職秩」 淸道 故萬戶朴慶宣·故將仕郎朴慶因 倭變時倡義戰死."

이처럼 19세기 초반에 이르러 박경신·박경전을 비롯한 선무공신 11명 이외에도 진무원종공신 1등으로 책록된 박우(朴瑀), 그리고 이때 증직된 박경인·박경선을 포함한 14명의 의사가 최종 확정을 보게 되었다. 이들이 이른바 밀성박씨 소고공파 14의사이다. 14의사에 대한 국가 차원에서의 공인 조처가 이뤄진 다음, 소고공파는 후속 작업으로 이들의 신주를 봉안하는 사우를 설치하고자 했다. 그 결과 순조 32년(1832) 경에 이르러 14의사의 위패를 봉안하는 충렬사(忠烈祠)가 건립되었다.

14의사의 확정과 충렬사 건립 직후, 새롭게 추가된 내용을 수록할 문집의 출간이 또 다른 과제로 떠올랐다. 그리하여 1830년 대부터『충효록』증보 작업이 착수되었으며, 철종 6년(1855)에는 초고가, 그리고 고종 4년(1867)에는『십사의사록』이라는 제하의 목판본 문집으로 최종 출간되었다.『충효록』초간본 출간 이후 160여 년이라는 긴 기간 동안 후손들의 노력에 의해『십사의사록』이라는 형태의 문집이 또 다시 출간되었던 것이다.

2) 족보의 편찬

박건의 청도 이주 이후 소고공파의 족세는 날로 번창해 갔다. 박승원의 아들 대에 박하담·하청·하징 3형제를 비롯, 그의 증손과 고손 대에 이르기까지 적·서를 아우르는 후손들의 수는 매우 많았다. 이들은 수야를 중심으로 보리미, 자계 일대로 퍼져 갔으며, 일부는 산동의 섶마루와 임당 일대로 확산되었다. 이후 소고공파는 수야, 보리미, 섶마루를 중심으로 집성촌을 형성, 수야 박씨, 보리미 박씨, 섶마루 박씨 등으로 불렸다.

소고공파의 족세가 커지고 청도 전역으로 확산되어감에 따라, 종족의 세계(世系)를 확인하고 후손들 상호 간의 혈연의식을 공유하기 위한 작업의 필요성이 제기 되었다. 이러한 이유에서 소고공파 직계만을 수록한 가승(家乘)이 인조 8년(1630) 경에 편찬되었다. 그렇지만 세대가 거듭될수록 후손들은 더욱 늘어났고 거주 지역 또한 한층 넓어졌다. 가승만으로는 각 종족 구성원들의 혈연적 친소 관계나 거주지 파악이 쉽지 않았던 것이다. 더욱이 가승은 17세기 후반 이후 전개된 혈연의식의 강화와 종족의 형성이라는 시대적 욕구를 채워주는데 한계가 있었다. 족보는 이러한 시대적 욕구를 충족시켜 줄 대안으로 새롭게 등장한 역사적 산물이었다.[39]

그렇지만 가승 차원을 넘어서서 대상을 위로 소급하거나 옆으로 확대시키고자 할 때, 그것을 가능하게 할 자료가 구비되어야만 했다. 자료의 부재 상황에서 대상을 확대하는 행위는 곧 조작을 의미했기 때문이다. 다행히 소고공파는 비교적 이른 시기인 17세기 후반~18세기 전반부터『소요당집』과『충효록』을 편찬하는 등 종족사(宗族史)의 주요 골격이 대략이나마 잡혀 있었다. 이러한 사전 준비 작업은 소고공파가 족보 편찬 과정에 주도적으로 참여할 수 있는 기반이 되었다.

최초의 족보는 중시조 은산부원군(박영균) 4파의 후손들을 대상으로 숙종 45년(1719)에 편찬된『밀성박씨 은산부원군 파보』, 곧 '기해보(己亥譜)'였다. '기해보'는 4파 가운데 백파인 우당파(憂堂派) 곧 청도의 소고공파와 밀양에 세거하는 중파인 인당파(忍堂派)가 편찬을 주도했다. 그렇지만 편찬 과정에서 소외된 삼가·단성의 아당(啞堂)·졸당파(拙堂派) 가계를 중심으로 '기해보'에 대한 불만이 적지 않았다. 우당-인당파를 중심으로 내용이 기재된 탓이었다. 그런 이유에서 가승이라는 좁을 틀을 깬

---

39 조선후기 족보의 편찬과 그 의의에 대해서는『한국사 시민강좌』24집(일조각, 1999)의 특집「족보가 말하는 한국사」에 수록된 이수건, 송찬식, 백승종, 노명호, 이기백의 논문이 참고 된다.

최초의 족보라는 역사적 의의에도 불구하고 '기해보'는 끝내 공간될 수 없었다.[40]

그럼에도 족보 편찬의 필요성은 점증했다. 18세기 이래 각 성씨를 중심으로 하는 종족별 대동보(大同譜)가 집중적으로 편찬되는 상황속에서 밀양박씨가 이러한 추세에 뒤쳐질 수 없었기 때문이다. 그리하여 18세기 중반 무렵 밀양박씨 전체를 포괄하는 대동보의 편찬 계획이 수립되었다. 이때에도 청도와 밀양 인근의 박씨들이 주축이 되었으며, 그 결과 밀양박씨 최초의 대동보인『밀성박씨세보』, 곧 '신유보(辛酉譜)'가 영조 17년(1741) 대구에서 간행되었다. 밀양을 본관으로 하는 전국의 박씨들을 총망라 한 최초의 대동보라는 점에서, 신라 박씨의 종통(宗統)을 주장하는 밀성박씨의 입장에서 볼 때 '신유보'는 신라 이래 실로 천 여년만에 이뤄진 대역사로 평가된 기념비적인 족보였다.[41]

'신유보'는 동종 의식이 강화되는 초기 단계에서 만들어진 족보라는 점, 따라서 각 종족의 위선사업이 본격화되기 이전에 간행된 족보라는 점에서 또 다른 의의가 있었다. 이 때문에 비교적 엄정한 족보 편찬 원칙이 수립되었으며,[42] 그 결과 후대에 편찬된 어떠한 족보들보다 기재 내용이 정확했다. 이밖에 이전부터 공인되거나 확인된 내용만을 기재 대

---

40 朴潤德,『珠巖集』「朴氏世譜跋」. "自己亥(1719년, 숙종 45)年間 淸(道)·密(陽) 先父老懼其派系之愈久 而愈失其眞也 凡於文牌之所存 睹記之所及 無不旁搜 曲採衷集 銀山派一家私謀 實我曾王考府君諱聖熙 與同時族人諱民熙·諱思兼·諱增曄 三公共主其事 考證而偏輯之也 書爲一袠正本 將欲鋟梓而未果"

41 朴在植(1862~1928),『紫南先生文集』「族譜序」. "辛酉譜是羅代一千年後巨創大事 而同合乎大同之義 然亦不無杞宋 不足證之歎也"

42 『密城朴氏世譜』(辛酉譜)「凡例」(1741년(영조 17)). "一. 一二派有刊行舊譜 而散在各派頗多見漏 今盡收牒 或考其久遠文字 或閱其金石實錄 取其眞的來歷 使其各派修錄 有司釐正書之"

상으로 삼았기 때문에, 이후 각 종족의 위선사업의 전개 과정과 개변 내용의 변화를 추적하는데 준거가 되는 족보라는 점에서 의의가 적지 않았다.

밀성박씨 각 종족에게 '신유보'가 끼친 파급 효과는 매우 컸다. 박씨들의 동종 의식이 구체화되는 계기를 마련해 주었는가 하면, 문중사업이 활성화 되는 계기를 만들어 주었기 때문이다. 소고공파도 '신유보' 편찬 이후 종족 활동이 가속화 되었다. 초간본『충효록』을 증보한 재간본『충효록』이 정조 4년(1780)에 발간되고 파시조 박익의 재실인 보본재(報本齋)가 순조 3년(1803)에 준공되는가 하면, 순조 4년(1804)에는 우당파와 인당파의 주관으로『밀성박씨 은산부원군 파보』, 일명 '구갑자보(舊甲子譜)'가 새로이 편찬되는[43] 등 세계(世系)에 대한 관심과 위선사업에 대한 열의가 이전과 비교할 수 없을 만큼 활발해졌다.

그런데 종족 활동이 활성화 되고 새로운 내용들이 추록됨에 따라, '신유보'의 내용을 문제 삼는 후손들이 나타났으며, 시대가 내려갈수록 그러한 불만은 커져갔다.[44] 그렇지만 보다 본질적인 문제는 종족별로 추진하는 위선사업의 결실이 항상 족보의 기재 내용을 앞질러 갔다는 점이었다. 그 때문에 위선사업이 왕성한 종족일수록 족보 개정에 대한 열의가 강했다. 그러한 실례를 소고공파 문중에서 살펴볼 수 있다.

19세기에 접어들면서 소고공파의 위선사업은 정점을 향해 나아갔다.

---

43 朴潤德,『珠巖集』「朴氏世譜跋」. "癸亥(1803년, 순조 3)春 始創忠肅公墓下齋室 列邑宗人齊到 落成之 日相與酬歌 竟夕花樹之會於斯盛矣 凝川族兄督郵鼎元氏 囑余而言曰 … 於是通于遠近諸宗 始事於是歲之末 而告功於明年之夏 首尾半年"

44 朴潤德,『珠巖集』「朴氏世譜跋」. "兹(기해보)後二十三年辛酉 國內同貫朴氏之譜 始刊于大丘之南山 乃東皐子伯·仲氏所主管 而第恨當時事役煩重 派流浩漫未竟詳愼而明辨 其於精力之所未及處 安知無泮渭末流之相混耶"

14의사에 대한 증직(1817년), 충렬사의 건립(1819년)『송은집』(朴翊)·
『우당집』(朴融)·『소요당집』(朴河淡)·『십사의사록』의 편찬 계획의 수립
(1830년 대)과 같은 굵직굵직한 사업들이 이 시기에 집중되었기 때문이
다. 문중에서 심혈을 기울인 위선사업의 주요성과가 가시화되면서 소고
공파는 이전에 편찬된 족보들의 기재 내용에 대해 불만이 커져 갔다. 불
만은 특히 '신유보'에 집중되었다. 후손들 가운데 일부는 '신유보'를 곧
'잘못된 족보'라고 평가절하 할 정도였다.[45]

그렇지만 '신유보'를 대체 할 새로운 대동보를 편찬하는 문제는 간단
치 않았다. 전국 각처에 산재한 박씨 종족들이 '신유보' 개정에 대한 소
고공파의 열정을 따라 잡을 수 없었기 때문이다. 상황이 이러했기 때문
에 소고공파는 은산부원군파를 대상으로 한 파보(派譜) 개정에 만족해야
만 했다. 그렇지만 나머지 3파의 미온적인 입장 표명으로 파보 출간 사
업 또한 구체화되지 않았다. 그리하여 소고공파는 청도에 거주하는 우당
파 직계만을 수록한 가승보(家乘譜) 편찬으로 계획을 축소할 수 밖에 없
었다. 이러한 노력 끝에 편찬된 가승보가 '병진보'(丙辰譜; 1856년)였다.
그렇지만 '병진보'는 소고공파 내의 서로 다른 분파인 소요당파와 병재
파(甁齋派) 양 지파 사이의 의견 대립으로 끝내 유포될 수 없었다.[46] 이
처럼 각 지파·종족이 처한 입장과 여건에 따라 가승보로부터 대동보에
이르기까지 족보 편찬에 대한 다양한 견해가 존재했다. 상황이 이러했기

---

45 朴時默(1814~1875), 『雲岡集』 「興朴大之(景熙)」. "譜事系在一室敦講之地 …
    向於來通中有曰 '辛酉破譜' '破'字似涉失管 以是一邊講論轉相矛盾 卽今調停
    之方 惟當剔去一字 以'舊'字塡寫 然後自可歸順 竊以譜役是收宗合族之美事
    則懋盡和平 圓終惟始 豈非今日第一義耶"
46 朴在植, 『紫南先生文集』 「族譜序」. "… 甲子譜(1804) 惟以銀山派合譜 其後丙
    辰譜(1856) 以憂堂派收合 而溜溷渾亂 未得頒秩而破 其後己巳譜(1869년, 고종
    6) 獨也以甁齋派修譜 …"

때문에 소고공파는 은산부원군파의 파보인 '구갑자보'(1804년) 간행을 제외하면 어떠한 성공도 거둘 수 없었다.

전국 규모의 대동보 편찬 계획은 고종 6년(1869)에 이르러 마침내 논의되기 시작했다. 이 논의는 족세가 가장 큰 충청도 영동·옥천 일대 박씨들의 발의로 시작되었으며. 영남에서 족세가 가장 강한 소고공파가 적극 동조함으로써 탄력을 받았다.[47] 이 시기 족보 간행 작업은 충청도에 거주하는 박씨들이 주도한 탓에 주로 서울에서 이뤄졌다. 후손들로부터 '잘못된 족보'로 낙인 찍힌 '신유보'를 대체할 전국 규모의 대동보가 실로 120여 년만에 개정 작업에 돌입한 것이었다.

대동보 편찬 소식이 전해지면서 소고공파는 그 동안 결실을 거두었던 각종 위선사업을 최종적으로 마무리하는 작업에 착수하게 되었다. 그리하여 1865년 경에는 『십사의사록』이 목판으로 출간되었고, 『소요당집』의 원고가 1870년 겨울에 완성되었으며, 1875년에는 목판본으로 최종 출간되었다. 소고공파의 최대 현안사업이었던 『소요당집』, 『십사의사록』이 대동보 편찬을 앞두고 전격 간행됨으로써 소고공파가 제출한 단자(單子)의 내용 대부분이 대동보에 그대로 수록될 수 있었다.[48]

두차례에 걸친 대동보 편찬사업 이후 밀성박씨의 세계는 신라 개창조인 박혁거세(朴赫居世)로까지 소급되었다. 게다가 모든 박씨는 신라 박씨로부터 분파되었다는 의식이 확산되면서 박씨 전체를 아우르는 『신라선원보(新羅璿源譜)』의 편찬 계획이 19세기 후반에 수립되었다. 소고공파는 이 과정에도 주도적으로 참여했다. 『신라선원보』의 발문을 작성

---

47 朴時默, 『雲岡集』「答朴判書(孝正)」.

48 朴時默, 『雲岡集』「寄馨兒」. "譜事八路諸宗間 果齊會竣議否 … 間邀致肅李兄讎校先集 其果能十分精盡耶 十四義士錄上送 而部將(박지남)·判官(박철남)兩公尙闕狀行之文 汝其留念也 … 汝須呈單於譜廳 斯速下來"

한 박재형(朴在馨)은 19세기 중반 소고공파의 문장(門長) 역할을 수행하던 박시묵(朴時默)의 아들이라는 사실에서,[49] 소고공파가 『신라선원보』간행 과정에 어떠한 방식으로 참여했던가를 짐작할 수 있다.

3) 여타 현조(顯祖)들에 대한 현양사업

18세기 중반 이후 조선사회는 종족이 사회조직의 기본단위로 확정되고, 동성(同姓)은 동본(同本)이라는 관념 아래 대동보가 편찬되는 단계로 발전하고 있었다. 밀성박씨도 1741년 최초의 대동보인 '신유보' 간행 이후 조상의 세계와 동종의 유대에 대한 관심이 부쩍 높아졌다. 이러한 관심은 조상에 대한 현양사업으로 곧바로 연결되었다.

이 무렵 소고공파가 관심을 쏟은 인물은 박익(朴翊)이었다. 18세기 중반부터 논의되기 시작한 박익에 대한 현양사업은 19세기 초반에 접어들면서 본격화 되었다. 순조 3년(1803) 박익의 재실인 보본재(報本齋)의 준공을 계기로 은산부원군 4파 후손들이 청도 소고동 묘역에서 화수회를 겸한 회동을 갖게 된 것이 결정적인 계기였다. 이 회동에서 파보 편찬 계획이 결의되고, 그 결과 『밀성박씨 은산부원군파보』, 곧 '구갑자보'가 간행되었다. 그런데 4파는 이 과정에서 그들의 파시조인 박익에 대한 현양사업의 필요성을 절감하게 되었다. 박익은 고려 말 중서령(中書令)을 역임하고 사후에 충숙공(忠肅公)이라는 시호까지 받아 밀양을 대표하는 인물로 인정되어 1832년에 간행된 『밀양부 읍지』「인물」조에 수록된 명현(名賢)이었지만[50] 그의 행적을 밝혀줄 증빙 자료가 거의 없었기

---

49 朴在馨(1838~1900) 『進溪集』「新羅璿源世譜跋」.

50 『慶尙道邑誌』(순조 32년, 1832), 『密陽府邑誌』「人物條」. "朝鮮: 朴幹(贊成).
　　朴永均(幹之子. 銀山府院君). 朴翊(左議政). 朴融(翊之子, 吏曹正郎), 朴天卿

때문이다.[51]

　그런데 이 무렵 단성의 아당·졸당파를 중심으로 박익이 여말 8은(八隱) 가운데 한 사람으로 두문동 72현에 속했으며, 이후 고향 밀양으로 낙향, 은둔하게 되었다는 주장이 제기되었다.[52] 이 소문은 곧 은산부원군파 전체로 유포되었으며 후손들은 그를 곧 고려 말 8은으로 인정하기 시작했다.[53] 이와 거의 때를 같이하여 자인현의 어느 노파 집에서 그의 시문(詩文)과 기사(記事)가 발견되고 청도 북지의 박씨가에서 영정과 교지, 그리고 묘표와 글들이 잇달아 발견됨으로써,[54] 생애 전모를 밝혀 줄 결정적인 단서가 모습을 드러냈다.

　이 때문에 그 동안 박익에 대한 현양사업의 최대 걸림돌이었던 자료 부족 문제가 일시에 해소되었다. 이후 은산부원군파는『송은집(松隱集)』편찬 작업에 뛰어 들어 유물·유적이 발견된 지 불과 5여 년 만인 헌종 3년(1837)『송은선생문집(松隱先生文集)』이라는 제하의 문집을 출간하기에 이르렀다.『송은집』출간 이후 박익의 맏아들이자 소고공파의 직계 현조인 우당 박융(朴融)에 대한 현양사업 또한 곧바로 시작되었다.[55]

(左尹) …"

51 朴翊,『松隱先生文集』「遺事」(韓山 李秉元, 순조 34년 1834). "事行肇卒 世遠
　　無傳 譜牒所載只有爵諡 而未知爵於何代·諡於何時也 … 密州舊誌 亦及自靖事
　　而語 皆微而不章未詳 其何以致也"

52 단성에 세거하는 拙堂公派 종족에 대해서는 김준형의『조선후기 丹城지역의 사
　　회변화와 士族層의 대응』(서울대 박사학위논문, 2000)이 참고 된다.

53 朴翊,『松隱先生文集』「遺事」(轉山 李秉元, 순조 34년 1834). "往者丹城居後
　　孫某 得勝國時八隱錄於斷爛野史 始知其爲麗季逸民"

54 朴翊,『松隱先生文集』「遺事」(轉山 李秉元, 순조 34년 1834). "近歲慈仁縣孤
　　婆箱篋間 有古紙一堆 年久塵翳其贄 趙氏儒者京洛人也 見而異之 以告諸諸朴
　　而得焉 則詩文·記事并若干篇 淸(道)之北旨朴氏家 又出眞影敎旨及碑表諸作
　　而先生之本末具矣"

그리하여『우당집』초고는 1840년 경에 완료되었으며, 전국 규모의 밀성박씨 대동보 편찬을 앞둔 1875년 경에 이르러『소요당집』·『십사의사록』과 더불어 목판본으로 간행되었다.

『우당집』출간을 끝으로 소고공파의 직계 조상들에 대한 현양사업의 대강이 완성되었다. 이로써 소고공파는 고려말 8은 가운데 한 사람인 박익을 파시조로, 남명 조식·청송(聽松) 성수침(成守琛; 1493~1564)과 교유한 향현인 박하담, 그리고 임란 당시 청도 의병을 주도한 14의사를 직계 조상으로 둔 '충의가(忠義家)'로서의 자부심을 확보하게 되었다.[56]

한편 소고공파의 다른 갈래인 병재파도 소요당파가 주도하는 각종 위선사업에 자극을 받아 그들의 조상에 대한 위선사업을 본격적으로 전개하기 시작했다. 병재파는 박하담의 동생 박하징(朴河澄; 1483~1566)을 현조로, 수야 일대를 기반으로 세거하던 종족이었다. 이들도 1830년 대를 전후하여 박하징에 대한 유문을 본격적으로 수집하기 시작했으며, 소요당파의 문집들이 대부분 간행되던 1870년 대, 곧 대동보 편찬을 앞두고『병재집(瓶齋集)』이란 제하의 목판본으로 출간을 보게 되었다.[57]

---

55 朴融,『憂堂集』「事蹟」(朴廷相). "故宗丈鼎元氏 以監察在京時 聞嶺人入京中 仕宦家一處 則主人曰 家有正郎朴先生融文集四卷 …"

56 朴時默,『雲岡集』「謹書十四義士遺事後」. "盖自我松隱·憂堂兩先祖以來 以忠孝爲茶飯 以仁義爲裘褐 其貽謨而垂範者 只是課忠勉孝 而求盡其彛倫之道 凡爲吾十四義士之後孫者 其不可不體先祖之壯烈·慕先祖之偉蹟 立身制行 惟以忠孝爲本源 以仁義爲跟脚 思有以毋墜祖先之模範 而克盡天畏之性也哉"

57 朴河澄(1483~1566)『瓶齋集』「明洞實記」(朴箕璟撰). "曾祖朴曾永(師儉窩) 槪然有意於先生遺稿之蒐輯 而玩愒未就 從祖考朴升海(晚翠堂) 掇拾家傳本狀 搜輯世稿本草 先生實跡皆自世稿中抄出也 則晚翠公盖追先志 以繼述者也"

4. 사우의 건립과 종족의 지위 향상

1) 사우의 건립

밀성박씨 소고공파의 대표적인 문중(혹은 종족) 사우(祠宇)로는 선암
서원(仙巖書院)과 용강서원(龍岡書院), 양대 서원을 꼽을 수 있다. 이들
양대 서원은 종족회의를 비롯한 각종 현안 사업들을 논의하고 다른 종
족과의 관계나 다른 지역사회와의 소통을 가능케 하는 신경망과 같은
조직이었다. 그런 점에서 문중 사우의 관리 및 운영은 종족의 대내외적
활동과 관련하여 각별한 의미를 지니고 있었다. 우선 선암서원의 운영
과정을 살펴보자.

원래 선암서원은 김대유와 박하담을 배향한 사우로서 김해 김씨와
밀성 박씨 소고공파 양대 종족에서 공동 관리하는 서원이었다. 김대유와
박하담, 양자를 향사하기 위한 사우의 건립 논의는 그들의 사후인 선조
원년(1568)에 시작되었다. 이때 김대유의 절친한 벗이었던 조식은 김일
손과 김대유를 배향자로, 장소 또한 유향소 근처로 확정하여 명실 공히
청도를 대표하는 사우로 만들어야 한다는 견해를 군수 이유경(李有慶)에
게 제출했다.[58] 그렇지만 사우의 건립 과정에서 그의 견해는 반영되지
않은 채 김대유·박하담 양자를 배향자로, 장소 또한 동창으로 확정되고
말았다.

---

58 曹植(1501~1572), 『南冥集』 「與淸道倅書(선조 원년(1568) 9월 18일)」(倅乃李
有慶 校理延慶之兄). "若準以近日士論 則乃姪(삼족당 김대유)優於乃叔(탁영
김일손) 立祠於倉中 非其地也 若於鄕所則何如 東倉乃三足所居之地也 他日守
護爲可依托 而爲濯纓計 則不可爲 倉祠之名亦不可 皆在地主所當咨詢於鄕老
而後可結者也"

이때 건립된 동창사(東倉祠)는 향리들의 신당(神堂)으로 성격이 변질되어 갔다. 조식이 우려한 바가 현실로 나타난 것이다. 그리하여 군수 황응규가 부임한 이래 사우의 이건 문제가 논의되기 시작했다. 황응규는 이건 장소로서 김대유가 말년에 거처하던 공암을 주목했지만, 이곳은 장소가 협소하고 사람들이 거처하지 않는다는 점에서 관리상의 문제가 있었다. 다음으로 고려의 대상이 된 장소는 입암(立嵓)이었다. 이곳은 박하담이 거처하던 곳으로 주변의 경관이 좋은데다가 인근 섶마루 일대를 중심으로 김대유와 박하담의 후손들이 나란히 거주했기 때문에 관리상의 어려움이 없었다. 더구나 이 지역은 개발이 한창 진행되던 곳이어서 무주지가 도처에 널려 있다는 장점이 있었다. 이러한 여러 가지 상황의 고려 끝에 선조 10년(1577) 마침내 사우는 입암으로 이건되었으며, 선암서원으로 개칭, 그 위상을 한 단계 격상시켰다. 황응규는 서원의 관리를 위해 인근에 위치한 어성사(禦城寺)와 공전(公田)을 절급(折給)해 주기도 했다.[59]

서원이 선암으로 이건될 때 가장 중요하게 고려된 사항은 김대유와 박하담의 후손들에 의한 서원 관리의 용이성이었다. 그렇지만 이후 양대 종족 사이의 사회적·경제적 격차가 현격하게 벌어지면서 서원의 운영권을 둘러싼 양대 종족 사이의 분쟁이 촉발되었다. 박하담의 후손들은 임란을 거치면서 사회적 활동 반경을 넓혀가고 그들의 위상 또한 한층 높아졌음은 앞서 언급한 바와 같다. 반면 김대유의 후손들은 임란을 계기로 영락의 길로 접어들고 있었다.

---

59 李重慶, 『鰲山誌』「學官」「郷賢祠移建仙巖記」 郡守 黃應奎(선조 10년(1577)).
"當移此屋於生先平生所愛之地 三足堂絶景也 守之甚難 獨仙巖乃兩家子孫所居處也 移此爲廟 則守之不難矣 今適仙巖之地屬於公 此先生平生所愛之地 故撤東倉舊祠材瓦 移仙巖重構爲廟 又以禦城寺屬於廟 使之修掃 折官杏與之 以供於祭主之者 有司存焉"

김대유는 생전에 경제적으로 아쉬울 것이 없는 유족한 생활을 누렸지만[60] 2명의 서자를 두었을 뿐이었다.[61] 그리하여 김대유의 후손들은 혈연적·신분적 제약을 극복하지 못한 채 지역사회의 주도세력으로부터 탈락되었다. 게다가 임란 발발 이래 이들 후손들은 모두 쇠락, 다른 고을로 이주하여 가까스로 살아가는 형편이었다. 이 때문에 서원 관리는 차치하더라도 김대유의 산소마저 제대로 관리하지 못했다. 그리하여 검간(黔澗) 조정(趙靖)이 군수로 재직 중이던 17세기 초반(1612.2월~1615.11월), 김일손 계의 진사 김치삼(金致三) 등이 김대유의 현손 김박(金璞)의 군역 면제와 묘지기 3명에 대한 복호(復戶)를 관청에 건의하기에 이르렀다. 이 사실은 곧 경상감사에게 보고 되었으며, 김박의 군역 면제와 묘지기 3명에 대한 복호 조처가 내려졌다.[62]

이처럼 김대유의 가계가 지역 사족들의 주선과 지방관의 도움으로 가까스로 유지될 정도로 영락하면서, 서원의 운영권은 자연스럽게 박하담 후손들의 몫이 되어 갔다. 게다가 양 종족 사이의 사회경제적 간격은 시간이 흐를수록 커져만 갔다. 그리하여 17세기 중반 이후 선암서원은 소고공파가 운영하는 문중서원으로 어느 듯 성격이 전환되었다. 이 과정에서 김일손 계를 중심으로 한 김해김씨 측의 강력한 반발이 뒤따랐으며, 급기야 향전(鄕戰)으로 발전하게 되었다.[63] 그렇지만 선암서원은 서

---

60 김대유는 조식의 경제적 궁핍을 걱정하여, 그의 아들에게 해마다 곡식을 조식에게 지급할 것을 유언으로 남길 정도였다(曺植, 『南冥集』「辭三足堂遺命歲遺之粟」).

61 李重慶, 『鰲山誌』「三足堂先生墓碣銘幷序」(曺植).

62 趙靖(1555~1636), 『黔澗集』「濯纓·三足堂兩先生墓山及堂宇守護狀」. "謹案濯纓三足堂兩先生 俱以一門叔姪之親 幷生一時領袖儒林 … 濯纓則身後無嗣 三足則雖有孽裔 而流離困頓 糊口無方 未及數世香火已絶 墓焉而牛羊日踐 堂焉而風雨歲壞 是宜行路之所 咨嗟鄕人之所疚心 …"

문중이 군수로 부임한 직후(1675.8~1676.12) 박하담 후손들의 문중서원으로 최종 결말을 보게 되었다.[64]

선암서원을 문중서원으로 확정짓게 된 소고공파는 이를 기반으로 김해김씨, 고성이씨와 더불어 이 지역을 대표하는 종족으로서의 위상을 확고하게 다져 나갔다. 그런데 청도의 여타 종족들이 19세기 전반 이래 앞다퉈 문중 사우를 건립하고 그를 중심으로 종족 사업을 전개해 나가는 상황에서, 소고공파도 종족 사업의 활성화 차원에서 또 다른 문중 사우를 건립할 필요성을 느끼기 시작했다. 선암서원과 더불어 소고공파의 양대 문중 사우로 기능한 용강사(龍岡祠)는 이러한 필요에 따라 건립되었다.

용강사는 14의사와 박익에 대한 현양사업과 깊은 관련을 맺고 있었다. 18세기 후반『충효록』이 편찬되고 이를 근거로 19세기 초반에 이르러 박경인과 박경선에 대한 증직을 받아냈음은 앞서 살펴 본 바와 같다. 그리하여 선무원종공신 11명과 진무원종공신 1명(박우), 그리고 이때 증직된 2명(박경인·박경선)을 포함하는 이른바 소고공파 14의사가 확정되었다. 이후 이들을 위한 사우 건립의 필요성이 제기되고 입향조 박건의 재실인 용강재 경내에 이들의 위패를 봉안하는 사우를 건립하게 되었다. 충렬사(忠烈祠)가 그것이었다.

한편 1830년대를 전후하여 파시조 박익에 대한 현양사업이 본격화하고 그의 문집인『송은집』이 출간되면서, 그에 대한 추숭 작업이 박차를

---

63 이때 전개된 鄕戰의 김해 김씨 측 자료로는 金孝章(1680~1733)이 저술한「十誣錄』이 있다. 이 시기의 향전은 金侖秀의「『逍遙堂逸稿』해제」에 자세하게 서술되어 있다.

64 서문중은 최초의 청도 읍지인『鰲山誌』의 발문을 썼으며, 선암서원의 중창 작업에도 크게 관여한 바 있다(朴河淡,『逍遙堂逸稿』「年譜」). 이러한 사실로 미뤄볼 때 선암서원은 이 무렵에 이르러 소고공파의 문중서원으로 공인된 것이 아닌가 여겨진다.

가했다. 이와 관련하여 그의 신주를 봉안할 사우의 건립이 주요 현안으로 떠올랐다. 그렇지만 박익에 대한 현양사업은 은산부원군 4파 모두의 거족적인 관심 아래 추진되었던 탓에, 사우의 건립 과정에서 4파 간에는 보이지 않는 경쟁 의식이 발동했다.

박익을 배향하는 최초의 사우인 덕남사(德南祠)는 그의 출생지인 밀양에 세거하는 인당파의 주관 아래 순조 34년(1834)에 건립되었다.[65] 박익의 현양사업을 사실상 주도한 우당파, 곧 청도의 소고공파도 이에 뒤질세라 이듬해인 헌종 원년(1835) 14의사를 배향한 충렬사를 숭의사(崇義祠)로 개칭, 박익의 영정을 주벽(主壁)으로 봉안했다.[66] 밀양과 청도의 움직임에 자극을 받은 아당파와 졸당파도 그를 배향하는 사우를 건립하려는 계획을 세웠으며, 마침내 헌종 5년(1839) 단성에 신계서원(新溪書院)이 들어서게 되었다.[67] 이로써 은산부원군파의 4대 서원인 선암서원·용강서원(이상 청도), 덕남서원(밀양), 신계서원(단성)이 각파 간의 치열한 물밑 경쟁 속에 불과 7여 년이라는 짧은 기간 안에 모두 완공될 수 있었다.

병재파도 이 무렵 소고공파의 적극적인 위선사업에 자극을 받아 그들의 현조인 박하징에 대한 현양사업을 본격적으로 전개하는가 하면, 1858년(철종 9)에는 그를 배향하는 명동사(明洞祠)를 건립하게 되었다.[68]

---

65 朴翊, 『松隱先生文集』 「德南書院上樑文」.

66 『龍岡書院槪要』(1992년).

67 朴翊, 『松隱先生文集』 「新溪書院實記」(柳宜漢). "乃於壬辰乙未之歲(1832~34년) 文集影幀繼次幷出 德南新創 在於文籍見發之翌年 影幀奉安又在再明年 第德南配享獨擧憂(堂)·忍(堂) 未及啞(堂)·拙(堂) 不免爲闕典 士論繼江發於江右 茲於丹邑之新川 別營立祠 蓋雲仍之居近者掌其事 士林相之 主松隱先生 配啞·拙二公 卽德南創建之七年己亥(1839년)也"

68 朴河澄, 『甁齋集』 「明洞祠上樑文」(驪江 李鍾祥).

이를 계기로 병재파도 소요당파와 구별되는 소고공파 내의 독자적인 종족으로서의 기반을 확고하게 다져 나갔다.

소고공파는 조상들의 재실 축조와 묘단(墓壇) 설치에도 관심을 기울였다. 순조 3년(1803) 박익의 묘소 아래에 보본재(報本齋) 건립을 시작으로, 순조 12년(1812)과 철종 12년(1861)에는 은산부원군 박영균의 묘소 아래 묘단과 추원재(追遠齋)를 각각 건립하게 되었다.[69] 이 밖에도 소고공파는 밀성박씨의 시조인 밀성대군의 묘소 확인 작업과 묘단 설치 과정에도 열의를 가지고 참여했다. 그렇지만 시조 묘는 오래 전에 실전(失傳)된 탓에 정확한 위치의 비정이 어려웠다. 시조 묘 확인작업은 17세기 전반 밀양을 중심으로, 그리고 18세기 전반 경에는 밀양·청도·대구 일대의 박씨들을 중심으로 전개되었지만, 뚜렷한 성과를 거두지 못했다. 이처럼 시조 묘의 위치 선정 작업이 난항을 거듭하자 19세기 중반에 이르러 이와는 별개로 시조의 사당을 건립하려는 계획이 추진되었다. 이 계획은 고종 18년(1881)과 1916년에도 또 다시 거론된 적이 있었지만 결실을 거두지는 못했다.[70]

밀성 박씨 대종중의 오랜 숙원 사업인 밀성대군의 추숭 사업이 시일만 끈 채 성과를 거두지 못한 데에는 19세기에 이르기까지도 밀성박씨 상호 간에 동종 의식이 희박했던데 1차적인 원인이 있었지만, 전국의 박씨 종족 상호 간의 치열한 경쟁이 2차적인 원인으로 작용하고 있었다. 밀성대군의 사당 건립 과정에서 그러한 실례를 확인할 수 있다. 1920년 경에 이르러 시조를 배향하는 사당의 건립 논의가 족세가 가장 강성한 영동·옥천 일대의 박씨 종족을 중심으로 본격적으로 추진되고 있었는

---

69 朴時默 『雲岡集』 「追遠齋重修記」.
70 朴在植 『紫南先生文集』 「密城大君碑陰記」.

데, 충청도 옥천이 유력한 장소로 거론되었다. 그들은 옥천이 우리나라의 중앙에 위치하기 때문에 전국에 산재한 후손들의 시조 참배가 용이하다는 점을 명분으로 내세웠다.

영동·옥천에서 기선을 제압하고 나서자 밀양·청도의 박씨들은 곧 이들의 움직임을 저지하고 나섰다. 그들은 시조의 사당은 본관지이자 묘소가 있는 밀양에 두는 것이 바람직하다는 견해를 내세웠다.[71] 이러한 반대에도 아랑곳 하지 않고 충청도의 박씨들은 1922년 봄 옥천에다가 전격적으로 추원재(追遠齋)를 건립하게 되었다. 시조에 대한 위선사업의 주도권이 영동·옥천으로 넘어가고 만 것이다. 기선을 제압당한 밀양·청도의 박씨들은 충청도 박씨들의 움직임에 대응하기 위한 방편으로 그해 여름 밀양에서 회동, 영남루 북쪽을 시조 묘소로 최종 확정하고 묘단과 밀성재(密城齋)를 건립했다.[72]

이상에서 소고공파가 주도하거나 참여한 각종 사우 및 재실, 묘단 건립 과정을 살펴보았다. 그런데 사우나 재실의 건립 과정은 족보 편찬 과정과 유사한 경로를 거치면서 확대되었다는 점에서 양자의 공통점이 발견된다. 족보가 가승(17세기 전반) → 파보(18세기 초반) → 영남지방의 대동보(18세기 중반) → 전국적인 대동보(19세기 후반)로 확대되어 갔듯이, 사우나 재실 또한 지파 내의 현조를 위한 사우(선암서원과 용강서원: 16세기 후반~19세기 전반) → 중시조 및 파시조를 위한 사우(용강서원과 보본재 추원재: 19세기 전반) → 시조의 사당(20세기 전반)으로 확대

---

71 朴在植『紫南先生文集』「答沃川諸宗」. "二千餘祀未邊之事 宗氏諸君子創建廟宇云 甚盛事也 然而舍陟降之所 而取道路之中央如此云云 則寔非爲先之誠 而只是爲孫之便也 … 今若倡建 則宜建於陟降之地 慶(州)是也 若舍慶則 又於貫封之地 密(陽)亦可也 而今舍慶·密而取沃(川) 未知宗賢之何意也"

72 『立巖文獻錄』「密城大君壇碑銘幷序」(朴容大).

되면서, 위선사업의 대단원의 막을 내리게 된 것이다.

이러한 사실은 동성은 동본이라는 의식이 17세기 후반 이래 확산되어 가면서 각 지역에 산재한 동성들이 동본 의식을 공유하게 되고, 그에 따라 본관을 개변(改變)하면서까지 동종 의식을 확대시켜 간 조선후기, 심지어 일제시기까지 진행된 역사의 도도한 추세와 상통하는 것이라고 여겨진다.[73] 밀양박씨의 경우 박씨 전체를 대상으로 박혁거세와 밀성대군이라는 동조(同祖)의 후손이라는 관념 아래 동종 의식을 확대시켜간 시기는 18세기 중반이었다. 그리고 그와 같은 의식은 20세기 전반에 이르러서야 최종적인 형태로 완성을 보았다. 즉 밀양 박씨의 경우 17세기 후반 이후 싹터 간 동성동본 의식이 18~19세기를 거치면서 강화되었으며, 20세기 전반에 이르러 완결될 수 있었던 것이다.

2) 종족 활동의 주체

소고공파는 임란 이후 문집 출간, 사우의 건립과 운영을 통해 종족 활동을 활발하게 전개하는 한편, 이를 기반으로 위선사업을 적극적으로 추진해 갔다. 그렇지만 소고공파는 불천위(不遷位)로 모실만 한 현달한 조상을 배출하지 못한 탓에 종가(宗家)를 형성하지 못하는 약점이 있었다. 종가의 부재는 혈연적·경제적 우위를 바탕으로 한 특정 가계가 종족 활동을 주도하는 것이 불가능하다는 것을 의미했다. 이러한 치명적인 약점을 보완하기 위한 방편으로 각 지파 상호 간의 제휴와 연합의 필요성

---

73 同姓同本 관념의 형성, 그에 따른 姓貫의 改變 현상에 대해서는 이수건의 「朝鮮前期 姓貫체계와 族譜의 편찬체제」(『水邨朴永錫敎授華甲紀念 韓國史學論叢』(상), 1992)와 「조선후기 姓貫意識과 編譜체제의 변화」(『九谷黃鍾東敎授停年紀念 史學論叢』, 1994)가 참고 된다.

이 대두했다. 그렇지만 지파들의 연합만으로는 종족 활동의 효율성을 극대화하기가 어려웠다. 그런 이유에서 매 시기마다 종족 활동의 주도권을 행사하는 특정 지파가 출현하기 마련이었다.

임란 직후 소고공파의 종족 활동을 주도한 이는 박경전이었다. 그는 임란 당시 소고공파로 구성된 가병 조직과 종전 이후 선무공신 책록 과정에서 중요한 역할을 수행했다. 이 때문에 그는 임란 직후 소고공파를 대표하는 인물로 부상되었다. 박경전 사후 문중을 이끌던 이는 박숙이었다. 그 또한 비교적 젊은 나이로 가병 활동에 참여, 선무원종공신에 책록되었으며, 풍부한 학식과 폭넓은 교우 관계를 바탕으로 종족 활동에 적극적으로 뛰어 들었다.

17세기 후반~18세기 전반 무렵 종족 활동을 주도한 지파는 박경인 - 선 - 태한 - 심휴로 이어지는 박경인 계였다. 박태한(朴泰漢; 1633~1694)은 진사시에 합격한 바 있으며, 그의 아들 박심휴(朴心休; 1657~1724)는 당대 영남의 퇴계 학통을 계승한 갈암 이현일의 문인으로 활약하면서 많은 유학자들과 교유했다.[74] 이러한 사회적 활동을 기반으로 그의 스승으로부터 박하담의 묘갈명을 받아내는데 성공했으며, 『십사의사록』의 저본이 된 『충효록』의 편찬을 주도하기도 했다. 게다가 박심휴와 그의 아들 박성희(朴聖熙)는 은산부원군파의 파보인 '기해보' 간행에도 적극 참여하여 최초의 대동보인 '신유보' 편찬의 초석을 놓았다.

박경인 계는 18세기 후반~19세기 초반까지도 종족 활동을 주도하는 지파로서의 지위를 놓치지 않았다. 이 시기 소고공파 종족을 대표하던 이는 박경윤의 6세손인 박경림(朴瓊林; 1715~1785)과 박심휴의 현손인 박윤덕(朴潤德; 1759~1814)이었다. 양자는 모두 진사시에 합격한 문재를

---

74 『牟山世稿』「守吾堂行略」(朴泰漢) · 「孤山公行略」(朴心休).

바탕으로 소고공파의 실질적인 문장(門長) 역할을 담당하면서 위선사업을 주도했다. 특히 박윤덕은 『소요당연보』와 『은산부원군 파보』 간행에 적극적으로 나서는가 하면, 박익의 재실 건립을 주도하는 등 종족 활동의 핵심에 서 있던 인물이었다. 뿐만 아니라 『충효록』을 저본으로 14의사에 대한 현양사업을 주도, 이들의 증직을 얻어내는데 결정적인 역할을 담당했다.[75] 이러한 그의 열성적인 활동 덕택에 소고공파 숙원 사업의 대강이 이때에 이르러 완성되었다.

19세기 전반 소고공파의 문장 역할을 위임받은 이들은 박숙 계인 박정하(朴廷夏)·정주(廷周) 형제였다. 이때에는 14의사에 대한 현양사업을 국가로부터 공인받는 단계에 이르렀으며, 선암서원에 이은 제2의 문중 사우인 용강사가 건립되었다. 게다가 『십사의사록』을 비롯, 『소요당집』, 『송은집』, 『우당집』과 같은 현조들의 문집 초고가 대부분 완성되었다. 이 시기는 소고공파의 종족 활동이 절정을 치닫던 시기였던 셈이다.

소고공파의 위선사업을 최종적으로 마무리한 인물은 박시묵(朴時默; 1814~1875)이었다. 그는 19세기 전반 이래 문장(門長)으로 활약하던 박정주(1789~1850)의 장남으로서, 경제적으로 유족하기로 소문난 섶마루에서도 가장 경제 수준이 높던 대부호였다.[76] 그는 이러한 경제력을 바탕으로 누대에 걸쳐 영남의 대표적인 명문가와 혼인을 맺으면서 청도를 대표하는 가문으로 인정받았으며,[77] 처가의 도움으로 당대 영남 최고 학

---

75 朴潤德, 『珠巖集』「祭文(族叔 朴鈺)」.

76 그의 재력은 萬和亭과 大庇精舍, 그리고 義庄과 宗契 등을 건립하거나 설치한 데서 간접적으로 확인할 수 있다(朴在馨, 『進溪集』「先考贈通政大夫承政院左承旨兼經筵參贊官修撰官雲岡府君家狀」).

77 朴時默은 그 자신 문과에 급제하여 司憲府 持平을 지낸 李秉瑩(성산인)의 딸과 혼인했으며, 그의 자식들을 영남의 명문가와 혼인시키는데 많은 관심을 기울였다. 그의 4남은 각각 驪江 李氏(군수 李博祥)·永陽 崔氏(崔承燁)·慶州 崔氏(대

자들의 문하에서 학문을 연마하고,[78] 19세기 중반 이후 영남학파의 주도적 인물로 부상한 계당(溪堂) 유주목(柳疇睦; 1813~1872), 한주(寒洲) 이진상(李震相; 1818~1886), 서산(西山) 김흥락(金興洛; 1827~ 1899) 등과도 교유할 수 있었다. 이러한 가문적 배경과 개인적 자질을 두루 갖춘 그는 소고공파, 나아가 은산부원군 4파 전체를 대표하는 족장(族丈)으로서의 위치를 굳혔다.

이와 같은 대내외적인 신망과 명성에 힘입어 그는 소고공파가 그동안 추진해 온 위선사업의 대단원을 총설계 하는 역할을 맡았다. 『십사의 사록』, 『소요당집』, 『우당집』과 같은 주요 문집들이 그의 손을 거쳐 차례로 목판본으로 출간된 것이다. 그의 아들 박재형(朴在馨; 1838~1900)은 부친의 이러한 기반을 바탕으로 학문에 전념, 『해동속소학(海東續小學)』을 비롯한 다수의 저술을 남겨 학자로서의 명성을 떨쳤다.[79]

이처럼 소고공파는 종가를 형성하지 못한 상황 속에서도 각 지파들의 제휴와 연합을 통해 약점을 보완해 나갔다. 그렇지만 어느 특정 지파가 종족 활동을 지속적으로 주도해 나가기란 거의 불가능에 가까운 일이었다. 시대의 변화에 따라 지파들의 성쇠가 교차되고 그에 따라 주도 지파들의 부침이 거듭되었기 때문이다.[80] 17세기 전반 무렵에는 자계 일

사간 崔鶴昇), 固城 李氏(李致吾)와, 2녀는 각각 칠곡 上枝(웃갓)의 광주이씨(李宜淵·李光淵)와 혼인을 맺었다(朴在馨, 『進溪集』 「祖考處士府君家狀」).

78 박시묵은 장인 李秉瑩에게서 학문을 배우기 시작하여 그의 주선으로 당대의 대학자인 定齋 柳致明 문하에서 수학했다. 그리고 妹家인 경주 보문의 定軒 李鍾祥, 그리고 성주 한개의 凝窩 李源祚로부터도 학문을 배웠다(朴時默, 『雲岡集』 「墓碣銘幷書(鄭橋)」).

79 박재형은 『海東續小學』 6권과 『海東續古鏡重磨方』 1권을 비롯, 15책 36권의 방대한 저서를 남겼다(『進溪集』 「書纂輯書冊目錄後」). 박재형의 사상에 대해서는 渡部學의 「海東續小學とその著者 朴在馨-舊韓末在鄕處士層の思想と行動」(『武藏大學人文學會雜誌』 7-1. 1975)이 참고 된다.

대에 세거한 박경전 계가, 이후에는 보리미 일대의 박경인 계, 곧 박태한·
심휴 계가 종족 활동을 주도했다. 이 지파는 박윤덕이라는 걸출한 인물
을 배출하면서 19세기 초반까지 종족의 제반 활동을 관장했다. 그렇지
만 19세기 전반 이후부터는 섶마루에 세거한 박숙 계의 박정하·정주 형
제, 그리고 다음 세대인 박성묵·시묵에게 주도권이 넘어갔다.[81]

이처럼 종족 주도세력의 부침이 기듭됨에 따라 경쟁에서 탈락한 지
파들을 중심으로 불만이 제기되곤 했다.[82] 이러한 불만은 특정 지파가
주도하는 위선사업 자체를 부정하는 양상으로까지 발전했다. 1840년 경
박정하·정주 형제의 주관 아래『소요당집』이하 현조들의 문집 초고가
대부분 완성되었음에도 불구하고, 출간이 끝내 뒤로 미뤄진 사례가 그것
이었다. 이 사건은 박숙 계의 독주에 반발한 박경전·박경인 계가 각 지
파의 구성원들을 문집 편찬 과정에 균등하게 참여시켜야 한다는 주장을
내세우면서 촉발된 것이었다. 이 때문에 완성된 원고는 전면적인 수정
작업에 들어가야 했으며, 그로부터 1세대가 지난 1870년대에 이르리시

---

80 不遷位를 모실 만한 뚜렷한 宗家를 형성하지 못한 대부분의 사족층, 곧 鄕班社
會에서 종족의 구심점은 門長에게 있었다. 종족을 대표하는 권한은 각 지파의
문장이나 大宗中을 총괄하는 總門長에게 있었으며, 이들 문장들의 모임을 宗中
會라 일컬었다. 宗孫의 역할은 祭祀奉行이라는 상징적인 임무에 국한되었을 뿐
이다. 종손과 문장의 역할과 관련해서는 新村의 밀성박씨(B)에 관한 민속지 자
료인「淸道의 傳統文化와 마을 生活樣式」이 참고 된다.

81 소요당파의 종족 활동을 주도한 3대 지파인 박경전·박경인·박숙계는 모두 17세
기 청도 鄕案에 가장 많은 입록자를 배출한 지파이기도 했다(<표 3> 참조). 그
런 점에서 이들 3대 지파는 17세기 이후 자계, 보리미, 섶마루 일대에서 강력한
사회경제적 기반을 구축하고 있었다고 생각된다.

82 朴時默『雲牕日錄』1868년 7월 7일. "午後院枰出來 故不得已拂衣入去 以肯堂
稧事多會 而互相爭詰 至爲破碎不成之境 此豈創設時之本意也 以不然之由申
復言 及更爲修正之答"

야 목판본으로 출간될 수 있었다.

이 시기는 전국 규모의 밀성박씨 대동보 편찬 계획이 서울을 중심으로 추진되던 때였다. 종족 내부의 사정으로 더 이상 문집 출간이 연기될 경우, 그 동안 추진해 온 위선사업의 결과가 대동보에 반영될 수 없을지도 모른다는 위기의식이 결국 지파 간의 분쟁을 봉합, 출간을 허용하게 된 주요인으로 작용한 것이다. 대동보 편찬 계획이 이 때 수립되지 않았더라면 문집은 훨씬 뒤에야 출간되었을지도 모를 일이었다.

이러한 갈등 관계는 소수의 주도 지파와 다수의 소외 지파 사이에서 늘상 상존한 문제였다. 그렇지만 이 때문에 종족 활동이 완전 중단되는 불행한 사태는 벌어지지 않았다. 주도 지파의 교체가 있더라도 이전에 추진된 사업들은 새롭게 임무를 부여받은 후발 지파에 의해 계승되었기 때문이다. 박경전 계가 주도한 14의사의 현창 사업은 박경인 계인 박심휴·박윤덕 가계에 의해 『충효록』이란 제하의 문집으로 출간되었으며, 이를 계기로 14의사에 대한 국가의 포상이 이뤄졌다. 그리고 박심휴·박윤덕 계에 의해 초석이 마련된 박하담의 현양사업은 박숙 계의 박정하·정주, 그리고 그 아들 대인 박성묵·시묵 대에 이르러 목판본 『소요당집』이란 형태로 완성을 본 것이 그 예이다.

3) 종족의 사회적 지위 향상

소고공파는 선대에서 이룩한 성과를 후대가 계승·발전시킴으로써, 종가의 부재 상황이라는 약점에도 불구하고 위선사업을 한층 더 가속화시킬 수 있었다. 종족 활동의 활성화는 종족의 사회적 위상의 향상이라는 또 다른 부수적인 결과를 낳았다. 현조들에 대한 인식이 높아지고 동종 의식이 강화되면서 종족의 결속력이 한층 강화되었기 때문이다. 그리

하여 그들 스스로 '교남거족(嶠南巨族)'이라거나[83] '잠영세가(簪纓世家)'·
'의관구족(衣冠舊族)'이란[84] 자부심을 갖게 되었다. 이러한 자부심은 점
차 사회적인 평판으로까지 연결되었다.[85] 1875년부터 1877년까지 청도
군수로 재직한 조만하가 『우당집』의 발문에서, 소고공파를 '교남거벌
(嶠南巨閥)'로 묘사한 것이 그러한 사례의 하나라고 생각된다.[86]

소고공파 종족의 대내외적 평판이 향상되면서 청도를 대표하는 종족
의 자리를 두고 김해 김씨와 소고공파 간에 갈등이 빚어지기도 했다. 이
들 종족 간의 대립은 17세기 전·중반 선암서원의 운영권을 둘러싸고 한
차례 진행된 바 있었지만, 그때까지만 해도 청도지역의 수위 자리를 놓
고 밀성 박씨가 김해 김씨와 대립할 정도는 아니었다. 김해 김씨는 조선
시대 전 기간에 걸쳐 청도에서 배출한 문과 급제자 16명 가운데 5명을,
그리고 청도를 대표하는 명현 4명 가운데 3명을 배출한 가문이라는 점
에서,[87] 김해 김씨의 지위를 넘볼 다른 종족은 없었다고 해도 과언이 아

---

83 朴潤德, 『珠巖集』「朴氏世譜跋」.

84 朴時默, 『雲岡集』「通諸宗文」(丙寅: 1866년, 고종 3). "職任猶是簪纓世家 衣冠
    舊族 況在龍蛇之亂 吾先祖十四義士 幷出於父子兄弟·從昆季之間 或以殉節而
    蒙贈 或以戡亂而錄勳 至今父詔而子受 戶講而家傳 …"

85 유교사회에서는 조상과 자신, 그리고 후손들이 祭禮와 奉祀를 통해 호혜적인 수
    수관계를 맺는다고 한다. 이런 이유에서 자신과 조상들을 동일시하게 되고 후손
    들로부터 그와 같은 대우를 받으려 한다(Maurice Freedman, *Lineage Organization
    in Southeastern China*, The Athlone Press, 1958(金光億 역, 1988, 『東南部 中國
    의 宗族組織』, 대광문화사). 따라서 위선사업은 단순히 조상을 현양하는 것에
    그치지 않고 자신과 후손들을 대외적으로 드러낼 수 있는 보다 적극적인 사회정
    치적 전략 행위였다.

86 朴融, 『憂堂先生文集』「跋」(1875년 청도군수 趙晚夏 撰). "以公之道德·文章
    非獨一己之蜚英於當世 … 文學·名節咸萃一門 爲嶠南巨閥 而居是郡者 亦幾乎
    郡之半 往往有才德之人 其所以致此者 皆公之賜甚偉"

87 李重慶, 『鰲山誌』(1673년)「先賢墓地」. "節孝 金克一, 濯纓 金馹孫, 三足堂 金

니었다. 게다가 청도 유일의 사액(賜額)서원인 자계서원(紫溪書院)을 보유한 탓에 이들 가문이 차지하는 비중은 경상 하도 전체를 통틀어도 결코 녹녹한 편이 아니었다.[88]

청도사회에서 김해 김씨 종족이 차지하는 이러한 지위는 19세기 전반까지 지속되었다. 헌종 8년(1842) 청도 향교의 이건 과정에서 그러한 실례를 확인할 수 있다. 향교의 이건 논의는 1842년 2월 김일손의 10세손인 김재곤과 자계서원이 주축이 되어 시작되었으며, 9월에 이르러 보리미의 밀성 박씨(A)와 금촌의 재령 이씨가 동조함으로써 본격적인 작업에 돌입했다. 전체 공사비 3천500여 량이 투입된 대규모의 이건 사업은 1843년 5월에 마무리되었다.[89] 향교의 이건 사업이 자계서원의 승인과 김해 김씨의 주도 아래 진행되었다는 사실은 그들을 배제하고서는 이 시기 향중 공사가 진행될 수 없다는 것을 의미했다.

그렇지만 김해 김씨의 지위는 19세기 중·후반 이래 소고공파로부터 거센 도전을 받았다. 종족 활동과 위선사업을 통해 사회적 평판이 가파르게 상승한 소고공파가 김해 김씨의 독점적 지위를 위협하기 시작한 것이다. 청도에서 간행된 각종 읍지들 가운데 선암서원의 배향자 변화 추이를 정리한 <표 5>에서 김해 김씨와 밀성 박씨 양대 종족 사이에서 전개된 분쟁의 일면을 확인할 수 있다.

大有, 逍遙堂 朴河淡"

88 김해 김씨 종족이 경상 하도에서 차지하는 위상은 1884~85년 무렵 金馹孫을 文廟에 배향하려는 움직임을 통해 읽을 수 있다(金馹孫(1464~1498), 『濯纓集』「請從祀聖廡疏」(乙酉 2월 姜福等). 뿐 아니라 金馹孫을 배향한 서원은 紫溪書院 이외에도 경상도와 충청도 일대에 社洞書院, 玉山書院, 靑溪書院 등이 더 있었다. 김해 김씨는 청도 이외의 지역에서도 儒林을 동원할 수 있는 기반을 확보하고 있었던 셈이다.

89 『淸道鄕校誌』「淸道鄕校重建謄錄」(1842년(헌종 8) 11월 일).

<표 5> 선암서원의 배향자 기재 내용의 변화 추이

연도	배향자		읍지의 종류	주체 및 읍지의 성격
	김대유	박하담		
1673	○	○	鰲山誌	李重慶(私撰)
1830년대	○	○	淸道邑事例	청도군(官撰)
1871	×	○	淸道邑誌	청도군(官撰)
1895	○	○	嶺南邑誌	청도군(官撰)
1929	○	○	朝鮮寰輿勝覽	李承延(私撰)
1937	○	○	嶠南誌	鄭源鎬(私撰)
1940	○	×	淸道文獻考	김해 김씨(私撰)
1981	○	○	내고장 傳統文化	청도군(官撰)
1991	○	○	淸道郡誌	청도군(官撰)

선암서원은 임란 이후 소고공파의 문중서원으로 전환되었지만 청도 지역 사회에서 김대유가 차지하는 비중이 워낙 컸던 탓에 서원의 배향 대상에서 김대유를 제외시키는 것은 불가능한 일에 가까웠다. 그렇지만 19세기 중반 이후 김대유를 제외하려는 움직임이 밀성 박씨 내부에서 추진되고 있었다. 1871년에 편찬된 『청도읍지』에 선암서원이 박하담 1 인을 독향(獨享)하는 서원으로 명시된 것에서 그러한 움직임을 읽을 수 있다. 1929년에 편찬된 『조선환여승람』 「청도군」 편도 소고공파에게 유리한 방향에서 서술되었다.

19세기 후반 이후 일제시대에 이르기까지 지역사회의 수위 자리를 위협받게 된 김해 김씨 측에서 이러한 움직임을 좌시할 리가 없었다. 1935년 경에 이르러 김해 김씨 종족은, 소고공파의 성장 추세에 따라 지역 사회의 선두 대열에서 탈락할 위험에 직면한 고성 이씨와 신촌의 밀성 박씨(B) 종족과 제휴하여, 새로운 군지(郡誌)를 편찬하고자 했다. 이때 편찬된 군지에서는 소고공파가 그 동안 심혈을 기울인 위선사업의 주요 내용 대부분이 부정되었다. 『청도문헌고(淸道文獻考)』에서 선암서원을 김대유 독향 서원으로 서술한 부분이 대표적인 사례이다. 이 때문에 군지의 편찬 주도권과 수록 내용을 둘러싸고 양대 종족이 격렬하게 대립하게 되었으며, 이 분쟁은 마침내 법정으로 비화되었다.[90]

이러한 진통 끝에 청도군지는 작업을 개시한 지 5여 년이 지난 1940년에 이르러 자계서원 명의로 『청도문헌고』라는 제목으로 출간되었다. 군지로서는 매우 이례적인 『청도문헌고』라는 명칭, 그리고 자계서원이라는 간행 주체에서 알 수 있듯이, 이때 간행된 군지는 읍지로서의 위상이 크게 훼손된 것이었다. 명칭만 보자면 『청도문헌고』는 일개 종족에서 사적으로 편찬한 자료집 이상이 아니었기 때문이다. 이처럼 19세기 중·후반~20세기 전반까지 소고공파가 김해 김씨 종족과 더불어 향전(鄕戰)을 전개했다는 사실만으로, 그리고 김해 김씨가 편찬을 주도한 군지가 『청도문헌고』라는 이름으로 출간된 사정만으로도, 소고공파의 사회적 성장의 일면을 확인할 수 있다. 19세기 전반 이전의 상황이라면 지역사회의 수위 자리를 두고 양대 종족이 향전을 벌인다는 것은 생각할 수조차 없는 일이었기 때문이다.[91]

---

90 『東亞日報』 1935년 9월 18일, 「問題中의 淸道郡誌 許可原本押收」.

91 기존의 연구 성과를 종합하면 鄕戰은 크게 두가지 범주로 나뉜다. 첫째는 지역 행정권 혹은 守令權의 참여를 둘러싸고 지역 엘리트 세력들인 舊鄕과 新鄕 사이에서 전개한 향전이다(金仁杰, 1991, 「조선후기 鄕村社會 변동에 관한 연구 - 18~19세기 鄕權 담당층의 변화를 중심으로」, 서울대 박사학위논문). 신·구향의 대립으로 나타난 향전은 주로 17세기 후반에 시작되어 18세기 중반까지 지속된 것이 일반적이다. 둘째로는 지역사회에서 家格의 우열을 둘러싸고 지배 종족들 사이에서 전개된 향전이다(이수건, 1988, 「古文書를 통해 본 朝鮮朝 社會史의 一研究」 『韓國史學』 9). 이러한 향전은 18세기 이후 시작되어 19세기에 이르러 절정에 달한 것으로 보인다. 청도지역의 향전은 후자의 범주에 속하는데, 그 기간이 19세기 중반부터 시작되어 20세기 전반에 이르러 절정에 도달했다는

그런데 밀성 박씨의 대외적 평판과 관련하여, 1933년 조선총독부에서 간행한 『조선(朝鮮)의 취락(聚落)』이 주목된다. 이 책에는 경상도를 대표하는 동성촌락 39개를 들고 있는데, 그 가운데 청도의 대표적인 동성촌락으로 섶마루가 거론되었기 때문이다.[92] 섶마루가 대표적인 동성촌락으로 분류된 데에는 50호 이상의 대촌(大村)을 대상으로 했다는 점이 1차적인 요인이었지만,[93] 소고공과 족세의 성장과 사회적 평판의 향상이라는 저간의 움직임이 없었더라면 불가능한 일이었을 것이다.

5. 맺음말 – 위선사업의 의미

한 시대를 살다가 간 무수한 사람들이 존재하지만 그들의 생애가 기록으로 남겨지는 사례는 극히 드물다. 그런 이유에서 역사적인 고증과 평가가 이뤄져야 할 인물임에도 불구하고 접근조차 불가능한 사례가 많다. 그렇지만 당대 혹은 후손들에 의해 기록이 보존되고 그것이 필사, 목판 그리고 활자 형태로 발간되어 후대에까지 발자취를 남긴 극소수의 예외도 있다. 이러한 역사적 행운아들은 당대의 학자나 문장가로 공인받아 많은 사람들로부터 회자된 인물이거나 후손들에 의해 정리·윤색되는 가운데 기록물로 남겨진 이들이다. 특히 18세기 이래 각 종족을 중심으

점이 흥미롭다.
92 朝鮮總督府, 1933, 『朝鮮の聚落』(後) 「特色ある同族部落 – 薪旨洞」.
93 당시 청도에서 50호 이상의 동성촌락은 밀성박씨(A)의 섶마루와 수야, 고성이씨의 방지와 온막, 의흥 예씨의 한밭, 그리고 평택 임씨의 금곡 등 6개 마을이었다. 김해김씨의 집성촌인 柏谷은 여기에 포함되지 않았다(朝鮮總督府, 『朝鮮の聚落』(後) 「五十戶以上の同族部落」).

로 문집 간행이 늘어나고 경쟁적인 양상을 띠면서부터 후자의 경우가 대다수를 차지했다.[94]

후자의 경우 후손들의 경제력이나 학식, 그리고 다른 종족이나 학자들과의 연결망 확보 수준에 따라 가치가 결정되었다. 후손들의 경제력이 크고 학문적 수준이 높을 경우, 혹은 사회적 연결망의 폭이 넓을 경우 명망 있는 학자들로부터 문집 내용을 교정받기가 쉬웠고, 대학자나 고위 관료들로부터 서문이나 발문, 그리고 행장과 묘갈명 등을 받아내기가 용이했다. 이러한 외형적인 체제를 구비한 자료는 목판본으로 최종 간행되어 문집으로서의 권위를 획득하게 된다. 반면 후손들의 경제력이나 학식이 그만 못할 때에는 문집의 내용과 형식이 모두 빈약한 수준에서 벗어날 수 없거나, 아예 출간되지 않는 경우도 많았다. 따라서 문집은 종족의 성쇠에 따라 그 가치가 크게 달라지고 동일 종족일지라도 주관 지파의 차이에 따라 좌우될 수 밖에 없었다.

근대적 인쇄술이 발달하지 못한 20세기 전반까지만 해도 목판본 문집은 내용 여하와는 상관없이 높은 평가를 받았다. 시대적 분위기가 이러했기 때문에 일제시대까지 목판본 문집의 보유라는 한가지 사실만으로도 종족의 영광이 되기에 족했다. 실제 1930년 대까지 청도지역에서 출간된 목판본은 손에 꼽을 정도였다 <표 6>은 『교남지』 소재 청도지역의 목판본 교과서 및 문집을 정리한 것이다.

1930년 대까지 청도에서 간행한 목판본 전체는 20종이었으며, 그 가운데 개인 문집은 13종에 불과했다. 그런데 관청을 제외하면 목판본은 자계서원이나 선암서원과 같이 청도를 대표하는 김해 김씨와 밀성 박씨

---

94 18세기 이후 위선사업의 사회적 추세 및 양상에 대해서는 이수건의 「조선시대 身分史 관련 자료의 비판-姓貫·家系·人物 관련 僞造資料와 僞書를 중심으로」(『古文書研究』 14, 1998)가 참고 된다.

양대 종족에 주로 소장되었다는 점이 주의를 끈다. 그 가운데 소고공파가 간행한 목판본 문집이 단연 두드러진다. 김해 김씨는 교과서 4종을 보유했을 뿐인데 비해, 소고공파는 전체 개인문집의 대부분인 12종을 차지하고 있었다. 그런데 이들 문집 대부분은 19세기 중·후반 박시묵-재형 대에 집중적으로 편찬된 것이라는 사실이 주목된다. 목판본 문집의 출간 사례 하나만 보더라도 소고공파의 위선사업은 다른 종족의 추종을 불허할 정도였다.

〈표 6〉 1930년대 청도 지역 목판본 교과서 및 문집의 종류

소장처	교과서	문집	소장 종족	합	
관청	三韻通考·小學諺解	滄溪集		3	
紫溪書院	性理大全·小學圓說 李子粹語·小學補纂註		김해 김씨	4	
仙巖書院		松隱集·憂堂集·逍遙堂集· 十四義士錄	밀성 박씨(A)	4	13
明洞齋		瓶齋集	밀성 박씨(A)	1	
萬和亭	性理類說	雲岡集·後山集·進溪集· 海東續小學·續古鏡重磨方· 敎子要言·喜齋集	밀성 박씨(A)	8	
합	7	13		20	

결국 19세기 중반~20세기 전반에 급상승한 소고공파 종족의 위상은 19세기 전반을 거쳐 중반 무렵 절정에 달한 종족의 활동, 특히 위선사업과 선후 관계를 맺고 있다는 점에서, 종족의 위상과 위선사업 양자의 인과관계를 발견할 수 있다. 위선사업의 결과가 이러한 것이었기 때문에 어느 종족이나 할 것 없이 종족 활동의 중심에 위선사업이 놓여 있었으며, 이를 위해서라면 어떠한 경제적·사회적 출혈도 마다하지 않았다. 그런 점에서 위선사업은 조상의 위업을 후대에 드러내는 행위인 동시에

후손들의 사회경제적 위상을 대내외적으로 과시하는 수단이기도 했다. 따라서 위선사업은 후손들이 거역할 수 없는 당위로 인식되었다. 위선사업에 관한 한 "온 정성을 다하여 쫓아야 한다"거나,[95] 조상의 일이라면 "학행군자(學行君子)라 할지라도 사양해서는 안 된다"는 인식이 그러한 것이었다.

위선사업의 양대 기능, 곧 후손들에게는 조상의 위업을 계승한다는 측면, 그리고 사회적으로는 종족의 위상 제고와 다른 종족과의 사회적 연결망의 확보라는 기능은 오늘날이라고 해서 크게 달라지지 않았다. 위선사업의 본질이 이러한 것이었기 때문에 오늘날까지도 문중 사우와 재실의 건축은 중단없이 계속되고 있는 중이며, 문집 또한 예전 못지않게 출간되고 있다. 이처럼 17세기 중·후반 이후 형성된 종족 의식과 위선사업의 활성화는 오늘날에도 면면히 이어져 내려가고 있다. 사회의 최저층을 형성하는 의식과 관념 영역에서의 변화가 얼마나 더디게 진행되고 있는지를 알 수 있는 대목이다.

요컨대 밀성 박씨 소고공파에 대한 연구는 청도지역 한 사족 가문의 성장을 보여주는데 그치지 않고, 조선후기 이후 현대사회에 이르기까지 각 종족을 중심으로 현재 진행 형태로 전개되고 있는 위선사업의 구체적인 사례를 보여준다는 점, 그리고 오늘날 대부분 종족들의 일반적인 양상으로 확대해도 크게 무리가 없다는 점에서 그 의의가 있다고 생각된다.

※ 이 글은 『진단학보』 91집(2001)에 수록된 「밀성박씨 소고공파의 청도 정착과 종족 활동」을 전재(轉載)한 것임.

95　朴時默, 『雲岡集』 「答族兄致亨(賢默)」 "俱在爲先之地　所宜竭誠奔趨"

3장
처사형 학자 박하담의 생애와 활동

1. 시대적 배경

16세기 학자들의 학풍을 이해함에 있어서 사화의 발생이라는 시대적 배경은 매우 중요하다. 훈구파와 사림파의 대립으로 일어난 정치적 사건인 사화의 여파로 많은 지식인 학자들은 과거를 단념하고 초야에 은둔하며 학문을 닦게 되는데, 16세기 처사형 학자들의 학풍과 출처관은 이러한 역사적 시각에서 검토되어야 할 것이다.

사화의 참혹함은 능력 있는 많은 인재들을 지방사회로 끌어내는 구실을 하였다. 사화로 인하여 많은 인재들이 지방에 돌아갔다는 것은 조헌(趙憲)이 올린 다음의 상소문에 잘 나타나 있다.

오직 士禍가 혹심하였기 때문에 기미를 아는 선비들은 모두 출처에 근신하였다. 成守琛은 己卯의 難을 알고 城市에 은거하였고, 成運은 형이 희생되는 슬픔을 당하고 보은에 은거하였습니다. 李滉은 同氣가 화를 입은 것을 상심하여 禮安으로 물러났고 林億齡은 아우 林百齡이 어진이를 해치는 것을 보고 외지에 들어갔습니다. 徐敬德같은 사람은 花潭에 은둔하였고, 金麟厚는 관직에 오르는 뜻을 포기하였습니다. 曺植과 李恒

이 바닷가에 정착한 것은 乙巳年의 禍가 컸기 때문이었습니다. 鄭之雲은 金安國에게 학문을 배웠는데 스승이 큰 죄망에 빠진 것을 보고 이름을 숨기며 술로 세월을 보냈으며, 成悌元은 宋麟壽의 변을 목격하고 해학으로 일생을 보전했습니다. 李之菡은 安名世의 처형을 보고 海島를 週遊하면서 미치광이로 세상을 피했습니다. 이들은 모두 조정의 큰 그릇들이고 세상을 구제할 재목들이었으나, 기러기가 높이 날아 주살을 피하듯이 세상을 버리고 산골짜기에서 늙어 죽었습니다.[1]

위의 기록에서 보듯이 16세기 전반을 대표하는 학자 대부분이 사화의 여파로 지방에서 은거했음을 알 수 있다. 이들의 현실관은 사림파가 점차로 승리하여 사림정치가 구현되어 가면서 다시 두 가지 흐름으로 나뉘게 된다. 사화가 종료된 명종대 후반 이후에 정국을 낙관적으로 인식하여 현실정치에 참여하는 부류가 생겨나는 반면, 현실정치를 여전히 모순과 비리에 가득 찬 것으로 파악하여 계속해서 은거를 고집하는 부류가 생겨난다. 16세기 조선사회가 사림세력이 자신이 축적한 학문적 이상을 정치에 실현시켜 나가는 사림의 정치참여의 시기이면서도 처사형(處士型) 학자들이 다수 출현하게 되는 것은, 당시의 현실을 인식하는 시각이 서로 달랐기 때문으로 볼 수 있다.

선조대에 척신정치가 막을 내리고 사림정치가 구현되었을 때 이황과 조식의 현실관은 이러한 양면적 입장의 대표적인 것이다. 즉 이황은 현실을 낙관적으로 보고 자신은 물론 문인들도 대거 정계에 포진시킨 반면, 조식은 당시의 현실을 여전히 부정적으로 보고 구급(救急)이라는 표현으로 당시 사회의 문제점을 지적하였다.[2]

---

1 『宣祖修正實錄』 권20, 선조 19년 10월 壬戌.
2 『南冥集』 권2, 丁卯辭職呈承政院狀. "伏念主上徵召老民之意 非欲見微末殘敗之身 固欲聞一言 以補聖化之萬一請以救急二字 獻爲興邦一言 以代微身之獻

사화라는 정치적 상황은 많은 학자들을 산림(山林)에서 학문에 전념 하게 하는 주요한 요인이 되었다. 그러나 이들은 결코 현실의 방관자가 아니었다. 자유롭고 비판자적인 위치에 있는 처사적 삶을 통하여 다양한 학문과 사상을 수용하고, 자신의 근거지를 중심으로 문인들을 양성하면 서 현실의 모순을 극복하는 한편 새로운 시대를 대비하면서 학문적 축 적을 이루어 나갔다. 이들이 비록 정치적으로 실세한다 해도 사회 경제 적 기반을 박탈당하는 일은 드물었으므로 현실적인 생활에는 크게 불편 을 느끼지 않는 것이 전통사회의 보편적인 실정이었던 점도[3] 처사형 학 자들이 존재할 수 있는 중요한 요인이었다.

이들 처사형 지식인들이 다양한 학문에 관심을 가진 모습은 각종 기 록에 나타나고 있다. 남효온의 『추강냉화(秋江冷話)』에는 개성 인근의 장단지역에 거주했던 권처사가 선(禪)에 관심이 깊었다는 내용과,[4] 벼슬 과 공리를 싫어한 구영안이 음양, 의술, 선도, 불도 등 다양한 학문을 섭 렵했던 모습이 기록되어 있다.[5] 허봉의 『해동야언(海東野言)』에서는 정 희량이 음양학을 잘했으나 다만 세도(世道)에 저촉될까 하여 그 술법을 다하지 않는다고 하였으며,[6] 허균의 『성소부부고(惺所復瓿稿)』에는 엄처

身 伏見邦本 分崩如沸如焚 …"

『宣祖實錄』 권5, 4년 5월 丙子條 참조.

3 李秉烋, 1990, 「慕齋 金安國과 改革政治」 『民族史의 展開와 그 文化』, 창작과 비평사.

4 『大東野乘』 권3, 秋江冷話. "權處士晏 修禪好儒 所居家穿破數十穴 上南旁風 而不葺 其子下長淵 役使奴婢修農 收禾甚多 權不悅曰 如此修農 必剝生人父 子爲也"

5 『大東野乘』 권3, 師友名行錄. "丘永安江陵人 字仲仁號壺隱 有文名 己丑年生 員第二等 重仕重利 又陰陽推步風水醫術仙釋乘除之法 無不涉獵"

6 『大東野乘』 권9, 海東野言, 燕山君. "鄭希良字淳夫 … 業文能詩 善陰陽學 都 下以算命名文者 必往而質之曰妄庸耳 但服吳主簿順亨曰 此人推算 必精實無

사가 주역과 중용에 깊이 파고 들어가 저술한 글들이 하도락서(河圖洛書)와 서로 부합되는 경지였다는 사례와 장산인(張山人)은 3대에 걸쳐 역의(疫醫) 업무에 종사했다 … 마흔 살에 출가하여 지리산에 입산하였다. 그곳에서 곧 이인을 만나 연마법(煉魔法)을 배웠고 또 도교의 진리에 관한 10권의 책을 읽었다[7]는 내용이 기록되어 있다. 이처럼 처사형 학자들은 주역과 도교, 의술 등에 관심을 가지고 있었음을 알 수 있다.

16세기 처사상을 견지했던 학자들에게서 양명학적인 경향이 나타난다는 연구 성과도 있다. 윤남한의 연구에 의하면 양명학의 초기 수용자는 지역적으로 경기지방을 중심으로 하였고 학계상으로는 서경덕계나 조식계, 그리고 불우했던 종실이나 정권의 핵심에서 배제 되었던 사림의 자제 및 서얼 출신의 학자들이었음을 밝혀냈다.[8]

한편, 처사형 학자들 중 이단사상에 대해 지나치게 경도된 학자들은 방외인으로 지칭되었다. 방외(方外)라는 용어는 당시 불교나 노장 사상에 경도된 인물들을 통칭하는 용어로 사용된 것으로 보이는데,[9] 이들 방외인 학자들은 관료와 사림을 함께 비판하고 체제 밖에서 방랑하면서 기이한 행적을 남겼다. 사상적으로는 도가와 민간신앙에 경도되었으며, 체제 비판적인 시나 소설을 즐겨 썼다. 이러한 흐름은 15세기 김시습에게서 이미 나타났으며, 16세기에 들어서는 정희량, 성운, 정렴, 정작, 어무적, 서기, 임제, 박지화, 곽재우, 이지함 등의 학자들이 이단사상에 깊이 경도되었다.[10] 방외인 학자들 중에는 특히 조식이나 서경덕과 학문적

　　虛 但於世道 不盡其術耳"

7　許筠, 『惺所復瓿稿』, 文部5, 傳.

8　尹南漢, 1982, 『朝鮮時代의 陽明學研究』, 집문당, 35쪽.

9　『宣祖實錄』 선조 30년 4월 辛未. "淸漢問松雲曰 汝曾往來中國乎 松雲詭答曰
　　吾方外人也 少時爲學禪 入中國周覽勝地"

교유관계가 있는 것이 주목되는데, 조식과 친밀한 관계를 유지한 성운은 그의 저술 중에는 방외어(方外語)가 많다는 지적을 받기도 했다.[11] 국문학 쪽에서는 이러한 흐름을 도가문학의 성장이라는 관점에서 파악하기도 한다.[12]

처사형 학자들에게서 이러한 성향이 나타나는 것은 다른 면에서 보면 성리학의 이해가 심화되면서 불(佛)이나 선(仙)에 대한 이해가 요구되면서 나타나는 현상으로 이해된다. 성리학은 그 형성과정에서 선(禪)의 일정한 영향을 받은 것이니 만큼 성리학의 이해 과정에서 선(禪)의 이해는 불가피한 것이었다. 16세기에 들어서 이학적(理學的) 경향이 강화되자, 이학에 대한 깊은 이해에서 불(佛)에 관심을 갖게 된 것으로 보인다. 그리고 이러한 이해단계에서 한 걸음 더 나아가 역(易)에 대한 관심이 고조되면서 선(仙)에 대한 관심이 높아진 것으로 이해된다. 결과적으로 재야사림들은 불(佛)과 선(仙)에 대해 폭넓은 이해를 가진 것으로 나타나는데 이는 성리학 이해의 심화과정에서 자연스럽게 되어진 것이었고, 사화와 붕당의 와중에서 피해를 입으면서 한거(閑居)의 관점에서 확대된 것으로 이해된다.[13]

이처럼 16세기에 처사상을 견지한 학자들이 도교나 의학, 천문, 지리 등 다양한 학문과 사상에 관심을 갖게 된 것은 당시의 시대상과 관련하

---

10 『海東傳道錄』은 1610년 韓無外의 작품이라고 알려진 것을 李植이 소개한 책으로 우리나라 학자들의 道脈이 정리되어 있다. 조선시대 학자로는 김시습을 비조로 하여 洪裕孫, 鄭希良, 徐敬德, 朴枝華 등이 기록되어 있다.

11 李植, 『澤堂別集』 권15, 雜著. "今觀大谷集 則有虛夫贊醉鄕記 皆方外語也"

12 李相澤, 1986, 「韓國道家文學의 現實認識 문제」 『韓國文化』 7 ; 趙東一, 1983, 「방외인 문학과 반발의 양상」 『한국문학통사』 2.

13 최이돈, 1994, 「海東野言에 보이는 許篈의 當代史 인식」 『韓國文化』 15, 254~255쪽.

여 해석할 수 있다. 즉 16세기 조선사회는 학문적 측면에서는 큰 성과를 이루었으나 정치상황은 사화의 연속 등 부정적인 상황이 지속되었다. 이러한 정치적 상황은 많은 학자들을 지방에 은거하게 하였으며, 은거한 학자들은 다양한 학문을 통하여 좌절된 정치적 욕구를 일부나마 해소하려 했다고 할 수 있다.

한편, 조선의 조정에서는 국초부터 이들 처사형 학자들을 유일(遺逸)이라는 형태로 등용시켜 이들의 학문적 재질을 국정에 반영하려고 노력했다. 조선초기의 학자 정도전의 『조선경국전』에서는 유일의 등용에 대해 다음과 같이 기록하고 있다.

선비로서 초야에 묻혀있는 사람들 중에는 혹 도덕을 지니고 있으면서도 세상에 알려지지 않거나, 혹은 재능을 품고 있으면서도 발탁되지 못한 사람도 있다. 진실로 위에 있는 사람이 정성스럽게 구하고 근면하게 찾지 않으면 그들을 나오게 하여 그들을 등용할 수 없다. 그러므로 후한 예로 부르고 높은 관작으로 대접하는 것이니 옛날의 현명한 왕들이 至治를 일으킨 것도 이러한 까닭이다. 전하는 즉위 초에 有司에 명하기를 經明行修와 도덕을 겸비하여 가히 師範이 될만한 사람, 식견이 時務에 능통하고 재주가 경제에 맞아서 가히 일에 功을 베풀 사람, 文辭에 익숙하고 筆札이 정교하여 文翰의 직임에 합당한 사람, 법률과 算學에 정밀하고 吏治에 통달하여 백성을 다스리는 일에 합당한 사람, 지모나 籌略이 깊고 용기가 삼군에 가히 장수가 될만한 사람, 射御에 능숙하고 돌멩이를 던지는 일에 솜씨가 있어 軍務를 담당할만한 사람, 그리고 천문 지리 복서(卜筮) 의약 중 혹 한 가지 재주 가진 사람을 자세히 찾아서 조정에 보내라 하였으니, 이것으로써 전하의 어진이를 사랑하는 아름다운 뜻을 볼 수 있다.[14]

---

14 『三峰集』 권7, 朝鮮經國典上, 禮典, 擧遺逸.

이 기록에 제시된 유일은 문무의 재주를 가진 사람을 함께 존중하고 각종 기술을 가진 사람의 등용이라는 점에서 경명행수(經明行修)를 겸비한 자를 발탁한 16세기 이후의 상황과는 약간의 차이를 보이고 있다. 그러나 한편으로 이 자료는 유일 등용의 정신이 조선의 건국이념에서 밝혀진 이래 조선시대를 일괄해 오고 있었음을 보여주고 있다.

중종대에는 동반 3품 이상, 서반 2품 이상의 관원들에게 명하여 전국의 유일지사를 천거할 것을 명하였으며,[15] 명종의 즉위 후에도 중종대에 실시된 현량과의 부설과 유일 등용의 시책을 적극 계승하였다.[16]『광해군일기』의 다음 기록은 명종, 선조 연간에 유일을 발탁하려는 노력이 지속되었음을 보여주고 있다.

둘째, 인재를 등용하는 것입니다. (…) 선대임금들 시기부터 숨어있는 사람들을 찾아내어 등용하는 조치가 있었고 선대 임금이 정사를 볼 때에도 경전에 밝고 수양을 쌓은 사람에 대해서는 순서를 뛰어넘어 등용한다는 조목과 재주가 고을 수령을 감당할 만 해야 한다는 등의 조목을 설정하고 인재를 모두 등용하는 방도에 힘을 써서 당대에 수많은 인재들이 배출되었으니 어찌 善人이 나라를 다스리는 방도가 아니겠습니까.[17]

허봉과 같은 학자는 특히 유일을 높이 평가하였다. 그의 저술에서 김

---

15 『中宗實錄』권93, 중종 35년 7월 乙巳. "上命東班三品以上 西班二品以上 各擧遺逸之士"
16 『明宗實錄』권1, 즉위년 8월 辛卯.
17 『光海君日記』광해군 7년 11월 辛巳. "二曰收用遺材 … 自祖宗朝 有搜拔逸民之擧 而先王臨政 亦設經明行修 不次擢用才 堪守令等條目 務盡收羅之道 當世群材 蔚然幷出 其非善人爲國之楨者乎"

종직, 조광조 등 출사한 학자들에 대한 서술이 한 조목인 반면 남효온, 서경덕 등 처사형 학자들에 대해서는 각각 네 조목으로 기록하고 있는 것은 이러한 입장이 반영된 것으로 볼 수 있다.[18]

김대유의 경우 중종 13년(1518)에 김안국의 천거를 받았으며[19], 1520 년에는 남곤에 의해 유일 중 천거를 제대로 받은 인물로 평가 되기도 했다.[20] 중종 35년(1540)에도 호조참의 장적의 천거를 받았으며,[21] 명종 즉위 후에 현량과를 복설하자 이에 천거되었다.[22]

16세기 처사형 학자들이 유일의 형태로 등용된 원인으로는 이들이 학문적 재질을 가지고 향촌사회에서 영향력을 행사한 것과 함께 유능한 인재를 국정에 참여시키려는 조선정부의 적극적인 의지가 크게 작용한 점을 들 수 있다.

2. 지역적 배경

사화기라는 16세기 초반의 시대적 배경 속에서 경상도 지역에서는 다 수의 처사형 학자들이 존재하였다. 사화의 시초가 된 무오사화에서 사림 파의 주요한 희생자인 김종직과 김일손은 경상도 출신이었다. 이러한 점 은 경상도 지역의 정서를 이해하는데 중요한 요소가 된다. 이후에도 이

---

18 최이돈, 1994,「海東野言에 보이는 許筬의 當代史 인식」『韓國文化』15, 253쪽.
19 『中宗實錄』권32, 중종 13년 3월 乙丑. "慶尙道觀察使金安國薦擧曰 … 生員金 大有 有學問操行才器堪任用"
20 『中宗實錄』권40, 중종 15년 8월 戊寅. "南袞曰 又有金大有者 果有實行 雖捷 賢良科 不喜顯敍授正言 亦不肯來 如此人皆可用也"
21 『中宗實錄』권93, 중종 35년 7월 乙巳.
22 『明宗實錄』권1, 명종 즉위년 8월 辛卯.

지역에서 배출된 대부분의 학자들은 사화 피해를 입었거나 사화를 경험한 후에 출사를 단념하고 처사적인 삶을 선호하는 경향을 보이게 된다.

경상도 지역은 조선 초기부터 인재의 부고(府庫)로 지칭되었다. 이중환은『택리지』에서 선조대 까지 국정을 주도하고 문묘에 종사된 인물은 대부분이 영남 출신이었음을 지적하였다.[23] 고종대에 편찬된『청선고』에 나타난 전국 서원의 수를 보면 19세기 후반 당시 경상도의 서원 수가 163곳임이 나타나 있는데,[24] 이 수는 경기도 40곳, 충청도 57곳, 전라도 67곳, 강원도 12곳, 황해도 20곳, 함경도 12곳, 평안도 18곳에 비교해 볼 때 매우 많은 숫자로서 경상도 지역의 학풍이 조선 전 시기에 걸쳐 널리 진작되었음을 알 수 있다.

16세기 초반 경상도 지역에 다수의 처사형 학자가 존재하고 있었던 사실은 김안국이 경상도관찰사로 있으면서 올린 중종 13년(1518)의 보고에서도 잘 나타나 있다.[25] 김안국은 초계에 사는 유학(幼學) 안우와 청도 생원 김대유 등 50인의 처사형 학자들을 천거하였다. 이들에 대한 기록을 볼 때 김종직, 김굉필, 정여창 등 영남사림파 학자들과 교분이 깊었으며, 과거를 폐하고 산림에 은거했다는 것, 주자가례를 철저히 지켰다는 것, 생원 이광(李光)과 같이 천문지리에 능통했다는 것[26] 등 공통적인 사례들이 많다는 점이 흥미롭다.

경상도는 낙동강을 경계로 우도와 좌도로 구분되었으며, 각 지역은

---

23 李重煥,『擇里誌』(朝鮮光文會刊). "一道之內 多出將相公卿文章德行之士 與夫 樹勳立節之人仙釋道流 號爲人材府庫 我朝宣祖以前秉國者皆是道人 四賢從祀 文廟者又是道人"

24 『淸選考』권1, 各道毁撤書院.

25 『中宗實錄』권32, 중종 13년 3월 乙丑.

26 위와 같음.

서로 다른 지역적 특성이 있었다. 이러한 구분에서 우도는 대체로 경상도 남부에 해당하여 하도로, 좌도는 경상도 북부에 해당하여 상도로 지칭되기도 했다. 조선 후기의 실학자 이익은 『성호사설』에서 상도는 인(仁)을 숭상하고 하도는 의(義)를 숭상한다고 하여 이 지역의 분위기를 요약하여 언급하였는데,[27] 이 때의 하도는 경상우도에 해당하는 지역으로 볼 수 있다.

경상도 지역의 교통로는 세종대에 이르러서 상경로를 좌로·우로·중로·수로 등 4로로 분산되었으며, 이 교통로는 임진왜란 당시까지 계속 이용되었다. 좌로는 울산의 염포에서 한양에 이르는 교통로인 데, 경주·영천·의흥·의성·안동·풍기·죽령·단양·청풍·충주·여주·양근 등을 경유하였으며, 중로는 동래 부산포에 상륙한 왜사(倭使)들이 이용하였는데 양산·밀양·청도·대구·인동·선산·상주·유곡·조령·음성·이천·광주 등을 경유하였다. 우로는 웅천 내이포에서 시작하여 김해·현풍·성주·김천·추풍령·영동·청주·죽산·양재 등을 경유하였다.[28]

경상도 지역의 도로망을 지도에서 찾아보면 경상좌도와 경상우도 간에는 서로 내왕할 수 있는 교통로가 거의 없고, 각각 서울로 통하는 교통로가 발달했음이 눈에 띈다. 이러한 교통로의 형성으로 경상우도와 경상좌도는 지리적으로 근접했음에도 불구하고 양 지역간의 학문적 문화적 교류가 거의 없게 하는 요인이 되었다. 경상좌도와 경상우도의 지역적 학풍의 차이는 이러한 교통로의 형성에도 그 원인이 있다고 할 수 있다.

16세기의 경상우도의 경제적, 사회적 지역 배경을 알 수 있는 자료로

---

27 『星湖僿說』권1, 東方人文. "中世以後 退溪先生於小白之下 南冥先生於頭流之東 皆嶺南之地 上道尙仁 下道主義 儒化氣節 如海山高 於是乎文明之極"

28 최영준, 1990, 『영남대로』, 고려대학교출판부, 134~135쪽.

는『경상도지리지』,『세종실록지리지』,『경상도속찬지리지』,『신증동국
여지승람』,『진양지』,『함주지』[29] 등을 들 수 있으며, 1710년대에 만들
어진『택리지』에도 경상우도의 지역적 특성이 잘 나타나 있다. 이중환
은『택리지』에서 좌귀우부(左貴右富)라 하여 좌도에는 벼슬한 집이 많
고 우도에는 부자가 많다고 표현하고 있으며, 영조대에 편찬된 경상도읍
지에서도 진주조에는 속상부려(俗尚富麗)라는 기록이 있어서 경상우도
지역이 경제적으로는 더욱 여건이 좋았음을 짐작 할 수 있다.

경상우도 지역의 강민(强敏)하고 무를 숭상하는 경향에 대해서는 상
도상인(上道尚仁) 하도주의(下道主義)라는 이익의 지적과 함께,[30] 남명이
지리산 밑에서 출생하여 우리나라에서 기개와 절조로서 가장 높은 위치
를 차지하였다. 그 부류들은 고심력행(苦心力行)하며 의(義)를 즐거워하
고 생명을 가볍게 여겼으며, 이익을 위해 뜻을 굽히지 아니하고 위험을
옮기지 않는 우뚝 솟은 지조가 있었으니, 이것이 영남 북부와 남부의 다
른 점이다고[31] 평한 데에도 나타나 있다.

경상우도 지역의 적극적이고 직선적인 현실 대응은 이 지역에서 가
장 많은 의병장이 배출된 것이나, 영조 5년(1727)의 무신란(戊申亂)에서
이 지역이 반란의 중심지가 되었던 것 등에서도 확인할 수 있다.

경상우도의 학풍을 이해하는 데는 영남 사림파라고 불리우는 인물들
의 주요한 근거지가 이 지역이었던 만큼 사림파의 학풍에 먼저 접근할

---

29 『함주지』는 鄭逑가 편찬한 읍지로 이 책에는 경상우도 사족들의 동향이 잘 나
  타나 있다. 이에 대해서는 金慶洙, 1994,「鄭逑의 咸州志研究」『민족문화의 제
  문제』참조.
30 『星湖僿說』권1, 東方人文. "中世以後退溪先生於小白之下 南冥先生於頭流之下
  東 皆嶺南之地 上道尚仁下道主義"
31 『星湖僿說』권1, 天地門, 白頭正幹. "南冥生於頭流之下 爲東方氣節之最 其流
  苦心力行 樂義輕生 利不能屈 害不能移 有特立之操焉 此嶺南上下道之有別也"

수 있었던 곳이었다는 점 또한 중요하다. 사림들이 하나의 정치세력으로서 사림파라고 할 수 있는 단계는 성종대의 김종직에게서부터 비롯되었다. 김종직은 경상도 선산 출신으로 밀양에서 학풍을 진작했으며, 그의 문인인 정여창, 김굉필, 김일손 등도 경상우도에서 배출된 학자들이다. 김굉필은 처향을 따라 합천군 야로에 이주하면서 세거지인 현풍과 합천 등지를 중심으로 활동하였다. 정여창은 증조대에 하동에서 처향인 함양으로 내려온 이래로 함양을 중심으로 활동하였다. 스승인 김종직의 조의제문을 사초에 실어 무오사화의 발단이 되게 한 김일손은 경상하도인 청도에서 배출되었다.

18세기 초반의 학자 이의현(1669~1745)도 영남지역에 인재가 많이 배출되었음을 지적하고 있는데, 주로 16세기에 처사적 모습을 보여준 학자들이 많은 것이 주목된다. 이 자료에서는 진주 선산 청도 안음 등 경상우도에 해당하는 전 지역에서 많은 인물이 배출되었음을 알 수 있다.[32]

즉 16세기초 경상우도 지역은 길재, 김숙자, 김종직으로 이어지는 사림파의 학문적 토양이 강하게 정착된 곳으로서 학문 수용에 있어서는 선진적인 지역이었다. 김대유, 박하담, 신계성, 이희안, 조식 등이 이 지역에서 배출되었던 것은 이러한 학문적 토양이 굳건했기 때문으로 볼 수 있다. 특히 16세기 중엽 이래로 조식이 경상우도에서 사림의 종장이 되면서 이들 학자들은 조식을 중심으로 서로 학문을 교유하였다.[33] 이들은 비록 처사적인 삶으로 일관   지만 이들의 학문경향과 처세는 후대의 경상우도 학자들에게 큰 영향을 주었다. 특히 상무(尙武) 경향이나 박학풍(博學風)의 추구는 경상우도 지역의 특징적인 학풍으로서, 이러한

---

32 李宜顯, 『陶谷集』 권28, 雜著陶峽叢說(보경문화사 영인본 646쪽).
33 김대유와 이희안은 『東儒師友錄』에 曺植과 종유한 인물로 수록되어 있으며, 박하담, 이희안, 신계성이 조식과 교분이 있었던 사실은 『남명집』 등에 나타나 있다.

학풍은 16세기 중엽 이후 노장적 학문경향이나, 병법의 연구 흐름에 일정한 영향을 주었다. 임진왜란 때 이 지역에서 많은 의병장이 배출된 것에도 이러한 학문적 흐름이 큰 역할을 했을 것이다.

조식이 활동한 16세기 중반 이후 경상우도 지역에서는 더욱 많은 학자들이 배출되었으며, 이들은 남명학파로 지칭되는 대규모의 학자군이 되었다. 남명학파의 지역적 범위는 대체로 진주를 중심으로 하여 동쪽으로는 김해 밀양 청도, 북쪽으로는 창녕 현풍 성주, 서쪽으로는 산청 함양 하동 및 남쪽으로는 사천 고성 등지에까지 미쳤다.

남명 당시 그의 사우문인의 분포지역과 그의 족적이 미친 범위는 경상우도를 벗어나 다른 지역까지 미치기도 했지만, 인조반정으로 서인 정파가 정권을 잡으면서 남명학파의 문도들이 재야에서 명맥을 유지해가는 17세기 후반 이후 남명학파의 지역적 범위는 위에서 열거한 지역을 크게 벗어나지 않았다.[34]

박하담은 김대유와 청도를 중심으로 학문 활동을 전개해 나갔다. 청도와 밀양은 진주권이 중심인 경상우도와는 구분되는 경상하도로 파악되지만 이곳의 학풍이나 학문적 교유범위는 경상우도와 밀접히 관련되어 있었다. 김대유의 경우 5대조 김항대에 이르러 김해에서 청도로 근거지를 옮겨왔으며, 박하담의 후손들은 청도에 세거하면서, 임진왜란 때는 문중에서 다수의 의병장을 배출하였다.[35] 16세기에 경상우도 지역에서는 사림파의 학문적 영향력이 다른 어느 지역보다도 깊이 스며들었으며, 이에 따라 많은 학자들이 배출되었다.

16세기 초 중반 경상우도를 대표할 수 있는 학자로는 김굉필·정여

34　李樹健, 1995, 『嶺南學派의 形成과 展開』, 일조각, 366쪽.
35　이에 대해서는 國譯十四義士錄刊行所, 1993, 『國譯十四義士錄』 참조.

창·김대유·박하담·신계성·조식·김우옹·오건·최영경·정인홍·곽재우 등이다. 그런데 경상우도 학자들은 그 학문 성향 기질 사상 처세 등에서 거의 공통된 특징을 갖고 있었다는 사실이 주목된다.[36] 이들이 이러한 학풍을 지닌 계기로는, 지역적 특성과 함께 당시의 현실상황을 비판적으로 인식한 학자들이 다수를 차지하면서 이 지역에 전반적으로 비판적인 학풍과 현실인식이 조성된 점을 들 수 있다.

16세기는 조선사회에서 성리학이 정학(正學)으로 자리를 잡아 나가는 시기였지만 학문적인 분위기는 상대적으로 자유로왔다. 16세기에 성리학의 윤리 도덕 규범을 실천하고 그 보급에 주력했던 김안국이 성리학 뿐만 아니라 천문 지리 음양서 등에까지 폭넓게 관심을 보인 것이나,[37] 조식의 경우 성리학을 근간으로 하면서도 노장서(老莊書)를 두루 본 것, 남언경(南彦經)과 이요(李瑤) 등이 양명학에 상당히 경도되어 있었던 모습은[38] 이러한 시대상을 대변하는 것이다.

3. 소요당 박하담의 생애와 교유관계

박하담(1497~1560)의 자는 응천(應天), 호는 소요당(逍遙堂)으로서, 본관은 밀양이다. 증조부 융은 정몽주에게 학문을 배웠으며, 조부 건은 무

---

36 이러한 점은 李樹健에 의해서도 지적된 바 있는데, 이수건은 이러한 특징으로 老莊思想과 陸王學的인 일면, 번쇄한 理氣論과 禮學 중심으로 흘러가는 학풍에 대한 비판과 반성 등을 들고 있다(李樹健, 1995, 『嶺南學派의 形成과 展開』, 283쪽 참조).
37 李秉烋, 1990, 「慕齋金安國과 改革政治」『民族史의 展開와 그 文化』.
38 崔錫起, 1994, 『星湖李瀷의 學問精神과 詩經學』, 중문출판사, 19~20쪽 참조.

과에 급제하여 훈련원 봉사를 지냈다. 아버지는 승원은 부사직을 지냈다.

조부대에 밀양에서 청도로 이주해 왔으며, 어머니는 진주하씨이다. 박하담 형제의 이름자에 모두 하(河)자가 들어간 것은 외가를 잊지 못했기 때문이라 한다.[39] 박하담은 청도의 수야리에서 출생했으며, 어려서부터 학문에 뛰어나 김대유의 부친인 김준손은 그를 공자의 문인인 자공에 비유하기도 했다.[40] 중종 11년(1516) 사마시에 합격했으며 1519년 유일로 천거를 받아 현량과에 추천되었으나 응시하지 않았다. 이후에 출사를 포기하고 청도의 운문산 아래의 눌연(訥淵) 위에 정자를 짓고 소요당이라 이름하고 여생을 보냈다. 그의 연보에 의하면 1519년 기묘사화로 조광조 일파가 처형되자 남았던 전고(全稿)를 다 불태워 버렸으며 또한 임진왜란 이후로는 유문(遺文)마저 없어졌다고 한다. 그 후 조정에서 그의 학행을 듣고 감역, 봉사, 사평 등에 임명했으나 이를 모두 사양하였다. 이것으로 볼 때 박하담에게 있어서도 16세기 처사상을 견지한 대부분의 학자처럼 사화의 충격은 컸음을 알 수 있다. 다음의 2편의 시는 사화가 일어났다는 소식을 듣고 그 비통한 심정을 시로 읊은 것이다.

齊나라 역사에 史筆의 곧음을 다투어 썼고
공자는 임금의 악을 諱하는 의리를 빌려 임시로 쓰셨네
어지러운 漢나라 세상에 초연히 화를 면했으니
나는 屠蟠[41]이 또한 충분히 현명한 사람이라 하겠노라

---

39 『逍遙堂逸稿附錄』, 家狀. "家傳 先生兄弟名諱河字者 盖不忘外氏而特爲行第之號"

40 『逍遙堂逸稿附錄』, 家狀. "稍長益務聖賢之學孜孜不懈識理明透聞一知三金東窓駿孫譬之以聖門子"

41 後漢代 인물인 申子龍의 字. 黨禍를 피하여 梁에 은거하였다.

문장하는 군자가 목숨을 온전히 못하니
士禍가 蘭臺에서 일어나니 누가 시비를 가리겠는가
문간에 버드나무가 새롭게 푸르고 동산에는 오얏이 하얗게 피었으니[42]
봄빛 아름답다 하여 하늘의 기미를 질투하지 말라[43]

　　修文君子欠全歸
　　禍起蘭臺孰是非
　　門柳新靑園李白
　　莫將春艶妬天機

　박하담은 사화의 충격 속에 은거의 삶을 택한 전형적인 처사형 학자
였다. 따라서 그의 교유관계도 처사형 학자들이 주축이 되었다. 박하담
은 특히 삼족당 김대유와 교분이 두터웠다. 이들은 청도 운문산의 우연
(愚淵)을 사이에 두고 함께 거처하여 지리적으로도 무척 가까왔다. 두 사
람은 아침 저녁으로 방문하면서 시부(詩賦)와 학문연구로 날을 보냈는데,
박하담의 문집 유고의 대부분은 이 시기에 이루어졌다. 이돈우(1801~
1884)는 『소요당일고』의 서문에서 중종에서 명종대에는 정치와 문화가
융성하여 조식·김대유·주세붕 등 많은 학자가 배출되었는데 박하담도
그 중의 한 명이라는 것과, 박하담이 기묘사화와 을사사화 이후에 당화
를 피하여 은거했다고 기록하고 있는데, 이 기록에서도 박하담이 은거를
결심한 동기가 사화에 있었음을 알 수 있다[44].
　김대유 이외에 박하담의 교유관계에서 주목되는 인물은 조식과 박영
이다. 박하담과 조식의 교유는 「제조건중덕산은거(題曹楗仲德山隱居)」

42　이 시에서 門柳는 柳子光을 園李는 李克敦을 비유하고 있다(仙巖書堂, 1987, 『國
　　譯逍遙堂逸稿』 참조).
43　『逍遙堂逸稿』 권1, 詩, 聞士禍起然口號.
44　『逍遙堂逸稿』 권1, 序, 逍遙堂逸稿序(李敦禹).

라는 시와 「송조건중귀덕산서－무오남명유두류장영거덕산고작서(送曹楗仲歸德山序－戊午南冥遊頭流將營居德山故作序)」 등에 나타나 있다. 「제조건중덕산은거(題曹楗仲德山隱居)」에서는 이름 높은 선비가 명승지에 사니 그 아름다운 광경을 종이에 옮겨본다 고 하여 조식의 처사적 삶을 기리고 있으며,[45] 「송조건중귀덕산서」는 조식이 운문산에 찾아왔다가 돌아가자 이에 대한 아쉬움을 표시하였다. 박하담은 진주에 덕산이 있는 것은 유림에 조식이 있는 것과 같다 고 하여 조식을 칭송하고, 어느날 조식이 운문산으로 찾아와서 김대유와 함께 산수를 유람하고 사서와 하락상수(河洛象數)의 학문을 강론했던 즐거움을 회고하고 있다.[46] 이처럼 조식, 김대유, 박하담은 비슷한 처세를 하면서 학문적 교유관계도 돈독히 했음을 알 수 있다. 특히 이들이 하락상수의 학설을 강론했다는 표현으로 보아 이들이 주역에도 깊은 관심을 가지고 있었음을 짐작할수 있다. 박하담의 연보에는 신계성과도 주역을 강론했다는 기록도 보인다.[47]

박하담과 무인적인 풍모가 있었던 박영의 교유도 주목된다. 박하담의 조부가 무인이었던 만큼 박하담이 무인적인 기질을 가진 김대유, 박영과 교유한 것은 자연스럽게 이해할 수 있다. 박하담은 양양으로 가는 박영에게 보낸 글에서 박영이 처음에는 무과로 출세하였으나, 경학에 밝아서 김굉필과 정여창의 심법(心法)을 연구하고 덕행을 실천한 것이 당대의 으뜸임을 칭송하고, 박영이 운문산으로 찾아온 사실을 회고하고 있다.

---

45 『逍遙堂逸稿』 詩, 題曹楗仲德山隱居, "高士棲名勝 移來紙上看 詠宜曾點浴 祿豊子長干 曲九波流白 刃千壁立丹 雲題冥鴻擧 莫驚澗月彎"

46 『逍遙堂逸稿』 권1, 序, 送曹楗仲歸德山序. "戊午南冥遊頭流將營居德山故作序 晉陽之有德山如吾士林之有楗仲(조식의 자 :필자 주) … 楗仲訪我於雲門山水間與三足子同賞名區之形勝可樂也留連三數日講論四子書及河洛象數之說亦可樂也"

47 『逍遙堂逸稿』 附錄, 年譜, 69세.

편지의 말미에는 박영이 양양으로 가서 마음에 얻은 바가 있으면 자신에게도 말해 줄 것을 부탁하고 있다.[48] 박영은 경상도 선산 출신의 무인으로 다양한 학문에 해박하였으며, 의술에도 밝았는데,[49] 16세기 초 처사형 삶을 살아가는 학자들이 의학이나 양생술에 조예가 깊었던 사실은 여러 기록에서 찾아 볼 수 있다.[50]

이외에 박하담은 주세붕과도 교유했다. 1520년 3월에 박하담이 운수정(雲樹亭)을 우연 아래에 지었을 때 주세붕이 자신을 찾아왔다가 돌아가자 이에 대한 아쉬움을 표현한 「송주경유세붕귀무릉서(送周景遊世鵬歸武陵序)」에서는 주세붕의 글 솜씨와 소수서원을 창건한 사실을 칭송하고, 운문산 약야계에서 술과 시를 함께 하며 세상사를 논한 사실을 기록하고 있다.

이러한 기록에서 박하담은 처사로 자임하면서 조식·주세붕·김대유 등 경상도 지역을 대표하는 명사들과 두루 교분을 가졌으며, 특히 김대유와는 친밀히 교유했음을 알 수 있다.

4. 소요당 박하담의 학풍과 현실관

박하담은 학문의 중심무대를 청도의 운문산으로 삼았다. 박하담은 운

---

48 『逍遙堂逸稿』 권1, 序, 送朴子實遊襄陽序.
49 『松堂集附錄』, 己卯. "朴英居善山中武科廉退不求宦達棄官鄕里常與前校理鄭鵬 講究理學有相長之樂德容權晦後學以自得爲善其所著 述詩文皆悟透之語尤精於醫術活人甚衆戊寅薦爲承旨"
50 李濟臣, 『淸江詩話』. "朴參判英 中廟朝名武臣也 學問甚該博能書能詩 兼曉醫術 家在善山洛東之濱"

문산부(雲門山賦)에서 자신이 은거하고 있던 청도의 운문산을 노래하였다. 특히 이 부에서는 속세를 벗어난 곳에서 유유자적하는 자신의 심경을 피력하고 있는데, 불교적인 표현을 자주 쓰고 있는 것이 특기할 만하다.[51] 또한 운문산을 오르면서 신선이 된 듯한 자신의 기분을 표현한 산행부(山行賦)에서는 운문산의 명승지들을 두루 찾으면서 흥겹게 술을 마시고 시를 읊는 기쁨을 노래하고 있다. 박하담의 학풍과 처세가 단적으로 드러난 글은 소요당기이다. 이 글은 운문산 아래에 소요당을 짓고 유유자적하는 삶의 즐거움을 기록한 것이다.

> (…) 내가 깊이 즐거하여 자유롭게 노닐며 스스로 만족하니 스스로 만족하는 즐거움을 옛 사람은 逍遙遊라 하였다. 逍遙遊란 것은 반드시 俗世 밖의 먼 곳에만 있는 것이 아니라 名敎 속에 스스로 즐거움이 있는 것이니, 動靜과 仁智의 이치로 본 즉 그 즐거움이 참 맛이 있으며, 마음을 보존하고 길러 經籍을 연구한 즉 그 즐거움이 진실로 무궁하다. 道義로 벗을 사귄 즉 즐거움이 또한 어떠하겠는가? 위로는 하늘을 자유롭게 나는 솔개와 아래로는 못에서 활발히 뛰는 고기와 같이 여기서 자유롭게 놀고 예와 지금을 한데 포섭하여 이 곳에서 逍遙하고 스스로 만족한 즐거움을 부치므로 逍遙堂이라 이름하니 (…)[52]

박하담은 이곳에서 소요(逍遙)하고 스스로 만족한 즐거움 때문에 소요당이라 이름 했음을 밝히고 있다. 마지막 부분에서는 명승지 중의 명승지인 운문산 소요당에서 얻는 즐거움은 중화된 마음에 있음을 강조하고 있다. 이 글은 박하담이 그의 호를 소요당이라 한 것과도 맥락을 같이 한다. 그런데, 소요라는 용어는 장자와 깊은 관련이 있다. 소요유(逍

---

51 『逍遙堂逸稿』 권1, 雲門山賦. 이 글에 쓰여진 불교용어로는 十方, 十王 등이 있다.
52 『逍遙堂逸稿』 권1, 記, 逍遙堂記.

遙遊)란 구속이 없는 절대의 자유로운 경지에서 노니는 것을 의미하며, 장자 내편의 제 1편명에 있을 만큼 장자 사상의 핵심을 담고 있다. 소요 는 장자가 자주 쓴 용어인 것으로 생각되는데 소요유 편에서는 장자가 혜자와의 대화에서 이 용어를 쓴 것이 보인다.[53] 장자의 용어를 사용한 것은 조식에게서도 나타난다. 조식의 호 남명(南冥)은 장자에서 나온 것 이며,[54] 조식이 합천에 거처할 때 지은 당호(堂號) 뇌룡정(雷龍亭) 또한 장자의 "尸居而龍見淵默而雷聲(시신처럼 가만히 있다가 용처럼 나타나 고 연못처럼 고요하다가 우뢰처럼 소리친다)"에서 비롯된 것이다.[55] 이 처럼 당시의 처사형 학자들에게서 노장사상이 광범하게 수용되었음을 알 수 있다.

박하담은 시에서도 자신의 이러한 성향을 유감없이 표현하였다. 소요 당이란 시에서는 물외(物外)에서 초연하게 지내는 삶의 흥취를 노래하였 으며,[56] 26세 때 지은 시 설야연음(雪夜聯吟)에서는 혼탁하고 번잡한 세 상사를 모두 잊어버리고 눈 속에 홀로 선 갈매기처럼 조촐하게 살고 싶 은 심정을 밝혔다. 처사적 삶을 살아간 박하담에게 있어서 무엇보다 중 요하게 인식된 것은 마음의 수양이었다. 사화라는 정치적 혼란을 수습할 수 있는 요인으로 무엇보다 정신의 수양이 중요함을 강조하였다. 그리고 정신을 수양하는 기본 덕목으로서 경(敬)을 특히 중시하였다. 경은 수기 (修己), 위기(爲己) 등 자기수양을 강조함에 있어서 무엇보다 중시되는

---

53 『莊子』內篇, 逍遙遊, 今子有大樹患其無用何不樹之於無何有之鄉廣莫之野彷 徨乎無爲其側逍遙乎寢臥其下不夭斤斧物無害者無所可用安所困苦哉.

54 『莊子』內篇, 逍遙遊, 是鳥也海運則將徒於南冥南冥者天池也.

55 『莊子』外篇, 在宥第十一, 故君子苟能无解其五臟无擢其聰明尸居而龍見淵默 而雷聲神動而天隨從容无爲而萬物炊累焉吾又何暇治天下哉.

56 『逍遙堂逸稿』권1, 詩, 逍遙堂.

덕목으로, 성리학에서는 주일무적(主一無適), 정제엄숙(整齊嚴肅), 상성성(常惺惺), 신심수렴(身心收斂) 등으로 표현되었다.[57] 「답이사성극경서(答李士誠克敬書)」에서 박하담은 학문하는 방법에 관해 논하였는데, 성경(誠敬)이 일치하고 동정(動靜)이 하나로 될 수 있는 수양을 닦을 것을 강조하였다. 이처럼 처사형 학자들이 출사를 단념하면서 수신과 위기지학(爲己之學)을 중시한 것은 당시의 정치현실을 부정적으로 인식하고 마음을 바로 잡아 사림 학자의 본분을 찾아 나가는 것이 자신들의 임무로 생각했기 때문이었다. 이러한 박하담의 처세가 북송대의 성리학자인 장횡거나 소강절에 비유된 점도[58] 주목을 끈다. 조식·서경덕 등 16세기 처사형 학자들에게는 북송대 성리학자와의 유사성이 많이 발견되는데,[59] 이러한 사실에 대해서는 앞으로도 꾸준한 연구가 요청된다.

박하담은 각종의 잠언(箴言)에서도 수신을 강조하였다. 율신잠(律身箴)에서는 몸가짐을 바르게 할 것을 다짐했다. 즉 사람을 대하고 사물을 처리할 때는 충성과 용서를 다할 것이며, 내면을 곧게 하고 의(義)로써 외면을 모나게 가져(敬以直內義以方外) 전전긍긍하는 마음으로 항상 반성하는 자세를 가질 것을 다짐했다. 존심잠(存心箴)에서는 존심양성(存心養性)에 대해 기록하면서 공경으로써 내면을 바르게 하여 체(體)와 용(用)이 함께 온존하고자 하였다. 입지잠(立志箴)에서는 사람의 몸에 백체(百體)가 있는데 그것을 주재하는 것은 마음이며, 마음이 가는 곳에 의지가 따라오는 것을 설명한 후에 정성을 다하여 학업에 전념할 것을 다짐했다. 위학잠(爲學箴)에서는 학문에 있어서 심성이 가장 중요함을 강조

---

57 신병주, 1990, 「南冥曺植의 學問傾向과 現實認識」『韓國學報』16, 58~92쪽.
58 『逍遙堂逸稿』附錄, 言行拾遺, 先生平生精力似張橫渠晚年安樂似邵康節.
59 조식이 주돈이와 장횡거의 학문에 관심을 가진 것이나, 서경덕이 장횡거와 소강절의 학문에 영향을 받은 것은 이러한 사례로 볼 수 있다.

하여 공자가 마음을 해치는 네가지를 끊은 것과 증자가 삼성(三省)하여 극기복례하고 자신을 함양한 것을 인용하면서, 율지율신(立志律身)에는 위기지학(爲己之學)이 필수적임을 강조하였다.

박하담은 운문산에서 은둔자로서 자처하였지만, 현실을 잊은 은둔자 는 아니었다. 향촌사회에서 그 영향력을 행사해 나갔다. 박하담은 김대 유와 함께 청도가 군 소재지와 거리가 멀고 길이 험하여 백성들이 관가 에 납부할 곡식을 운반하기가 불편하다는 향촌민들의 민원을 적극 수용 하여 이 지역의 사창 건립을 주도하여 이를 실현시켰으며,[60] 단행기(壇 杏記)에서는 행단 위에서 향촌민들과 향음주례를 익혔던 일을 기록하고 있다.[61] 사창의 건립이나 향사례와 향음주례가 16세기 사림파 학자들이 향촌에서 주도권을 잡아가는 과정에서 향촌민들을 교화시키는 주요한 수단이었던 점을 고려하면,[62] 이러한 기록에서 박하담이 16세기 사림파 학자의 전형적인 모습을 보이고 있었음을 확인할 수 있다.

박하담은 안주(安宙)가 청사(廳舍)의 공사에 대한 자문을 구하자 이 에 적극적으로 응하였으며, 예학에 대해서도 해박한 지식이 있었다. 박 영이 박하담에게 편지를 보내와 상례(常禮)와 변례(變禮)에 대하여 문의 하자, 예문(禮文)이란 인정과 인사를 극진히 하려는 것에서 나온 것이니 예의범절이 절차에 맞는다면 천리의 절차도 여기에 벗어나지 않을 것임 을 말하고, 상례와 변례가 서로 다르다는 것을 강조하였다.[63] 그는 가훈 십조에서 양친·사장(事長)·형제·부부·제사·언어·행실·욕심의 제거·시

---

60 『逍遙堂逸稿』附錄, 行狀.
61 『逍遙堂逸稿』권1, 壇杏記, 壇可用五十人時與鄕隣僚友習鄕飮酒禮於其上.
62 이에 대해서는 李泰鎭, 1972·1973, 「士林派의 留鄕所復立運動」『震檀學報』 34·35 참조.
63 『逍遙堂逸稿』권1, 答朴松堂子實英書.

서의 공부·의식 등 가정에서 꼭 지켜야 할 10가지의 가훈을 기술하였는데,[64] 이 가훈을 통해서 당시 사림과 학자들이 향촌사회에서 일반적으로 지켜나간 규범들을 짐작할 수 있다.

박하담이 지방에서 영향력 있는 사람이었다는 점은 이외의 여러글에서 발견된다. 청도의 객관 신축을 기념한 도주객관상량문에서는 객관을 상량한 후에 공관(公館)을 더욱 중수하고 고을의 풍속은 더욱 선량해지며 인재가 모여들기를 바라고 있으며,[65] 향중의 선비들이 모일 수 있는 향로당의 신축을 기념한 향로당상량문에서는 향중의 풍속이 아름다워지고 충신과 효자가 배출되기를 기원하였다.[66] 이외에 허세린의 비명에서는 허세린이 부역을 고르게 하고 세금을 감면하여 흉년과 왜구의 난리에 백성들을 구제한 행적을 높이 평가했는데,[67] 이 자료에서 향촌민들의 사회상을 외면할 수 없었던 박하담의 입장이 나타나 있다.

박하담은 풍부한 독서로 많은 지식을 갖고 있었던 것으로 보인다. 증어부(憎魚賦)에서는 책을 읽는다는 핑계로 몸소 경작하지 않으면서 실제는 책을 시렁 위에 올려놓고 있는 속된 선비들을 책을 긁어먹는 좀벌레에 비유하고, 이들이 성현의 좋은 말씀을 무너뜨리는 것을 비판했으며,[68] 역사에도 일가견을 가지고 있었다. 춘추대일통론(春秋大一統論)에서 그는 공자의 나를 알아줄 것도 춘추이며, 나를 죄줄 것도 춘추이다 라는 말을 인용하면서, 자신이 감히 이 논문을 쓰는 것은 역사와 사필(史筆)의

---

64 『逍遙堂逸稿』, 家訓十條.
65 『逍遙堂逸稿』 권2, 道州客館上樑文.
66 『逍遙堂逸稿』 권2, 鄕老堂上樑文.
67 『逍遙堂逸稿』 권2, 碑銘, 許侯世麟善政碑銘, 平簿賦視民如傷自癸丑乙卯飢荒加之海冠之變民不餓死動撓.
68 『逍遙堂逸稿』 권1, 憎魚賦.

중요성을 인식하기 때문이라고 설명하고 있다.

말미에서는 공자께서 일찍이 주공(周公)의 마음으로 춘추를 편찬했는데 자신이 감히 춘추의 남은 뜻을 따서 이 논문을 쓰는 것은 필주(筆誅: 붓 끝으로 형벌을 주는 것)를 엄격히 하려는 뜻이 있음을 밝히고 있다.[69] 이 글에서는 역사의 중요성과 엄격성을 강조하고 있는 것이 주목되는데 이것은 사화라는 당시의 정치적 상황과도 관련이 있는 것으로 여겨진다.

박하담이 기묘사화 이후에 쓴 것으로 보이는 술회라는 시에서는[70] 조광조가 세상을 바로 잡으려는 뜻을 높이 찬양하여, 비록 소인의 시기로 뜻을 이루지 못했으나 높은 이름은 죽어도 영광이다 라고 표현한 후에 결국은 세상이 이토록 험악하니 엄광처럼[71] 부춘산(富春山)에 숨어 살겠다는 자신의 뜻을 나타냈다. 이 시는 사화에 대한 충격으로 처사적 삶을 선택한 자신의 삶을 은유적으로 나타내고 있는데, 조식의 엄광론을 연상시키고 있다. 조식은 엄광론에서 엄광이 벼슬하지 않고 처사의 삶을 선택한 고사를 인용하여 궁극에는 자신이 출사하지 않고 처사로 자임한 것을 변명하였다.[72]

1545년에 일어난 을사사화도 박하담에게 정치적 충격을 주었다. 그의 절친한 벗으로 김대유와 함께 청도의 운문산에 은거하고 있던 곽순(1502~1545)이 희생된 것이다.[73] 박하담은 그의 사망 소식을 듣고 철인

---

69 『逍遙堂逸稿』 雜著, 春秋大一統論.

70 『逍遙堂逸稿』 권1, 詩, 述懷 人猜孟志澄淸李杜齊名死亦榮放居疎頑閒把釣富春山水有誰爭.

71 嚴光은 東漢때의 사람으로 자는 子陵이다. 어려서 光武帝와 함께 글을 읽었으나 광무제가 황제로 등극한 뒤 姓名을 갈고 숨어 버렸다. 광무제는 그의 어진 인격을 사모하여 諫官職을 제수했으나 엄광은 出仕하지 않고 富春山에 은거하다가 죽었다.

72 『南冥集』 권2, 嚴光論 참조.

(哲人)이 죽고 말았다. 세상이 장차 어찌되려는가? 하고 그 비통한 심정을 토로했다. 곽순의 만사에서는 현량과에 급제하여 당인으로 몰려 사화의 희생자가 된 것을 안타까움을 표현했다.[74] 그의 제문에서는 지하에서 서로 만나는 것이 인간 세상과 같다면 김굉필, 정여창, 조광조 등 여러 군자들과 함께 출처(出處)의 대의(大義)와 사생(死生)에 명(命)이 있음을 강론할 것을 당부하고 있는데,[75] 이 제문에서는 김굉필, 정여창, 조광조 등 16세기 사림파 학자들의 도통을 계승하고 있는 박하담의 위치가 드러나 있다. 제육신묘문(祭六臣墓文)도 박하담이 전형적인 사림파 학자임을 보여주는 글이다. 이 글에서 박하담은 사육신의 충절을 기리면서 끝까지 의리를 지켜 인(仁)을 이룬 충절이 영원히 계속되기를 바라고 있다.[76]

위의 여러 기록들을 통해 볼 때 박하담의 학풍과 현실관은 사림파 학자의 전형적인 모습이었음을 알 수 있다.

※ 이 글은 『남명학연구』 5집(1997)에 수록된 「16세기초 處士型 學者의 學風과 現實觀 : 金大有와 朴河談을 중심으로」를 부분 발췌한 것임

---

73 곽순은 1544년 掌令으로 있으면서 趙光祖의 신원을 상소했으며, 1545년에는 校理사간 등의 청요직을 지냈다. 1545년 소윤 윤원형의 횡포가 심해지자 청도의 운문산으로 낙향했으나, 이해 을사사화가 일어나자 杖殺되었다.
74 『逍遙堂逸稿』 권1, 詩, 輓郭佰瑜珦.
75 『逍遙堂逸稿』 권2, 祭文, 祭郭佰瑜文, 不審地下相從果如人世間則歸與喧靜數君子講論出處之大義死生之有命以明橫來順受之爲君子道明以自寬也.
76 『逍遙堂逸稿』 권2, 祭文, 祭六臣墓文.

4장
용암공 박숙의 의병 활동과 사회 활동

1. 소고공파 후손들의 임란 의병 활동

16세기부터 조선사회가 쇠퇴 기미를 보여 중종대에 203만 석에 달하였던 삼창(三倉)의 저치미(貯置米)가 임진왜란 직전에는 50여만 석에 불과할 정도였다.[1] 그럼에도 건국 후 약 2백 년 동안 평화가 지속되어 국방에 소홀히 한 면도 있었다. 그런데 비해 일본에서는 전국시대의 혼란상을 마감하고 등장한 도요토미 히데요시(豊臣秀吉)가 대륙 침략의 준비를 하고 있었다. 일본에서의 두 차례에 걸친 통신사 파견 교섭을 계기로 선조 22년 9월에 일본 사정도 탐지할 겸 정사 황윤길·부사 김성일 등을 파견하였다. 이들은 도요토미를 만난 후 선조 24년(1591) 정월에 귀국했으나, 정사는 왜적이 침범하리라 한 데 비해 부사는 그렇지만은 않다고 하여 국론이 분열하게 되면서 적극적인 대비책을 마련하지 못하였다.

이러한 상황 속에서도 경상 감사 김수(金睟)는 군사전략적 차원에서 축성에 온 힘을 기울였다. 영천(永川)·청도(淸道)·삼가(三嘉)·대구(大丘)·

---

1 『선조실록』 권140, 선조 34년 8월 무인.

성주(星州)·부산(釜山)·동래(東萊)·진주(晋州)·안동(安東)·상주(尙州)·좌우 병영(左右兵營)에 모든 성곽을 증축하는 한편 참호를 설치하였다. 그러나 규모를 크게 하여 많은 사람을 수용하는 것에만 신경을 썼기 때문에 험준한 요새가 아니라 손쉬운 평지를 취하여 쌓았으니, 높이가 겨우 2~3장에 불과할 정도였다.

세조 때 완성된 바 있던 전국적인 방위망인 진관체제는 16세기에 접어들어 군역제의 변동으로 기능을 다하지 못하게 되었다. 그러다가 유사시 군사가 아닌 계층까지 총동원하여 대처하는 제승방략(制勝方略)이란 응급적 분군법(分軍法)으로 대신하게 되었다. 당시 지방 수령은 군사권도 아울러 가지고 있었는데, 청도는 37개 경상좌도 소속 고을 중에서 군(郡) 단위 지역으로, 종4품의 군수가 파견되어 있었다. 따라서 전쟁이란 위급한 상황이 생기면 청도군수는 1차적으로 대구진관의 지휘권을 가진 대구부사와 경상도 관찰사 명령에 따라 관내 군사들을 집결지로 동원해야 하며, 상황에 따라서는 중앙으로부터 파견되는 경장(京將)의 지휘도 함께 받도록 되어 있었다. 임진왜란으로 적이 밀고 올라오자 청도 군수가 부대를 이끌고 집결지로 이동한 것은 그러한 이유 때문이었다.

청도는 부산에서 밀양을 거쳐 대구와 한양을 잇는 중로(中路)에 해당하는 교통의 요지였으니, 동래 부산포에서 양산-밀양-청도-대구-선산-상주-유곡-조령-음성-이천-광주-한양으로 이어지는 국토의 대동맥이나 다름없었다. 선조 25년(1592) 4월 13일 부산에 상륙한 일본군들이 이튿날 동래성을 함락시키고 빠르게 북상하였는데, 주로 일본 사신들이 이용하던 익숙한 중로(中路)를 먼저 이용하였던 것도 그런 이유 때문이다.

나고야에 성을 축성한 일본은 9개 부대 158,700명이나 되는 대규모 침략군단을 꾸렸다. 그 중에서 1번 부대를 이끈 장수는 고니시 유키나가(小西行長)와 소 요시토시(宗義智)였다. 이들은 4월 13일 쓰시마를 출발하여 14일에 부산진성 전투를 벌인 후 동래-기장-양산-밀양-청도까지 접수하는 데 1주일이 채 걸리지 않았다. 이어 대구-선산-문경-충주-여주를 거쳐 5월 2일 밤늦게 한양에 입성할 정도로 무인지경이 되었다. 북상하는 왜군의 주력부대가 휩쓸고 갔던 청도는 다른 지역에 비해 피해가 클 수밖에 없었다. 여기에는 무력한 관군이 조기에 무너진 데다 청도군수 배응경이 읍성을 버리고 도망갔기 때문이었다.[2]

일본군 주력 부대들의 침입 경로에 따라 4월 18일 밀양이 적의 수중에 넘어가자, 경상도겸순찰사 김수는 청도를 방어선으로 구축할 생각은 없었던 것으로 보인다. 청도 군수 배응경(裵應褧)이 김수의 명령에 따라 밀양 방면 방어선으로 집결했다가 청도로 되돌아 왔을 때 청도 읍성은 이미 텅 비어 있었다. 이런 사실을 배응경이 즉각 겸순찰사 김수에게 보자, 성을 버리고 대구 방면 집결을 명했던 것으로 추정된다.

도요토미 히데요시가 파견한 왜군들은 5월 3일부터 한성에 집결하기 시작했고, 5월 6~7일 경에 열린 회의 결과에 따라 조선 8도를 분할 지배하기로 결정했다. 경상도를 지배하기로 한 장수는 제7군을 이끌던 모리 데루모토(毛利輝元)였다. 그는 자신의 주력부대를 이끌고 6군과 함께 부산에 도착하여 북상하다가 성주에서 진격을 멈추었고, 6월 12일경 주둔지를 개령으로 옮겼다. 그가 후방 지역인 경상도에서 머무르며 쌓았던 부산왜성이나 자성대 등이 지금까지 남아 있다. 그는 자신의 부대를 경상도에 배치하고 주둔지를 마련하였지만, 소규모 장수들에게 연로의 지역을 맡겨 주둔시켰던 것으로 판단된다.

경상도 지배권을 확보한 모리데루모토(毛利輝元)는 그의 부하 왜장인 고사쿠 사에몬타이후(小作左衛門大夫)를 청도에 주둔시켜 관리하게 했다.[3]

---

2 『청도군지(1991)』 조선시대 역사, 임진왜란 편.

당시 청도지역에 주둔한 일본군 숫자나 규모에 대해서는 알려진 것이 없다. 다만 이 지역에서 일어난 의병들이 벌인 당시의 전투상황에 대한 기록들이 남아 있어 부분적으로 유추될 뿐이다. 그럼에도 상반된 기록들이 많거니와 왜적 숫자에 대해서는 과장된 측면이 있었던 것도 사실이다.

이상에서 보았듯이, 청도지역은 전쟁 초기 여러 침략부대의 북상 경로에 위치하였기에 1차적인 피해를 입은 곳이다. 이후 조선으로 건너와 전투에 참가했던 일본군은 이곳 청도를 지나 북상하였고, 현지 지배를 위해 남하한 일본군도 마찬가지로 이 길을 통했다. 그리고 청도를 직접 지배하기 위한 장수까지 배치했으니, 요컨대 청도는 일본군의 조선 침략과 지배를 위한 요로에 위치해 있었던 것이다.[4]

개전 초기 경상좌도의 주요지역이 점령당한 상황에도 일부 관군 장수들은 임지에서 수성(守城)에 임하고 있었고, 지방관들의 공백이 있던 지역에서는 의병장들이 산졸(散卒)들을 수습하여 항전하였다. 물론 경상좌도의 지휘부가 와해된 상태에서 그 아래 관군들이 조직적인 반격을 할 수는 없었지만, 경상좌병사가 교체된 뒤로 이 지역 관군 역시 신속한 재편이 가능했다. 그 결과 조선군은 전황을 유리하게 이끌어 나갈 수 있었다.[5] 아무튼 민관(民官)의 합동으로 경상좌도의 함락된 읍성들을 회복하기 시작했고, 흩어진 백성들 또한 복귀할 수 있었는데, 청도읍성은 다른 고을보다 매우 이른 시기에 되찾았다.

---

3 시모세 요리나오(下瀬頼直), 『朝鮮渡海日記』: 제7군 모리 데루모토(毛利輝元) 군의 일원이었던 이와미 모토요리(石見元頼) 측근무사 시모세 요리나오(下瀬頼直)의 일기로, 1592년 3월 8일부터 1593년 4월 7일까지의 상황이 실려 있다.

4 김경태, 2017, 「임진란기 청도지역의 항왜 활동과 청도지역의 전투」『청도지역의 임진란사 연구』, 임진란정신문화선양회.

5 김진수, 2012, 「임진왜란 초기 경상좌도 조선군의 대응양상에 대한 검토」『군사』 84.

특히 청도읍성은 의병들에 의해 일본군을 몰아내고 군수(郡守)에게 인계했다는 점에서 역사적 의미가 매우 크다. 4월 20일 청도읍성이 함락되어 일본군 수중에 들어가자, 곧 이 지역 사족들 중심으로 의병이 결성되어 항전 태세를 갖춰나갔다. 임진왜란 당시 청도 의병은 타 지역에 비해 비교적 이른 시기에 조직되었으며, 이를 주도한 것은 밀양박씨 소고공파 가문의 박하담(朴河淡) 후예들이었다. 청도 읍성이 함락된 지 사흘이 지난 4월 23일에 창의의 깃발을 올려 일본군의 기세가 격렬하던 5월 초부터 활동을 시작하여 특히 7월에는 의병들 독자적으로 연합하여 읍성을 탈환하기까지 하였다. 일본군이 다시 남하하여 전투가 소강상태에 이르기는 하였지만 1594년 전반까지 청도지역에서 벌어진 각종 전투에서 많은 전과를 올렸다. 이렇듯 전쟁 초기에 독자적으로 일어난 의병들이 읍성을 탈환하여 군수 배응경에게 모든 권한을 인계했다. 의병들에 의해 지역이 보존되자, 피난 갔던 사람들도 돌아와 의병에 합류하거나 농사일을 할 수 있게 되었다.

청도 의병 조직을 이끈 인물은 박경신(朴慶新)과 박경전(朴慶傳)이었다. 이들은 고을 선비로 이름 높았던 소요당(逍遙堂) 박하담(朴河淡)의 손자들로 4촌간이다. 후일 이들은 선무원종공신 1등과 2등으로 각각 책봉되었듯이, 의병의 기치를 내걸어 세웠던 공은 매우 컸다. 아울러 이들이 활동할 당시의 상황을 기록으로 남긴 것들이 전하고 있는데, 두암 이기옥(李璣玉)이 쓴 「창의일록(倡義日錄)」과 김후생(金後生)이 쓴 「창의일기(倡義日記)」가 그것이다.[6] 전자는 그 내용 전개상 박경신, 후자는 박경전 중심으로 서술된 것이다. 이 기록들은 동일한 사건을 서술하는 과정 속에서도 크게 상반된 내용들을 담고 있지만, 상호 보완되는 측면이

---

6 두 일기는 『삼우정박경신선생실기(1994)』와 『제우당문집』에 각각 실려 있다.

없는 것도 아니다.

당시 청도 의병을 조직하고 지휘한 인물에 대해서는 관변 기록인 『선조실록』은 말할 것도 없고 『징비록』이나 『기재사초』, 그리고 경상좌도의 의병 근황을 살피는데 도움이 되는 『난중잡록』·『학봉집』·『고대일록』 등에서도 언급이 없는 실정이다. 따라서 현재 남아있는 두 자료를 통해 당시 청도지역 의병들의 활동 상황을 재구성해야 하지만, 이렇듯 상반된 내용으로 채워져 있다는 점에서 매우 신중을 요하는 측면이 있는 것도 사실이다.

아무튼 임진왜란이 종료된 후 조정에서는 공적을 심사하여 공신을 책봉하였는데, 청도에서 의병으로 활동한 소고공파 일문에서 모두 11명이 선무원종공신으로 책봉되었다. 이들 11명은 박경신을 비롯하여 박경전, 박경윤, 박지남, 박철남, 박린, 박근, 박찬, 박선, 박구, 박숙 등인데, 이기옥(李璣玉)이 쓴 「창의일록(倡義日錄)」에 따르면, 이들 모두 임진년 7월 9일 청도읍성을 탈환 전투에 참가한 바가 있다.

선조는 임진왜란이란 미증유의 전란을 수습하는 과정에서 전투에서 공을 세우거나 군수품 보급에 기여한 인물을 1604(선조 37)년에 우선적으로 선무공신에 책봉했고, 여기에 들지 못한 사람들을 대상으로 그 이듬해인 4월에 약 9,060인에 달하는 원종공신을 녹훈하였다.[7] 따라서 이때 공신으로 책봉했다는 것은 해당 인물의 공(功)에 대해 국가가 공인해 주는 절차였다. 이런 결과를 놓고 청도 의병사를 조명해 본다면 당대에 공신으로 책봉 받은 자들이 의병의 주류이자 중심이었다는 것에 의심의 여지는 없다.

당시 책봉된 공신들의 면면을 보면 다음과 같다.

---

7 『선조실록』권186, 선조 38년 4월 16일 경신조에는 9,060명으로 밝히고 있는데. 임난영남의병사(임난호국영남충의단보존회, 2001.3월)가 이 녹권을 연구 집계하는 과정에서 106명이 적은 8,954명으로 확인 되었다.

<표 3> 청도 의병진 공신 책봉 현황

성 명	연령	임 무	공 신 호	관 계
박 경 신	54	義兵將	宣武原從1等 功臣	박하담 손자
박 경 전	52	亞翼將	宣武原從2等 功臣	박하담 손자
박 경 윤	37	亞翼將	宣武原從2等 功臣	박하담 손자
박 지 남	28	先鋒將	宣武原從2等 功臣	박하담 증손
박 철 남	28	先鋒將	宣武原從2等 功臣	박하담 증손
박 인	18	右翼將	宣武原從2等 功臣	박하담 증손
박 근	?	左翼將	宣武原從2等 功臣	박하담 종증손
박 찬	20	左翼將	宣武原從3等 功臣	박하담 증손
박 선	21	右翼將	宣武原從3等 功臣	박하담 증손
박 구	?		宣武原從3等 功臣	박하담 증손
박 숙	15		宣武原從3等 功臣	박하담 증손

아울러 공신에 책봉된 이들의 계보도를 그려보면 다음과 같다.

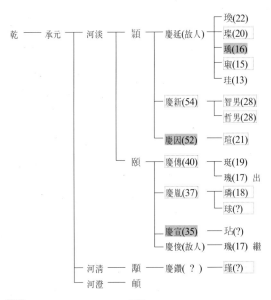

□ : 선무원종공신 11명   ■ : 추가배향
( ) : 창의당시 추정연령

위의 계보도에서 추가 배향된 3명은 후일 국가로부터 공적을 인정받아 합사(合祀)된 인물이며, 이들을 세칭 14의사라 칭한다. 주지하듯이 14의사는 임란 의병으로 활약했던 밀양박씨 소요당 박하담 손자들과 그 일족을 포함한 14명의 의사(義士)를 말하는데, 이는 당대부터 있었던 용어가 아니라 18세기 이후 문중 위선사업의 추숭(追崇) 과정에서 만들어진 용어였다.[8]

11명의 공신 중에서 박숙(朴璛)보다 어린 사람은 없다. 임진왜란으로 위기를 맞자 15살에 불과했던 박숙(朴璛)이 숙부가 창의한 의병부대에 합류하여 여러 전투에서 큰 공을 세웠고, 이를 인정한 조정에서는 선무원종공신 3등에 책봉한 것이다. 여기에서 그의 보국충정에 대한 기질을 잘 이해할 수 있으며, 이후 제반 사회 활동에 있어서도 매우 활발하게 전개함을 예고하는 것이기도 하다. 미증유의 임진왜란을 겪고 난 이후 이를 수습하는 과정에서 여러 문제들이 새롭게 나타나고 있었는데, 향촌사회에서는 향권(鄕權)을 좌우하는 주체 세력들이 재편되는 과정을 겪었다.

2. 용암공파 성립과 그 계보 흐름

종족마다 후손들의 갈래가 많아지면서 이를 구분하기 위해 나타난 것이 파(派)이다. 조선조 세종 무렵에 소고공(嘯皐公) 박건(朴乾)이 본관지 밀양에서 청도로 이주해 온 이래 그의 손자 대에 와서 3형제로 나누어지게 되었다. 맏이 박하담과 그 아래 박하청, 박하징 등 3형제는 당시

---

8 위선사업의 하나로 14의사가 확정되는 과정에 대해서는 다음 논문에 자세하다 (김성우, 2001, 「密城朴氏 嘯皐公派의 淸道 定着과 宗族 활동」 『震檀學報』 91).

청도 사림(士林)을 대표하던 인물들이었다. 그런데 박하청이나 하징의 후손들은 매우 단조로워 파(派)로 나누어 구분할 필요조차 없을 정도였던 데 비해, 박하담의 후손들은 매우 번창하여 그의 손자나 증손을 파조로 하는 소 계파로 다시 구분하지 않으면 안 되었다.

조선후기에 들어와 족보 편간 과정에서 자연스럽게 생긴 것이 족파(族派)이다. 조상을 파조(派祖)로 구분하던 관례는 초기 족보에서부터 나타난 것이 아니라 대체로 17세기말부터 나타난 현상이었다. 같은 종족 내에서 파(派)를 구분한 것은 복잡한 계보를 보다 쉽게 구분하기 위해 출발하여 19세기 이후에는 파조(派祖)를 중심으로 명문가임을 드러내기 위한 수단으로 변질되었다.[9]

예컨대, 초기에는 갑파·을파로 구분하거나 파조 이름을 붙인 파명을 사용했다. 그러하니 갑파·을파를 다시 세분하여 갑갑·갑을·갑병 등으로 분류하기도 하였다. 이를 통해서 보면, 그 존재감을 과시한다거나 타파와 구별하려는 의식과는 상관없는 단순한 부호(符號)에 지니지 않았다.[10] 예컨대, 1704년에 간행된 기계유씨 족보에는 거주지명과 직역명(職役名)을 파명으로 삼은 적이 있고, 1731년의 풍양조씨 족보에는 거주지와 이름을, 1720년의 영일정씨 족보에는 거주지명의 파를, 1706년의 반남박씨 족보는 관직명의 파를 각각 출현시켰다.[11] 이는 족보 입록 인원의 외

---

9 崔在錫, 1981,「族譜에 있어서의 派의 形成」『민족문화』 7, 민족문화추진회.
10 이런 점은 시기별 족보 간행에 있어 파조(派祖)가 고정되지 못했다는 점에서도 잘 드러난다. 즉 문화유씨 족보를 보면 동일한 인물의 후손들 중에서 13세손이 파조였다가 후일 11세손이 파조가 되고, 또 다시 족보가 간행될 때에는 13~14세손이 파조가 되기도 했다(최재석, 위의 논문).
11 이는 족보 입록 인원의 외연 확충 과정에서 기존 재경사족 중심에서 벗어나 재향(在鄕) 사족(士族)으로 확대되는 추세를 반영한 결과일 수 있다. 아울러 17세기 이후 동족마을이 형성되면서 계파별로 세거지를 달리하는 사례가 많고, 그에

연 확충 과정에서 기존 재경사족 중심에서 벗어나 재향(在鄕) 일족까지 확대되는 추세를 반영한 결과일 수 있다.

이와 짝하여 17세기 이후 동족마을이 형성되면서 계파별로 세거지를 달리하는 사례가 많고, 그에 따른 입향조(入鄕祖)를 중심으로 종족의식을 다지면서 세거지 중심의 계파가 자연스레 형성된 경우가 많았다. 특히나 오늘날 향촌사회에서까지 세거지 마을 명칭과 성씨를 함께 사용하여 다른 계파와 구분하려는 의식들이 잔존하고 있는데, 양동이씨(회재 이언적), 하회류씨(서애 유성룡), 지실정씨(송강 정철) 등과 같이 불리는 것들이 그것이다. 청도에 정착한 밀양박씨 소고공파 역시 후손들이 많아지면서 자연스럽게 세거지 별로 호칭들을 달리 사용하고 있는데, 수야박가, 보리미박가, 섶마루박가로 불러왔던 것처럼 집성촌 마을 이름을 따서 구분하려는 의식이 깃들여 있다.

이렇듯 각 성씨별 족보 간행에 있어 파의 형성은 각기 처해진 상황에 따른 것이었으며, 일정한 틀이 정해진 것이 아니었음을 알 수 있겠다. 우리 역사상 대개의 족보들이 18세기에 접어들어 간행되고 있었고, 계파를 단순하게 구분하기 위한 부호로 사용되던 파들이 점차 상호 경쟁의식으로 흐르게 되었다.

청도에 청착했던 밀양박씨 소고공 후손들의 경우에도 18세기에 들어 족보를 간행하는 단계에서 파(派)로 구분하기 시작했는데, 오늘날은 대체로 15개의 파로 구분하고 있다. 소고공 박건(朴乾)의 외아들 승원(承元)이 아들 3형제를 두어 분기(分岐)되기 시작하였는데, 그러함에도 장

따른 입향조(入鄕祖)를 중심으로 종족의식을 다지면서 세거지 중심의 계파가 자연스레 형성된 경우가 많았다. 특히나 오늘날 향촌사회에서까지 세거지 마을 명칭과 성씨를 함께 사용하여 다른 계파와 구분하려는 의식들이 잔존하고 있는데, 양동이씨, 하회류씨, 지실정씨 등과 같은 것들이 그것이다.

자였던 하담(河淡)의 후손들이 상대적으로 수적 우위를 보여 그의 손자
나 증손대의 파조가 많이 생성되었음을 볼 수 있다. 모두 15개 파 중에
서 하담 계열이 13개 파를 차지한다. 특히 하담의 장손 경연(慶延)에게
아들 6형제가 있었는데, 이들 모두 파조가 되었다. 그런데 비해 하담의
동생인 하청(河淸)이나 하징(河澄)의 경우에는 후손들이 많지 않아 이들
이 곧 파조가 되었다. 그리고 각파의 명칭은 파조의 관직명을 따오거나
혹은 호(號)를 파명으로 붙인 경우가 대부분이다.

밀성박씨 소고공파 족파별 派系圖

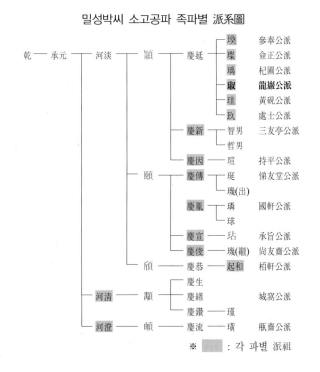

이는 파명을 정하는 데 일정한 규칙이 있었던 것이 아니라 다른 파와
구분하기 위한 편의성을 고려해 나타난 결과였음을 알 수 있다. 이런 관

레는 다른 종족에게도 공통적으로 나타나는 현상이었음은 말할 것도 없다. 청도 밀양박씨 소고공 후손들의 계파를 보면 앞의 가계도와 같다.

여기에서 박시묵, 박재형의 가계와 연결된 것은 박숙(朴琡)을 파조(派祖)로 하는 용암공파이다. 앞에서도 언급했지만, 용암 박숙은 15세의 어린 나이에 그의 숙부 박경신 휘하에서 의병으로 활약하여 선무원종 3등 공신에 책봉되었음을 기화로 청도 재지사족 사회에서 큰 영향력을 발휘할 수 있는 여건을 마련하게 되었다.

박숙의 증조부였던 박하담이 생존했을 때에는 사림세력이 중앙 정치 무대에서의 좌절을 경험삼아 향촌에 은거하면서 사창(社倉)을 건립하거나 향약과 향음주례 등을 통해 백성들을 교화하는 데 심혈을 기울였다. 그리고 이를 계기로 향촌을 영도하는 세력으로 부상하는 계기를 마련했던 것도 사실이다. 그런데 임진왜란을 겪으면서 이런 기존 질서가 크게 파괴되고 말았다. 따라서 조선후기 사회에 접어들어 각 지역에 웅거한 재지사족들에게는 향권(鄕權)을 누가 잡느냐 하는 것이 큰 과제로 떠올랐다. 여말선초 잦았던 인구이동으로 각 지역마다 새로 정착했던 양반 사족들조차 대수를 이어가는 동안 점차 규모가 커져갔다. 그리하여 자연스레 문중이란 새로운 형태의 집단이 생겨나게 되었다. 친가와 외가가 동일시되던 관념에서 벗어나기 시작했고, 출가외인이란 말이 생겨났다. 동일한 공간에서 동일한 조상을 받드는 씨족 규모가 커질수록 성관(姓貫)을 달리하는 여타 씨족들과 헤게모니 장악을 위한 노력들도 잦아졌다. 이를 향전(鄕戰)이라 부르는데, 이 시기에는 대체로 지방 행정권 참여와 관련된 신향과 구향간의 대립 혹은 문중간의 대립이란 특성을 보이기도 한다.

우선 용암공파 파조인 박숙을 중심으로 그 이하 박시묵까지 연결된 가계도를 그려보면 다음과 같다.

[용암공파]

慶延 — 俶 ┬ 東孝 ┬ 始漢 — 文源(系)
　　　　　　　　└ 啓漢(出)
　　　　└ 東悌 — 啓漢 ┬ 文謙 — 載熙 — 增運 — 必濟 — 章德 ┬ 廷夏
　　　　　　　　(系)　 └ 文源(出)　　　(系)　　　　　　├ 廷殷
　　　　　　　　　　　　　　　　　　　　　　　　　　　└ 廷周 — 時默 — 在馨

[지평공파]

慶因 — 瑄 — 東欽 — 泰漢 — 心休 — 命熙 ┬ 增遠
　　　　　　　　　　　　　　　　　　　└ 增運(出)

　　위의 가계도에서 보는 바와 같이 박숙은 두 아들을 두었는데, 동효
(東孝)와 동제(東悌) 형제들이며, 동제에게서 아들이 없자 동효의 차남
계한(啓漢)을 후사로 삼았다. 그런데 동효의 장남 시한(始漢)에게서 아들
을 두지 못하자 후사를 잇기 위해 계한의 차남 문원(文源)을 또 입양하
였다. 이처럼 박숙의 손자와 증손 대에 와서 4촌과 6촌간의 출계(出系)
를 반복하고 있음을 볼 수 있다. 조선전기만 하더라도 무후(毋後)일 경우
양자를 들이는 관행이 없었지만, 17세기에 접어들어 입후가 점차 일반
화 되어 가는 풍속으로 변해가고 있었다. 따라서 동제의 후사를 잇기 위
한 계한의 입양이나 시한의 후사를 잇기 위한 문원의 입양은 후대 족보
편간 과정에서 넣은 것이 아니라 당대에 바로 이루어졌을 것으로 추정
된다.

　　계보를 박시묵 기준으로 올라가 보면, 그의 아버지 박정주(朴廷周)는
박숙의 8대손이다. 박숙의 5대손이자 정주의 증조인 증운(增運)도 양자
로 입후된 경우인데, 그의 생부는 용암공파가 아닌 지평공파 경인(慶因)
계 후손인 명희(命熙)이니, 촌수로 따지면 거의 14촌이나 된다. 가까운
촌수 이내에 마땅한 입양 대상이 없었기 때문은 아닐 것으로 추정된다.
박숙은 위로 형 셋에다 동생이 둘이기 때문이다. 이런 사실을 놓고 본다

면, 용암공파와 지평공파 양파의 친밀도가 꽤 높았음을 알 수 있게 한다. 지평공파가 배출한 박심휴는 학문이 높았을 뿐 아니라 조상들 위선사업에도 적극적인 인물이었는데, 그의 손자가 용암공파 후사를 이었다는 점이 흥미롭다.

3. 청도 향촌사회와 용암공파의 활동

임진왜란 이후 기존 사회질서가 크게 무너졌고, 이를 재건하기 위한 재지사족들의 노력은 여러 방향으로 진행되었다. 청도에는 고려시대 이래 토성세력들이 강성하여 지방관이 파견되어도 다스리기 어렵다는 소문이 있을 정도였다. 청도 김씨들의 존재감이 워낙 컸기 때문이다. 그런 상황에서 점차 이주해 온 성씨들이 사족사회를 움직여가게 되었다. 탁영 김일손을 배출한 김해 김씨들이 선두주자였다. 뒤이어 밀양에서 소고공 박건이 청도로 이주해와 입향조(入鄕祖)가 되었다. 그 후 그의 손자 박하담 형제들이 청도 선비사회를 이끌고 나갔지만, 이 때까지도 김해 김씨를 넘보는 수준은 되지 못했다. 그런데 임진왜란이란 큰 사건을 겪고 난후 각 지역의 재지사족 사회에도 큰 변화상을 수반하게 되었는데, 향권(鄕權) 향방을 놓고 벌어지는 대립은 불가피했다. 임진왜란 당시 청도에서 의병을 주도한 이들이 소고공파 후손들이었고, 그에 따라 이들이 청도 사족사회를 주도한 씨족으로 부상할 수 있었다. 후일 용암공파(龍巖公派) 파조(派祖)로 추앙받는 박숙(朴璹)의 활동상을 보면, 그 전형적인 모습을 엿볼 수 있다.

박숙은 선조 11년(1578)에 경연(慶延)의 6형제 중 4남으로 태어나 인조 17년(1639) 향년 62세의 생을 마감하였다. 자가 이헌(而獻), 호는 용암(龍巖)이다. 그는 어릴 때부터 그 뜻이 남달라 불과 15살에 숙부와 함께 의병으로 투신하여 많은 전공을 세워 군자감 봉사(奉事)에 제수되고 선무원종공신 3등에 녹선되었다. 왜란이 끝나 평온을 되찾자 오로지 서사(書史)에 몰두하여 운문산 아래에 정사(精舍)를 지어 스스로 호를 용암(龍巖)이라 하였다. 특히 박숙은 임진왜란 이후 향촌 질서를 회복시키려는 노력과 아울러 각종 문화 활동을 통해 영향력을 키워갔다. 임란으로 소실되었던『예부운략(禮部韻略)』을 복간하는데 큰 역할을 했다거나, 임란 이후 재지사족 위상을 드러내기 위한 사찬읍지들이 간행되던 때에 청도 사찬읍지『오산지(鰲山志)』가 간행될 수 있도록 힘을 보탰다. 이런 사실은 박숙이 남긴「서예부운략후(書禮部韻略後)」나「서오산지후(書鰲山誌後)」 등을 통해 엿볼 수 있다.[12]

『배자예부운략(排字禮部韻略)』은 송나라 정도(丁度)가 지은 운서(韻書)인데, 과거 시험이나 문인들의 문학 활동에 필수적인 책이다. 정도가 이 책을 지은 이래 다양한 복간본과 수정본들이 나왔던 것도 그 때문이다. 조선에서는 세조 9년(1463)부터 106개 운목으로 분류한「신간배자예부운략」이 복각되기 시작했다. 이 당시 청도에서 간행된 바 있던 갑신(甲申) 천순본(天順本)이 가장 잘 알려져 있었는데, 적천사에 보관되어 오다 임란으로 소실되었고, 이를 안타까이 여기던 제우당 박경전과 국헌공 박경윤 형제가 복각을 결심하고 실천에 옮겼다. 1615년에 간행된 도주(道州) 만력본이 그것이며, 정민도(丁敏道)가 쓴 중간(重刊) 발문과 손기양(孫起陽)이 쓴 서문이 있는데, 그 속에는 영동본(1573년 본)을 저본

---

12 『십사의사록』권4 용암유집「서예부운략후(書禮部韻略後)」및「서오산지후(書鰲山誌後)」.

으로 했음을 밝히고 있다. 박숙이 남긴 글 「송손신로서(送孫莘老序)」를 보면, 신로(莘老)는 오랜 친구인 영천의 망사(望土)인데, 용암이 종숙부 명을 받아 서암(西庵)에서 예부운략을 교감(校勘)하고 있을 때 경사를 두루 섭렵하고 음운에 해박한 그가 찾아와 일을 마칠 때까지 함께 고증(考證)하였다고 한다. 「송손신로서(送孫莘老序)」의 글 말미에서 신로의 이름이 각(覺)이라 하였으니,[13] 손각(孫覺)의 자나 호가 신로였을 것이다.[14] 그리고 손기양이 쓴 구본(舊本) 서문은 적천사에 보관되었다가 소실된 천순본에 실렸던 서문을 의미하는 것으로 추정된다. 당초 구본은 탁영 김일손의 아버지 김맹의 주도로 청도군수 황치신에 의해 간행된 것이었는데, 황희가 천순본 간행을 기도했다가 이루지 못하자, 그의 손자 황치신이 청도에서 간행한 것이다[15] 이렇듯 조선 전기에는 김해김씨의 재지사족으로서의 위상이 컸지만, 전쟁 수습과정에서 벌어진 각종 문화사업에서 밀양박씨 소고공파 문중이 주도하는 변화 양상을 엿볼 수 있다.

이와 함께 용암 박숙은 청도 사찬읍지 『오산지』 간행에도 깊이 관여했다. 조선시대에는 초기부터 각종 지리지 편찬이 있어 왔지만 모두 관찬(官撰)이었다. 그러다가 임진왜란을 전후하여 사찬(私撰) 읍지들이 간행되기 시작하였는데, 이는 영남 지역 유림의 구심점이었던 한강 정구(鄭逑)가 주도한 일이었다. 당시 사찬읍지는 그 지역 재지사족들이 주도하는 것이 일반적이었고, 이는 그들의 존재감을 높이기 위한 수단으로

---

13 『십사의사록』 권4, 용암유집 「송손신로서(送孫莘老序)」.
14 영천에 살았다는 손각(孫覺)이 어떤 인물인가 궁금하였으나 확인하지 못했다. 다만 중국 송나라 인종~철종 때의 문신이자 왕안석(王安石)과 교유한 바가 있던 손각(孫覺)의 호가 신로(莘老)였는데, 조선 중기 영천에 살았다는 손각과 이름은 물론 호(號)까지 동일하다는 사실만 확인한 셈이다.
15 유창균, 1992, 「仙巖書院藏板 禮部韻略에 대하여」 『한국학논집』 7, 계명대학교.

활용된 측면이 강하다. 박숙이 남긴 「서오산지후(書鰲山誌後)」를 보면,

> 오산은 도주의 옛 이름이다. 무엇을 일러 지(誌)라 하는가? 아름다운
> 풍속과 훌륭한 인물을 기록한 것이다. …… 충효로 말하면 김영헌(金英
> 憲)이요 문장과 덕행으로 말하면 김절효 김탁영 김삼족당과 나의 조상
> 소요당 등이며, 벼슬로 말하면 김판서(金判書:김철성) 김직학(金直學:김
> 준손) 이통상(李統相:이운룡) 등 여러 명사석학들이 울연히 한 고을 모
> 범이 되었다. …… 또 아름다운 풍속과 특산물로 말하면 효제(孝悌) 충
> 신(忠信)과 예악(禮樂) 시서(詩書)이며, 벼 보리 뽕나무 닥나무와 삼 목
> 화 배 삼 따위의 토산품이다. 또 누관(樓觀)의 경치와 천석(泉石)의 그
> 윽함, 사찰의 경치와 산천의 웅장함 따위는 일일이 다 들 수 없다. 드
> 디어 이들을 분류해 모으고 묶어 한권의 책으로 만들어 오산지라고 이
> 름 붙였다. ……[16]

이라 하였듯이, 당시 한강 선생이 『함주지』나 『영가지』 등을 편찬했던
의도와 다를 바가 없다. 다만 다른 사찬읍지와 좀 다른 특징이 있다면,
청도에 정착했던 재지사족의 위상을 너무 과도하게 드러낸 측면이 강하
다는 점이다. 개인 인물지(人物誌)를 방불케 할 정도로 김해김씨가 배출
한 인물이나 소요당 박하담에 대한 장황한 내용들이 이를 말해준다. 『오
산지』는 편목이 60개로 되어 있는데, 이는 당시 사찬 읍지 전형을 이루
는 『함주지』나 『진양지』보다 약 20개 정도가 많다. 이것은 청도 지역
재지 사족을 영도하던 김해 김씨와 밀양 박씨 인물에 관한 것을 편목으
로 잡았기 때문에 나타난 현상이었다. 따라서 『오산지』는 영남지역 어
느 사찬읍지보다 재지사족 위세가 많이 반영된 특징을 갖고 있었음을
볼 수 있다.[17] 『오산지』 원고 작업 시작은 1627년에 부임한 군수 유진이

---

16 『십사의사록』 권4, 용암유집 「서오산지후(書鰲山誌後)」.

수헌 이중경에게 요청한 시점이었고, 한동안 중단되었다가 재작업이 이루어 진 것은 40여 년이 지난 1673년이었다. 즉, 1673년(현종 14) 청도군수 권일(權佾)의 부탁으로 기록들을 모아 편집하였으나 곧바로 간행되지 못했고, 1676년(숙종 2)에도 군수 서문중(徐文重)에 의해 등사(謄寫)된 바가 있다. 그리고 100년이 지난 1737년(영조 13)에 서문중 조카 서종벽(徐宗壁)이 다시 등사한 바가 있다. 1639년에 생을 마감한 용암 박숙이 『오산지』 끝에 붙인다는 「서오산지후(書鰲山誌後)」를 작성한 시점은 1630년대일 것이다. 그런데 현존하는 『오산지』에는 박숙의 「서오산지후(書鰲山誌後)」가 실려 있지 않고, 고종 때 간행된 『십사의사록』에만 전해질 뿐이다.[18]

조선시대 지방 통치 구조는 중앙 집권적인 면과 지방 자치적인 측면을 동시에 지니고 있었다. 국왕 대리자로 파견되는 수령(守令)을 통해 행정은 물론 군사와 사법권까지 위임한 것이 중앙 집권적 측면이라면, 유향소(留鄕所)라는 기구를 통해 향중사류(鄕中士類)들에게 그 지역 운영권을 위임한 지방 자치적인 면도 있었기 때문이다. 각 지방 단위로 작성된 향안(鄕案)이라 불리는 것들이 많이 남아 있는 것도 그 때문인데, 이는 조선시대 유향소를 운영하던 사람들의 명부이다. 일종의 향신록(鄕紳錄)이라 할 수 있겠는데, 때로는 향좌목(鄕座目)·향적(鄕籍)·향록유안(鄕錄儒案)·향목(鄕目)·청금록(靑衿錄) 혹은 사적(士籍)이라고도 불렸다. 여기에는 대개 세족(世族)·현족(顯族)·우족(右族) 등으로 불리는 재지사족

---

17 박홍갑, 2005, 「청도 사찬읍지 『鰲山志』(1673)의 편목과 특징」 『중앙사론』 21, 중앙사학회.

18 이중경의 『오산지(鰲山志)』와 박숙의 「서오산지후(書鰲山誌後)」에서 전자는 지(志), 후자는 지(誌)를 쓰고 있다.

(在地士族)들만이 입록될 수 있었으니, 향안에 입록되어야 비로소 양반으로서의 대우는 물론, 좌수(座首)·별감(別監) 같은 향임(鄕任)에도 선출되고, 그 사회의 지배신분으로 행세할 수 있었다. 따라서 향안에 입록된 자들이 그 지역 향권을 장악했다고 보아도 무방하며, 재지사족들로서는 대를 이어 향안에 입록되어야 그 신분을 유지할 수가 있었다. 유향소를 운영하던 이들은 대개 고려 말 첨설직을 받은 전함품관(前銜品官)이거나 조상 전래의 세거지에서 유력한 세력을 형성하면서 중앙권력과는 대립해 온 부류들이었다. 그렇다고 이들이 중앙 관료로 진출하는 하는 것까지 포기한 것은 아니었으니, 중앙 관료를 배출하는 모집단으로서의 기능도 가지고 있었다.

특히 조선 초기와는 달리 중기 이후에는 유향소 기능이 작지 않아 향안(鄕案)의 중요성이 커져 갔는데, 임진왜란 이후 청도 향촌사회를 주도한 인물들에 대한 추세를 보여주는 것이 바로 『청도향안정명록(淸道鄕案正名錄)』이다. 통상적인 향안 체제를 보면 관직·성명·본관·자·호·생년간지와 누구의 아들이나 아우 또는 손자의 순서로 기록하였다. 지방에 따라서는 이름만 기록해 놓은 것도 있는데, 『청도향안정명록(淸道鄕案正名錄)』은 관직·성명·본관까지만 기록되어 있는 특징을 보인다.[19]

어느 지방을 막론하고 향안 입록 자격을 엄격하게 제한하고 있었는데, 친족은 물론 처족과 외족까지 포함된 족계(族系)가 분명해야 되고, 반드시 문벌세족이어야 하였다. 그리고 가계는 물론 본인에게도 아무런 허물이 없고 품행이 뛰어나야 하였다. 허물이란 본인 및 내외족계 안에 천계(賤系) 또는 범죄 흔적을 말한다. 입록 절차는 향원(鄕員)들이 추천을 하면 충분한 토의를 거친 다음 권점(圈點)을 통해 가부를 결정하였다.

---

19 『청도향교지』(2018) 소재 「청도향안정명록(淸道鄕案正名錄)」 영인본 참조.

지역에 따라 만장일치의 순가(純可)에서부터 1·2·3부(否)의 네 가지 방법이 있었다. 그러나 모든 사람이 반드시 권점을 거치는 것은 아니고, 향인이 모두 존경하는 사족은 바로 입록되는 특별한 경우도 있었다. 반대로 허물이 있는 자를 사정(私情)에 얽매여 잘못 추천했을 경우 추천인도 함께 처벌하기도 했다. 이러한 가부권점의 과정을 상세히 전해주고 있는 향헌(鄕憲) 자료가 남아있는 경우가 있으나, 청도에는 전하지 않는다. 추천 시기는 대개 춘추의 강신일(講信日)에 행했고, 나이는 25~30세 이상이라야 하였다. 이때 입록되는 사람은 대개 입록례(入錄禮)를 치른 후 비로소 좌목(座目)에 기록된다.[20]

이처럼 향안이 까다로운 절차를 거쳐 작성되는 까닭은 그만큼 향촌 질서를 중하게 여긴 까닭일 것인데, 현존하는 『청도향안정명록(清道鄕案正名錄)』은 1599년부터 1700년까지 약 100년에 걸쳐 있다. 만력 27년부터 만력 42년까지 5차례 입록자 중에서 소고공 박건 후손의 입록 상황을 추출해 보면 다음과 같다.

> 만력27년(1599) 23명 입록자 중 없음
> 만력28년(1600) 11명 입록자 중 慶傳(縣監) 慶胤(僉知)
> 만력37년(1609) 13명 입록자 중 璍(參奉) 瑄(同知) 璨(同知) 璘(同知)
> 　　　　　　　　　　　　　　　　珽(奉事) 瑀(縣監) 瑾(參奉)
> 만력38년(1610) 2명 입록자 중 없음
> 만력42년(1614) 8명 입록자 중 琡(奉事) 璜(幼學) 珪(幼學)

만력 27년 향안에 입록된 자는 모두 23명인데, 그 중에서 소고공의 손자 박하담 혈손들은 찾아지지 않는다. 다만 만력 28년의 추록자 11명

---

20 한국학중앙연구원, 『한국민족문화대백과사전』 향안조항 참조.

중에 현감을 지낸 박경전, 첨지 박경윤의 명단이 확인될 뿐이다. 이로부터 약 10년이 지난 만력 37년(1609) 향안의 입록자가 13명인데, 그 중에서 용암공 박숙과 동항렬에 있는 박하담 증손 6명과 종증손 1명 등 7명이 입록되었다. 이어 만력 42년(1614) 입록자 8명 중에는 3명이 확인되는데, 용암공 박숙과 그의 아우 박규, 그리고 박하담 종증손 박황이다.

이렇듯 한 가문에서 입록자 수가 크게 증가한 것은 1605년에 실시된 선무원종공신 책봉 때문이었다. 그런데도 불구하고 공신으로 책봉된 자들 중에 향안에 입록되지 못한 사람이 5명이 된다. 그 면면을 보면, 박경신과 그의 아들 지남, 철남 및 박경윤의 두 아들 린과 구 등이다. 박경신은 임란 도중에, 박구는 1605년에 생을 마감했으니 입록될 상황이 아니었다. 그런데 임진왜란 극복으로 선무원종공신 2등에 녹훈된 박린은 1650년에 77세의 나이로 생을 마감할 때가지 왕성한 활동을 하고 있었다. 병자호란이 일어나자 그는 청도 사람들을 모아 맹세했으나 이윽고 그만두게 되었지만, 첨정까지 지낸 그가 후일 가선(嘉善)으로 품계가 올랐음에도[21] 향안에 입록되지 못했다. 박린과 함께 2등 공신으로 책봉된 박지남·철남 형제도 만력 37년(1609) 향안 작성 당시 생존해 있었음에도 입록되지 못했다. 그 이유는 향권 경쟁에서 밀려난 것으로 추정되며, 공교롭게도 이들은 2등공신이란 공통점을 갖고 있기도 하다.

그 이후 천계 7년(1627) 향안부터 박숙의 후예들인 용암공파와 관련된 인물들의 입록 상황을 추출해보면, 다음과 같다.

천계7년(1627)   東孝(通德郎) 東悌(宣務郎) 璣(幼學)
을유년(1645)   東欽(通德郎)

---

21 『십사의사록』 박인(朴璘) 묘갈명.

을미년(1655)	始漢(府使)
정유년(1657)	泰漢(進士)
신축년(1661)	啓漢(承仕郎)
계유년(1693)	文謙 心休
경진년(1700)	文源

[용암공파]

[지평공파]

천계 7년(1627)부터 경진년(1700) 향안에 이르기까지 추출된 입록자를 계보도와 비교해 보면, 파시조 박숙 이하 4대까지 모두 향안에 입록되었음을 알 수 있다. 마지막 향안의 경진년(1700)까지 활동한 인물 모두가 입록되었는데, 향안 작성 시기가 임진왜란 직후였지만, 공신책봉 시기를 전후로 하여 크게 달랐음을 확인한 셈이다. 그리고 당시 청도 사족 사회의 주도권이 밀양박씨 소고공파에게로 넘어가는 과정 중에 있었음을 짐작할 수 있다.

대개의 지역 향안들을 조사해 보면, 조선 전기의 것이 남아 있다 할지라도 임란 때 타버린 것을 재 작성한 것들인데, 이렇듯 향안을 재 작성 했다는 것은 향안 소실로 인해 향촌사회 질서가 무너지자 이를 회복하려는 차원에서 작성한 것이라고 봐야 한다. 이 때 구안(舊案)을 수정하여 인물 첨삭이 가해졌을 뿐만 아니라, 추록(追錄) 과정에서 향전(鄕戰)이 벌어지는 등 많은 문제점을 야기하곤 했다.

　아무튼 청도에는 임란 후 작성된 향안(鄕案)만이 남아 있고, 이를 주도한 인물이 박숙으로 알려져 있기도 하다. 그리고 실제 향안에 오른 명단을 분석해 보면, 자신을 비롯하여 그 증손 대에 이르기까지 한 사람도 빠짐없이 향안에 이름을 올렸을 정도였다. 따라서 임진왜란을 통한 공신 책봉자 중에서도 박숙의 왕성한 활동에 힘입어 용암공파 가문 위상이 크게 높아진 것만은 분명하다 하겠다. 조선후기에는 향안 입록을 놓고 문벌싸움이 자주 벌어졌는데, 대개는 입록에 대한 불만 때문이었다. 향안을 세파(洗破)해 버린 순천, 향안 수정에 불만을 품고 사람을 죽인 함흥, 공방전을 벌이다 향안을 태워버린 인동(仁同), 무식무치(無識無恥)한 무리가 가문을 일으키려는 도구로 삼으려다 향적이 재분(再焚)된 남원 사건 등을 통해 당시 사회상을 엿 볼 수 있다. 청도의 경우에도 향안 입록을 놓고 재지사족 문중 간의 향전은 물론 동일 문중 내에서도 계파 간의 갈등이 없었던 것은 아니었다.

제2편

박시묵 박재형의
학문과 저술

5장
雲岡 朴時默의 학문과 현실인식
—『운창일록(雲牕日錄)』을 통해서 본 양반유생의 삶—

1. 머리말

운강 박시묵과 그 아들 진계 박재형은 조선왕조 말기의 격변기에 청도군의 산동지역에 살았던 선비였고, 재지사족 출신의 대부호였다.

일찍이 정재 유치명의 문하에서 부자가 함께 성리학을 공부하였다. 그리고 이것을 가학으로 계승하여 평생 동안 학문에 전념하며 벼슬에는 관심을 두지 않는 처사적 삶의 태도로 일관하였다. 박시묵은 '봉제사접빈객'이라는 양반사족의 삶 속에서 성리학을 공부한 선비, 경제적 기반이 안정된 대부호로써 그 역할을 감당하였으며, 그 아들 박재형도 부친을 보필하며 학문에 정진하였다.

운문이라는 경승지를 배경으로 펼쳐지는 박시묵 부자의 학문과 삶은 19세기 조선왕조말기의 내·외적 위기적 상황을 반영하고 있다. 박시묵 부자는 국내·외적인 위기 상황을 타개하고자 했던 위적척사론자(衛正斥邪論者)로써 현실을 직시하며 적극적으로 대응하였다.

박시묵 부자는 많은 저술을 남겼다. 그중 박시묵이 남긴 『운창일록

(雲牕日錄)』은 그 삶을 자세히 알려주고 있다. 박시묵이 그 생애 후반기 10여 년간의 일상적인 행적을 기록한 이 일기는 당시의 역사적 상황을 매우 자세히 보여주고 있다. 특히 당시의 향촌사회가 직면하고 있는 위기적 상황을 풍부하게 기록하고 있어 주목된다.

『운창일록』은 기존의 연구[1]에서 크게 활용되지 못했다. 초서체로 작성된 이 일기는 한국학중앙원구원이 해서체로 옮겨 데이터로 제공하고 있어 활용이 가능하다. 그러나 10여 년간에 걸쳐 작성된 방대한 분량의 일기이므로 치밀한 독서와 분석이 필요하다. 필자는 이 글을 작성하면서 그 일부만을 발췌하여 활용하였다.

앞으로 많은 연구자들이 『운창일록』을 주밀하게 분석한다면, 19세 조선조 말기의 향촌사회를 이해하는데 크게 기여할 수 있을 것이라 생각한다. 이 글도 앞으로의 연구에 조금이라도 기여할 수 있기를 바라면서 작성하였다. 특히 부분적으로 발췌하여 활용하였기 때문에 앞으로 보완이 필요할 것이라 생각한다.

2. 운강 박시묵의 가계와 학통

운강(雲岡) 박시묵(朴時默, 순조 14년, 1814~고종 12, 1875) 경북 청도

---

1 박문현, 1979, 「朴在馨의 『海東續小學』 硏究」, 영남대학교 석사학위논문 ; 權純岳, 1985, 「進溪 朴在馨과 『海東續小學』 硏究」, 고려대학교 석사학위논문 ; 노관범, 「19세기 후반 淸道 지역 南人學者의 학문과 小學의 대중화 ─進溪 朴在馨의 『海東續小學』을 중심으로─」 『韓國學報』 104 ; 渡部學, 「進溪 朴在馨先生과 『海東續小學』」 『韓』 9-2 ; 정출헌, 2016, 「小學을 통해 읽는 유교문명의 완성과 해체」 ─『小學集註』, 『海東續小學』, 그리고 『小學讀本』을 중심으로─」 『율곡학연구』 33, 율곡학연구원, 2016.

군(淸道郡) 금천면(錦川面) 신지리(薪旨里)에서 부친 성경당(誠敬堂) 박
정주(朴廷周)와 모친 경주김씨(慶州金氏)의 3남 6녀 중 장남으로 태어났
다. 본관은 밀양(密陽), 자는 휘도(輝道), 호는 운강(雲岡)이다.

그의 가문은 소고(嘯皐) 박건(朴乾)이 청도에 입향한 이래 학자로 명
망이 높았던 증손 소요당(逍遙堂) 박하담(朴河淡, 1479~1560)에 이르러
청도지역의 대표적인 재지사족으로 성장하였다. 박시묵은 임진왜란 때
의병을 일으켜 일본군과 싸운 14의사 중 15세의 나이에 종군했던 원종
삼등공신(原從三等功臣) 박숙(朴琡, 1578~1639)의 9대손이다.

운강 박시묵의 가계

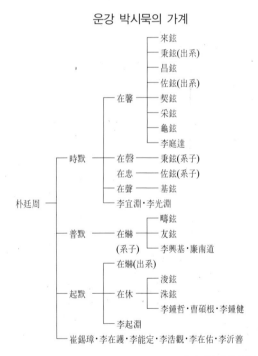

비고: 『密城朴氏嘯皐公派世譜』(上)

박시묵의 부친 박정주(朴廷周, 1789~1850)는 자가 학문(學文)이고, 호
가 성경당(誠敬堂)이다. 부친 박정주에 이르러 만석군의 반열에 드는 부
호가 된 것으로 보인다. 『밀성박씨소고공파세보(密城朴氏嘯皐公派世譜)』
에서 박정주는 '효도하고 우애하며 공손하고 검소하여(孝友恭儉), 문중
자제들을 위해 서숙(書塾)을 운영하고, 선암서원(仙巖書院)에 문강계(門
講契)를 설립하여 인재를 키우고 학문을 장려하니 향당(鄕黨)에서 그 행
의(行誼)를 칭송하였다고 교남지(嶠南誌)에 실려 있다.'[2]고 하였다. 또 아
들 재형이 쓴 행장 「조고처사부군행장(祖考處士府君行狀)」에서는 '효행
이 있고 향당의 모범이 되었다.'[3]고 하였다.

박시묵은 아래로 보묵(普默)과 기묵(起默) 두 아우가 있었다. 박보묵
(朴普默, 1827~1909)은 아우 기묵의 장남 재혁(在爀)으로 후사(後事)를
이었고, 박기묵(朴起默, 1830~1911)은 처음 고종 21년(1884) 선공감교감
역(繕工監餃監役)으로 출사하여 고종 25년(1888)에는 사헌부(司憲府) 감
찰(監察), 1899년(광무 3)에는 합천군수(陜川郡守)를 거쳐 1900년에는 통
정대부(通政大夫) 중추원의관(中樞院議官)을 역임하였다.[4]

박시묵은 그의 아들 재형과 함께 일찍이 퇴계학맥의 적통을 계승한
정재(定齋) 유치명(柳致明, 1777~1861)의 문하에 들어가 위기지학(爲己
之學)을 공부하였다. 또 1864년 김해부사(金海府使)로 부임한 성재(性齋)
허전(許傳)의 문하에 부자가 함께 들어가 재경 남인의 경세학을 접하기
도 했다. 그가 정재 유치명의 문하에 들어가 공부하게 된 것은 선대 병
재(瓶齋) 박하징(朴河澄)과 퇴계(退溪) 이황(李滉)이 서로 서신을 왕래하
며 이학(理學)을 문답하던 사이였고, 병재의 아들 수모재(守慕齋) 박적

---

2 『密城朴氏嘯皐公派世譜』(上), 552쪽.

3 朴在馨, 『進溪文集』卷八, 「祖考處士府君行狀」

4 『密城朴氏嘯皐公派世譜』(上)

(朴頔)이 퇴계의 문하에서 공부했던 인연이 있었기 때문으로 보인다.[5]

운강 박시묵과 그 후손들의 학맥

定齋 柳致明 :	朴時默·朴在馨
性齋 許 傳 :	朴時默·朴在馨·朴星默
西山 金興洛 :	朴來鉉, 朴昌鉉
小訥 盧相稷 :	朴淳烈

박시묵은 종형 후산(後山) 박성묵(朴星默, 1811~1871)과 함께 유치명과 허전의 문하에서 함께 수학하였다. 운강은 박성묵과 함께 생활하면서 선대 우당(憂堂) 박융(朴融)의 『우당집(憂堂集)』과 소요당(逍遙堂) 박하담(朴河淡)의 『소요당일고(逍遙堂逸稿)』, 그리고 임진왜란 때 청도를 기반으로 창의했던 14의사의 유문(遺文)을 수집·정리한 『14의사록(十四義士錄)』 등을 간행했었다.[6]

박시묵은 부인 경산이씨(京山李氏)와의 슬하에 재형(在馨)·재소(在聲)·재충(在忠)·재성(在聲) 네 아들, 이의연(李宜淵)과 이광연(李光淵)에게 출가한 두 딸 등 모두 4남 2녀를 두었다.[7] 그러나 고종 6년(1869) 10월 셋째 아들 재충(在忠)[8]과 고종 10년(1873) 6월 둘째 아들 재소(在聲)가 연달아 죽는 참혹한 일을 당하기도 했다.[9]

5 『도산급문제현록(陶山及門諸賢錄)』권5, 속록(국립중앙도서관 古2510-37). "朴頔 字 和叔 號 守慕齋 密陽人 居淸道 生正德丁卯 南臺 贈戶判 甁齋河澄之子. 朴洪甲, 2018, 「임진란기(壬辰亂期) 청도지역의 유학(儒學)과 학맥(學脈) - 낙중학(洛中學)으로 본 청도 학맥-」, 임진란정신문화선양회, 『경북지역 임진란사』.
6 朴時默, 『雲牕日錄』(한국학중앙연구원).
7 『密城朴氏嘯皐公派世譜』(上).
8 朴時默, 『雲牕日錄』, 1870年 庚午 正月 1日.

고종 12년(1875) 10월 9일 서거하니 향년이 62세였다. 그의 저술은 고종 원년(1864) 11월 10일부터 고종 12년(1875) 7월 1일까지의 기록『운창일록(雲牕日錄)』25책,『중용절해(中庸節解)』,『대학차기(大學箚記)』등과 1894년 아들 재형이 간행한『운강집(雲岡集)』7권 3책 등이 전한다.[10]

장남 박재형(朴在馨, 1838~1900)의 처음 이름은 재성(在誠)이었고, 자는 백옹(伯翁), 호는 진계(進溪)이다. 그는 아버지 운강의 뒤를 따라 정재 유치명의 문하에서 성리학을 수학하였고, 성재(性齋) 허전(許傳)의 문하에도 학문을 익혔다. 뿐만 아니라 아버지 운강과 교분을 맺고 있던 수많은 유생들과 교유함으로써 학문과 경세의 폭을 넓힐 수 있었다. 더욱이 부친 운강이 추진했던 선대의 문집과『14의사록(十四義士錄)』의 간행사업을 도우며 가문에 전래하는 충의를 체득할 수 있었다. 그리고 고종 2년(1865) 8월 응와(凝窩) 이원조(李源祚)의 회연서원(檜淵書院) 강회(講會)에 참석하고 한강(寒岡) 정구(鄭逑)의 사당을 배알하고 돌아온 뒤,[11] 한강 정구의 백매원(百梅園)을 본 따 거처하는 집에 석류 100그루를 심고 '백류원(百榴園)'이라는 이름을 붙이고 성리학의 공부에 몰두하였다.

박재형은 고종 8년(1871) 그의 나이 33세에 진사시에 합격하였다. 이듬해 1872년 3월 서울에 올라가 과거를 준비하다가 반 년 만에 귀향한 뒤,[12] 운문산 대비정사(大庇精舍)에서 강학 활동을 하며 학문에 정진하였다. 1875년 부친 운강이 서거한 이후 오직 학문에만 정진하여『해동속소학(海東續小學)』·『해동속고경중마방(海東續古鏡重磨方)』등 다수의 저술을 남겼고, 1868년 훼철되었던 선암서원을 1878년 박형묵(朴衡默)과

---

9   朴時默,『雲牕日錄』, 1873年 癸酉 6月 19日.

10   朴時默,『雲岡集』卷7,「行狀」

11   朴時默,『雲牕日錄』, 1865年 乙丑 8月 14日.

12   朴時默,『雲牕日錄』, 1871年 辛未 2月 20日.

함께 복원하였다. 1898년 의령원(懿寧園) 참봉(參奉)에 천거되었지만 끝내 사양하고 벼슬길에 나아가지 않았다.[13]

박재형은 부인 여강이씨와의 사이에 래현(來鉉)·병현(秉鉉)·창현(昌鉉)·좌현(佐鉉)·설현(契鉉)·채현(采鉉)·구현(龜鉉) 등 7남과 이정달(李庭達)에게 출가한 1녀를 두었다. 그중 병현은 1873년 죽은 동생 재소에게, 좌현은 1869년 죽은 동생 재충에게, 그리고 막내 구현은 재종형 재엄(在儼)에게 입양시켜 후사를 잇게 하였다.

박래현(朴來鉉, 1861~1896)과 박창현(朴昌鉉, 1868~1919)은 일찍이 퇴계학맥을 계승한 서산(西山) 김흥락(金興洛)의 문하에서 수학하였다. 박래현은 아명이 용달(龍達)이며, 자가 락명(樂明), 호가 지암(旨巖)이다. 일찍이 조부 운강의 슬하에서 천자문(千字文)을 처음 공부하기 시작하여 가학을 계승하였는데,[14] 정헌(定軒) 이종상(李鍾祥)은 그의 골상(骨相)이 범상치 않다하여 용달이라는 아명을 지어주었고, 소눌(小訥) 노상직(盧相稷)은 "시문에 능하고 글씨를 잘 썼다."고 평하였다.[15]

박창현은 아명이 명달(明達)이고, 자가 성수(星叟), 호가 호암(湖巖)이다. 7살 되던 1874년 큰 병을 앓았지만, 관찰력이 뛰어났다.[16] 1890년 처음 의금부(義禁府) 도사(都事)가 되었으나 세상일이 날로 그릇되어가는 것을 보고 물러나 가학(家學)을 잇는데 뜻을 두었다. 1914년 만주에서 귀국한 소눌(小訥) 노상직(盧相稷)의 문하에 아들 순열(淳烈)을 보내 수학토록 하는 등 각별하게 교유하였다.[17]

---

13 『독립신문』 1898년 6월 25일, 「관보」.
14 朴時默, 『雲臞日錄』, 1870年 庚午 12月 6日.
15 『密城朴氏嘯皐公派世譜』(上).
16 朴時默, 『雲臞日錄』, 1874年 甲戌 3月 29日. 『密城朴氏嘯皐公派世譜』(上).
17 「簡札」, 1914년 8월 14일(부산대학교 박물관 소장).

박병현(朴秉鉉, 1865~1929)은 자가 붕거(鵬擧)이고, 호가 염암(剡巖)이다. 그는 요절한 숙부 재소(在磬)의 양자가 되어 그 뒤를 이었는데, 벼슬은 공릉참봉(恭陵參奉)을 지냈다. 그는 1906년 향리에 사립 신명학교(新明學校)를 설립하는 등 신교육구국운동을 전개하였고, 융희 2년(1908) 3월 대구에서 설립된 대한협회(大韓協會) 대구지회(大邱支會)의 회원으로 활동하는 등 계몽운동에 참여하였다.[18]

그 외 4남 박좌현(朴佐鉉, 1870~1947)은 고종 6년(1869) 20살에 요절한 재충의 양자로 들어가 후사를 이었는데, 시종원(侍從院) 시어(侍御)를 지냈다. 5남은 박설현(朴契鉉, 1871~1949)이다. 6남 박채현(朴采鉉, 1873~1948)은 자가 취경(取卿), 호가 지헌(旨獻)인데, 숭덕전(崇德殿) 참봉(參奉)을 역임하였으며,[19] 1919년 현재 청도군(淸道郡) 참사(參事)를 지냈다.[20] 그리고 박귀현(朴龜鉉, 1875~1925)은 재종형 재엄(在儼)의 양자로 들어가 그 후사를 이었다.[21]

박재형의 손자로써 래현의 아들 박순병(朴淳炳, 1893~1944)은 자가 명숙(明淑), 호가 청초(聽蕉)이다. 그는 조부 박재형의 문집 『진계문집(進溪文集)』을 편집·간행하였으며, 1919년 8월 향리 매전(梅田)에서 동창금융조합(東倉金融組合)을 설립하여 사장(社長)을 역임하였고,[22] 1920년대 후반기 경상북도 도평의회 의원을 지내기도 했다.[23] 1936년 10월 서울에서 "양품·잡화·식료품·문방구·포목류·일용품·화장품 등을 판매"

---

18 『대한협회회보』 제7호, 1908년 10월 25일, 「會員」.
19 『密城朴氏嘯皐公派世譜』(上).
20 朝鮮總督府, 『朝鮮總督府 및 所屬官署職員錄』(1922).
21 『密城朴氏嘯皐公派世譜』(上).
22 東亞經濟時報社, 『朝鮮銀行會社組合要錄』(1929년판).
23 朝鮮總督府, 『朝鮮總督府官報』, 1929년 12월 24일, 「地方廳公文」.

하는 합자회사 양희백화점(洋熙百貨店)을 설립하여 이호구(李皞久)·박구(朴枸)·박원상(朴元相)·박돈상(朴墩相)·장화식(張花植) 등 친족들을 사원으로 채용하여 경영하였다.[24]

또 박채현의 아들 박순영(朴淳英, 1902~1948)은 1919년 3.1운동 때 만세시위운동에 참여하였으며,[25] 박병현의 아들 박순호(朴淳祜)는 1922년 금천공립보통학교에서 교원으로 근무하였다.[26]

3. 운강 박시묵의 학문과 사상

1) 학문

(1) 성리학을 공부하다.

19세기에 이르러 영남 성리학은 퇴계의 정통학맥을 계승한 정재 유치명 및 그 문인 서산 김흥락의 심합이기설(心合理氣說)과 한주 이진상과 그의 문인 면우 곽종석의 심즉리설(心卽理說)의 두 흐름으로 나타났다.[27] 박시묵과 그 아들 박재형은 정재 유치명과 서산 김흥락의 성리학을 계승하였다. 그리고 근기 남인의 근기학파를 계승한 성재 허전의 문하로 들어가면서 실학적 경세학을 수용하기도 하였다.[28]

박시묵은 정재 유치명의 문하에서 퇴계의 정통학맥인 이기(理氣)사

---

24 東亞經濟時報社, 『朝鮮銀行會社組合要錄』(1942년판)」.
25 『密城朴氏嘯皐公派世譜(上).
26 朝鮮總督府, 1922, 『朝鮮總督府 및 所屬官署職員錄』.
27 琴章泰, 2000, 『退溪學派와 理철학의 전개』, 서울대학교출판부.
28 朴在馨, 『進溪文集』 卷六, 「性理類說」.

상을 계승하였다. 그는 성리학에 있어서 "성(性)은 곧 이(理)"라는 전재 속에서 이기(理氣)를 이해하였다. 즉 『태극도설(太極圖說)』을 근거로 "무극이태극(無極而太極)은 이(理)와 기(氣)를 합한 것"이라고 했다.[29]

평소 박시묵은 심학(心學)과 소학(小學)에 심취하였다. 그는 일찍부터 심학(心學)을 통해 마음의 수양을 강조하는 수양론(修養論)에 심취하여 심(心)과 성(性)을 같은 이(理)로 파악하고 심(心)없이 성(性)이 없고, 성(性)없이 심(心)이 없다는 것에서 수양론에 접근하고 있었다.[30] 그래서 그는 강각(江閣)의 연당(蓮塘)에 있는 석벽(石壁)에 심당(心塘) 2자(字)를 쓰고 석공을 시켜 새기도록 하였고,[31] 그가 거처하는 방문 위에는 '심재(心齋)'라는 편액을 걸었다. 심학(心學)에 대한 그의 관심은 이처럼 지극하였다.

박시묵은 1870년 정월 26일 지은 「심재설(心齋說)」에서 "사람이 초목이나 금수와 다른 까닭은 마음(心)이 있기 때문"이라고 하면서 "이 마음(心)이 없으면 내 몸도 없다."고 하였다. 그리고 같은 해 5월 19일 「심재옹자서(心齋翁自敍)」에서는 "사람이 사람다운 사람이 되는 것은 오직 마음 때문"이니 마음의 수양을 으뜸이라 하였다.

나는 일찍이 세상의 배우는 사람들이 본래의 마음을 잃어버렸는데도 찾을 줄을 몰라서 사람다운 사람이 되는 이치를 잃어버린 것을 안타깝게 여겼다. 아! 사람이 사람다운 사람이 되는 것은 오직 마음 때문이라고 할 수 있다. 잠시라도 그 마음을 잃어버리면 천 리 먼 곳으로 달아나버린다. 본래의 마음을 찾으려면 어떻게 해야 할까? 마음을 거

---

29 朴時默, 『雲牕日錄』 V, 「理氣」. "太極圖書曰, 無極而太極, 太極上非別有無極, 而無形無迹之謂理氣則, 無極而太極 合理與氣言之也"
30 朴時默, 『雲牕日錄』, 1864年 甲子 11月 19日.
31 朴時默, 『雲牕日錄』, 1866年 丙寅 4月 13日.

두어들여서 수양(修養)해야 한다. 독서를 해서 이 마음을 거두어들이고 이치를 궁구하여 이 마음을 수양해야 한다. 그렇게 하면 조금의 사적인 허물도 마음을 가리거나 덮을 수 없으니 완전히 허령(虛靈)한 본래의 마음이 주관하는 바가 있게 된다.

귀와 눈은 작은 것이나 귀와 눈이 가진 총명(聰明)의 덕은 마음속에 모두 완전하게 갖추어져 있다. 부자(父子) 관계는 큰 것이나 부모와 자식이 사랑하고 효도하는 도리는 일상생활에서 자연스럽게 실행될 수 있다. 사물에 이르러서도 널리 통달하게 되면, 평소에 사려(思慮)와 동정(動靜) 사이에 혹시 접해보지 못한 것일지라도 명확하게 분석하여 이해하지 못하는 것이 없게 된다. 이것이 이른바 한 가지 사사로움이라도 싹트지 못하면 만 가지 이치가 다 밝아진다는 것이다.

거두어들임에 갖추지 않는 바가 없고 확산함에 통하지 않는 바가 없다. 마음이여! 미음이여! 네가 바로 일신(一身)의 주재자(主宰者)이고, 만사(萬事)의 시초(始初)로다. 가지고 있는 마음을 밀고나가 수양하고 그 수양한 마음을 바르게 해서 사람 되는 이치를 잃지 않는다는 것은 바로 이런 것이다.

아! 증자(曾子)가 수신(修身), 제가(齊家), 치국(治國), 평천하(平天下)의 일을 논하면서 반드시 마음을 으뜸으로 하였고, 맹자(孟子)가 양주(楊朱), 묵적(墨翟), 노자(老子), 불교(佛敎)의 해로움을 말하면서 또한 마음을 근본으로 하였다. 두 선생님께서 어찌 나를 속였겠는가! 나는 이에 언제나 유념하고자 하여 심재(心齋)라는 현판을 달고, 그 의미를 서술하여 훗날 효과를 거둘 수 있기를 기대하는 바이다.[32]

박시묵은 마음(心)을 일신(一身)의 주재자(主宰者)라고 하였다. 즉 "마음이여! 마음이여! 네가 바로 일신(一身)의 주재자(主宰者)이고, 만사(萬事)의 시초(始初)로다. 가지고 있는 마음을 미루어나가 수양(修養)하고

---

32 朴時默, 『雲牕日錄』, 1870年 庚午 5月 19日 ; 朴時默, 『雲岡集』 卷4, 「心齋翁自序」.

그 수양한 마음을 바르게 해서 사람 되는 이치(理致)를 잃지 않는다는 것은 바로 이런 것이다.”라고 하였다. 마음의 수양이 만사의 시초라고 생각한 박시묵은 스스로 ‘심재노부(心齋老夫)’라는 자호를 쓰기도 했다.[33]

나아가 박시묵은 「세심대기(洗心臺記)」에서 선현들이 마음의 수양은 정심(正心), 존심(存心), 양심(養心), 진심(盡心)을 통해 이루어질 수 있다고 했지만, 세심(洗心) 만한 것이 없다고 하는 수양론(修養論)을 펼치고 있다.

> 사람의 마음은 맑고 허명(虛明)하며, 순수하고 지극히 선하며, 모든 이치를 다 갖추고 있다. 그러나 간혹 타고난 기질과 품성에 얽매이고 물욕에 가려지기도 한다. 그래서 성인이 마음의 도리를 논하여 ‘마음을 바르게 하라[正心]’, ‘본래의 마음을 간직하라[存心]’, ‘마음을 수양하라 [養心]’, ‘마음을 다하라[盡心]’라고 하였다. 그러한 천만 마디의 말씀은 사람으로 하여금 폐단을 없애고 본연의 모습을 밝힌 것이 아님이 없는데, 그러한 공부에 절실한 것으로 세심(洗心)보다 더 중요한 것은 없다.[34]

이와 같이 운강 박시묵은 정재 유치명의 문하에서 퇴계 이황의 수양론을 계승하였고, 1865년 5월 성재 허전을 만나면서 한층 심화된 모습을 보여주고 있다.

진계 박재형은 주희(朱熹), 이황(李滉), 기대승(奇大升), 이이(李珥), 이상정(李象靖)의 성리설 등을 광범하게 공부하였다. 그는 「성리유설(性理類說)」에서 주희의 성리설을 태극(太極)은 리(理)라는 전제 아래 사단칠정(四端七情) 중 사단은 이발(理發)이고 칠정은 기발(氣發)이라고 정리하였고, 퇴계의 성리설 중에서 사단은 리발기수(理發氣隨)이고 칠정은 기

---

33 林時默, 『雲牕日錄』, 1869年 己巳 8月 13日.
34 林時默, 『雲岡集』 卷4, 「洗心臺記」.

발이승(氣發理乘)이라고 정리하였다. 그리고 퇴계와 기대승의 사칠논쟁 (四七論爭), 율곡의 사단칠정론(四端七情論)이나 인심도심설(人心道心說), 그리고 이상정의 사단칠정론(四端七情論) 등을 정리하여 광범하고 포괄적으로 수용하였다. 뿐만 아니라 일방적으로 군자(君子)와 소인(小人)으로 구분하고 평가해서는 곤란하다는 우암(尤庵) 송시열(宋時烈)과 한강(寒岡) 정구(鄭逑)의 군자소인론(君子小人論)을 예로 들며, 이것이 주자의 정신을 계승하는 것으로 보았다.[35]

특히 박재형은 한강 정구를 흠모하였다. 1865년 8월 14일 박재형은 응와(凝窩) 이원조(李源祚)가 주강(主講)하는 회연서원(檜淵書院)의 강회 (講會)에 참석한 뒤 돌아와,[36] 정구의 '백매원(百梅園)'을 본떠서 거처하는 집에 석류 100그루를 심고 '백류원(百榴園)'이라 이름을 붙이고 상학의 장소로 사용하였다.

이와 같이 운강 박시묵과 그 아들 진계 박재형은 평생을 함께 생활하며 학문을 통해 마음을 수양하고 현실 문제에 대응하였다.

(2) 소학에 심취하다.

고려 말에 국내로 들어온 소학(小學)은 김종직·김굉필 등의 초기 영남사림이 위기지학(爲己之學)의 교육서로 기준을 삼으면서 중요시되었다. 그 후 정암 조광조의 건의에 따라 소학의 보급과 간행이 향촌사회의 교화와 풍속 개량의 중요한 수단으로 인정되어 대중적 보급이 이루어졌다. 1519년 기묘사화(己卯士禍)를 만나 『소학』은 크게 위축되었으나 퇴계(退溪) 이황(李滉)이 그의 『성학십도(聖學十圖)』 가운데 「제3소학도

35　朴在馨, 『進溪文集』 卷六, 「性理類說」.
36　朴時默, 『雲牕日錄』, 1865年 乙丑 8月 14日.

(第三小學圖)」를 넣으면서『소학』은 사서(四書)의 하나인『대학』과 대등한 관계로 격상되었고, 이후 경학(經學)의 중심이 되었다.

18세기 퇴계학맥을 계승한 대산(大山) 이상정(李象靖, 1711~1781)은 『대학』을『소학』의 심화단계로 파악함으로써 소학과 대학의 긴밀성을 강조하였다.[37] 특히 19세기에 이르러 정재 유치명은『대학』의 격치(格致)에 앞서서『소학』의 실천공부를 선행하도록 강조하였고,[38] 그의 문인 서산 김흥락도『소학』을『대학』의 근본으로 생각하여 본원(本原)을 함양하는 요령이라고 하였다.[39]

청도지역에서는 김일손(金馹孫)과 그의 조카 김대유가『소학』을 중시했다. 김종직의 문인이었던 김일손은 수양(修養)·성찰(省察)을 위한 위기지학(爲己之學)으로『소학』을 공부하였고, 김대유는 어릴 때부터 김일손으로부터『소학』을 배웠다. 김대유는 김일손을 통하여 당대의 사림파 학자였던 한훤당(寒喧堂) 김굉필(金宏弼)이나 일두(一蠹) 정여창(鄭汝昌) 등을 직접 만나 가르침을 받을 수 있었다.[40]

삼족당(三足堂) 김대유(金大有)는 기묘사화 이후 고향인 청도 운문산으로 돌아와 처사형 학자였던 박하담·하청·하징 형제들과 교류하면서 생을 마감하였다. 이들은『주자가례』와『소학』등을 기반으로 한 성리학적 행동철학을 보급하였고, 이 지역을 대표하는 재지사족으로서의 지위를 굳혔다.[41]

---

37 琴章泰, 2000,『退溪學派와 理철학의 전개』, 서울대학교출판부, 12쪽.

38 위와 같은 책. 12쪽.

39 위와 같은 책, 13쪽.

40 박홍갑, 2018,「임진란기(壬辰亂期) 청도지역의 유학(儒學)과 학맥(學脈) - 낙중학(洛中學)으로 본 청도 학맥 -」, 임진란정신문화선양회,『경북지역 임진란사』.

41 신병주, 1997,「16세기초 處士型 學者의 學風과 現實觀 - 金大有와 朴河談을 중심으로 -」,『남명학연구논총』5, 남명학연구소 ; 박홍갑, 2006,『병재 박하징

운강 박시묵과 그의 아들 진계 박재형도 평생 동안 『소학』에 심취하여 생활하였다. 일찍이 글을 깨우치면서 소학(小學)을 읽기 시작한 박시묵은 어른이 되어서는 소학 1부를 정사(精寫)하여 평소 곁에 두고 읽었다. 그러므로 사람들은 그를 '소학중인(小學中人)'이라고 했다.[42]

향리에서 평생을 처사적 삶으로 일관하였던 박시묵은 수양(修養)과 성찰(省察)을 위한 위기지학(爲己之學)의 방편으로 『소학』을 가까이 두고 읽었다.[43] 『운창일록』에 따르면, 그는 향리의 자제 교육에 있어서 먼저 『소학』을 읽도록 강조하였으며, 그 자신도 평소 손님이 없거나 날씨가 좋지 않은 날에는 항상 『소학』을 읽었다.

박시묵의 『소학』에 대한 심취는 다음과 같은 그의 시(詩) 「독소학육수(讀小學六首)」를 통해서 알 수 있다.[44]

「독소학육수(讀小學六首)」

어린아이 8세 되면 모두 가르침을 시작하노니,　　設敎皆由八歲兒
다팔머리 조금 자라면 처음으로 스승 찾아가네.　　髫毛稍長始從師
먼저 물 뿌리고 마당 쓸기 익히게 한 다음에,　　先將灑掃資馴習
예악(禮樂)과 시서(詩書)를 차례대로 알게 하네.　　禮樂詩書次第知
　　　　　　　　　　　　　　　　　　　　입교(立敎)

몸에서 귀한 바는 오륜(五倫)이라 할 것이니,　　所貴乎身是五倫
명륜(明倫)은 나에게 있지 남에게 있지 아니하네.　　明之在我不由人

연구』, 경인문화사.
42　朴時默, 『雲岡集』 卷7, 「墓碣銘」(鄭墒).
43　朴時默, 『雲牕日錄』, 1870年 庚午 5月 29日, 「心齋記」.
44　朴時默, 『雲岡集』 卷1, 「讀小學六首」.

날마다 행할 떳떳한 도리 알고자 한다면,　　　　　欲知日用常行路
어버이 섬기고 형을 따라야 인륜에 가까워지리.　　事父從兄最近人
　　　　　　　　　　　　　　　　　　　　　　명륜(明倫)

부모님께 물려받아 이 몸이 있으니,　　　　　　　受之父母有吾身
피부와 털 힘줄과 뼈 하나의 기운에 인연했네.　　膚髮筋骸一氣因
만약 이 몸 훼손하면 허물이 막대하니,　　　　　苟或毀傷愆莫大
공경할 경(敬)자 허리띠에 달고 살아야 하네.　　須將敬字佩諸紳
　　　　　　　　　　　　　　　　　　　　　　경신(敬身)

배움의 시초에는 치지(致知)가 중요한데,　　　　致知要在學之初
선배들의 바른 법도 옛 책에 실려 있네.　　　　先輩謨奠載古書
질서 있는 책 속의 글 어긋남이 없는데,　　　　有秩篇章傳不謬
생각하고 독서할 뿐 허송세월 어찌 하리.　　　仰思倪讀豈虛徐
　　　　　　　　　　　　　　　　　　　　　　계고(稽古)

덕 있는 분들이 이런 말씀 남겼는데,　　　　　有德方能有是言
화평하고 온후한 덕 여기에 담겨 있네.　　　　和平溫厚道斯存
사람에게 중요한 것 분명하게 밝혀서,　　　　分明喫緊爲人處
천만 가지 조목으로 잘못을 깨우쳐주네.　　　萬緒千條警怠昏
　　　　　　　　　　　　　　　　　　　　　　가언(嘉言)

전금(展禽)⁴⁵처럼 화(和)하지 말고 백이(伯夷)처럼　　和不展禽隘不夷
좁게 행하지 말 것이니,
중도(中道)를 행하는 군자가 올바른 스승이네.　　中行君子乃常師
어버이께 효도하고 어른께 공손하며 임금님께 충성하여, 孝親悌長忠君地

---

45 전금(展禽): 전금(展禽)은 춘추 시대 노(魯)나라 사람으로 흔히 유하혜(柳下惠)라고
　　부른다. 유하(柳下)를 식읍으로 하였으며 시호는 혜(惠)이므로 유하혜라 하였다.

모든 선을 온전히 하여 하나라도 훼손치 말 것이라.　　萬善兼全一不虧

선행(善行)

　　박시묵의 『소학』에 대한 관심과 심취는 가학으로 이어져 박재형의 『해동속소학(海東續小學)』으로 계승되었다. 박재형은 「해동속소학발(海東續小學跋)」에서 "동국 사람의 언행을 2책으로 합성하고, 그 규모와 절목은 하나같이 부자(夫子) 『소학(小學)』의 범례를 따라 제목을 『해동속소학(海東續小學)』이라 하였다."고 하였다. 소학에 대한 학문적 전통이 가학적 전통으로 이어진 결실이었다.

2) 사상

(1) 위정척사론을 견지하다.

　　1866년 10월 프랑스의 침략에 즈음하여 정부는 순무영(巡撫營)을 설치하고 대장에 이경하(李景夏), 중군에 이용희(李容熙), 천총(千總)에 양헌수(梁憲洙)를 임명해 출정토록 하였다. 한편으로는 경주 출신의 전도사 이종상(李鍾祥)과 상주 출신의 전정언 정윤우(鄭允愚)를 영남소모사(嶺南召募使)로 파견하였다.[46]

　　영남소모사(嶺南召募使)에 임명된 이종상과 정윤우는 각 지역에 소모책(召募責)을 위촉하였는데, 청도지역에서는 박시묵이 소모책으로 위촉되었다. 그 외 성주의 이원조(李源祚), 흥해의 김천익(金千益), 상주의 유주목(柳疇睦), 경주의 이종상(李鍾祥) 등이 소모책으로 위촉되어 의려를 조직하는 등 호응하였다.

46　『承政院日記』, 高宗 3年 丙寅(1866.9.11.).

박시묵이 프랑스 군대가 침략했다는 소식을 접한 것은 7월 26일이었다.[47] 서울에서 내려온 장남 재형이 "서양인의 선박이 강화포(江華浦)에 들어왔다"고 전했다. 그리고 7월 28일에는 청도군의 통인(通人)도 "양선(洋船)이 바다에 들어왔다."고 전해 주었다.[48]

박시묵은 8월 6일 명대(明臺) 출신의 이병원(李炳遠)과 함께 청도군 관아를 방문하여 군수 김석근(金奭根)으로부터 "오랑캐의 선박과 접전하여 화공(火攻)으로 초멸(剿滅)했으니 심히 통쾌한 일이라."는 소식을 직접 듣기도 했다.[49] 그렇지만 곧이어 프랑스 군대가 강화도를 침범하였고, 조정에서도 군대를 양화도(楊花島)로 출진시켰다는 풍설도 들었다.[50]

9월 23일에는 "강화도(江華島)를 비롯하여 통진(通津)·부평(富平) 등이 프랑스 군대에 함락되었으므로 우리 정부에서는 진지를 구축하여 방어하고 각도에 소모(召募)를 갖추도록 명했다."는 영남소모사 이종상의 편지를 받았다.[51] 당시 향리 경주 보문(普門)에 은거하던 이종상은 영남소모사에 임명되면서 영남지방 각처의 유력한 사족들에게 창의를 독려하는 편지를 발송하였는데, 박시묵은 9월 24일 청도의장(淸道義將)에 임명한다는 이종상의 편지를 받았다.[52]

박시묵은 임진왜란을 당해 14의사가 창의하였던 가문의 전통을 계승한다는 생각으로 흔쾌히 창의에 임하였다. 이때의 상황을 박시묵은 『운창일록(雲牕日錄)』에서 다음과 같이 기록하고 있다.

47　朴時默, 『雲牕日錄』, 1866年 丙寅 7月 26日.
48　朴時默, 『雲牕日錄』, 1866年 丙寅 7月 28日.
49　朴時默, 『雲牕日錄』, 1866年 丙寅 8月 6日.
50　朴時默, 『雲牕日錄』, 1866年 丙寅 9月 18日.
51　朴時默, 『雲牕日錄』, 1866年 丙寅 9月 23日.
52　朴時默, 『雲牕日錄』, 1866年 庚午 9月 24日.

○ 9월 24일, 보문(普門)에서 급히 편지를 보내 나에게 청도의장(清道 義將)을 맡아 달라고 했다. 한 마을 사람들이 상하를 가릴 것 없이 모두 놀라서 모였다. 당장의 상황이 참으로 난리를 만난 집 같았다. 나는 웃 으며 진정시키며 말하기를 "이는 나쁜 일이 아니라 호기(好奇)이다. 의 병(義兵)을 일으키는 것은 우리 선조 이래로 전래된 가법(家法)이다."[53]

○ 9월 25일, 새벽에 일어난 즉, 외종(外從)[54]이 말하기를 "운강(雲岡) 은 지난 밤 조용히 잠을 잣고 마음에 동요가 없는 듯하다. 사람으로 이 런 마음이라면 이런 때를 만나 의병장(義兵將)이 되기에 충분하다."고 하였다. 나는 "속담에 하루 강아지가 호랑이 무서운 줄 모른다."고 하 면서 서로 크게 웃었다.[55]

평소 "혹 위난(危難)을 당했을 때는 목숨을 던져 의를 취한다."[56]는 생각을 가지고 있었던 박시묵은 우선 문중에 기의(起義)를 독려하는 통 문을 발하였다. 그는 "지금 양이(洋夷)가 선란(煽亂)하여 강도(江都)가 함락되고 기보(畿輔)가 경고(警告)를 받기에 이르렀다."고 부르짖으며, "임진왜란에 우리 선조 14의사(十四義士)는 부자·형제·종형제 중에서 배출되었으며, 혹 순절하여 벼슬을 받고, 혹 난을 평정하고 공훈을 기록 하여 오늘에 이르렀다. 아비가 부르면 아들이 받는다는 가르침이 집집마 다 전하니 어찌 산곡에 숨어서 나라의 근심을 좌시하여 나아가 구하지 않으리오. 오는 25일까지 일제히 선암서원(仙巖書院)에 모여 기의(起義) 하자"[57]는 통문을 발하였다. 나아가 청도지역의 각 문중에도 "첫째 군부 (君父)를 보위(保衛)하고, 둘째 사교(邪敎)를 배척(排斥)하자."는 통문을

---

53 朴時默, 『雲臆日錄』, 1866年 丙寅 9月 25日.
54 외종(外從) 경주김씨(慶州金氏) 김진덕(金振德)을 말함.
55 朴時默, 『雲臆日錄』, 1866年 丙寅 9月 24日.
56 朴時默, 『雲岡集』 卷6, 「戒諸子」.
57 朴時默, 『雲岡集』 卷6, 「通諸宗文」.

발하여 창의에 동참하자고 호소하였다.[58]

10월 1일 청도소모소(淸道召募所)를 결성하였다. 이날 군정(軍丁) 5백 6십여 명이 소집되어 진영을 편성하였다. 그 상황을『운창일록』은 다음과 같이 기록하고 있다.

> ○ 병인 10월 1일, 병술 맑음. 최형이 나를 돌아보며 말하였다. "이런 난세를 당하여 긴 강가의 모래사장 가운데 봇도랑을 여는 것은 다른 의도가 있는 것이 아니겠는가? 가서 한번 보세나." 그래서 지팡이를 들고 만화대(萬和臺) 위에 올라가서 시냇가에 조금 쉬고, 일하는 곳에 올라가 보았다. 군인 5백 6십여 명이 차례대로 늘어서 대오가 흐트러짐이 없이 해 저물기 전에 긴 강에 한 줄기 띠를 이루는 공사를 하여 400여 파(巴)의 봇도랑을 굴착하였다. 일이 끝나고 나서 일어나니, 최형이 말하였다. "이 일 하나를 보아도 그대가 일에 임하여 대처하는 능력이 있음을 알겠다. 오늘날 의병을 모집하는 장수의 일을 담당한들 무슨 어려움이 있으리오." 나는 "난중에 병사를 부리는 데에는 일사불란한 법도가 있어야 하니 단지 이 일로 견줄 수는 없습니다." 라고 하고 여러 벗들과 웃으며 돌아왔다.[59]

이와 같이 의려를 편성한 박시묵은 동창천(東倉川)의 봇도랑 굴착을 통해 의병진용의 운용을 시험하는 한편, 10월 2일에는 장남 재형을 경주 보문으로 보내 이종상의 경주소모소(慶州召募所)의 상황을 탐지토록 하였다.[60] 그리고 각 방면으로부터 난리의 소식을 소상하게 들으며 대비하였다. 박시묵은 10월 6일 경주에서 돌아온 박재형의 "경주소모사 이종상이

58 　朴時默,『雲岡集』卷6,「擬通告列邑章甫文」.

59 　朴時默,『雲牕日錄』, 1866年 丙寅 10月 1日.

60 　朴時默,『雲牕日錄』, 1866年 丙寅 10月 2日.

군대를 해산하고 본가로 물러갔다.”는 보고를 듣고 청도소모소(淸道召募所)를 해산하였다.[61]

(2) 부친의 위정척사사상을 계승하다.

1875년 부친이 서거한 뒤 박재형은 가사를 물려받았다. 그 후 박재형은 오직 학문에 힘쓰며 저술에 전력하였으나 일상생활에는 큰 변화가 없었다. 그러나 그의 문집 『진계문집(進溪文集)』에서 볼 수 있는 편지를 보면, 그는 서양의 학문과 서양세력, 그리고 일본의 침략에 대응한 위정척사적(衛正斥邪的)인 현실인식을 견지하고 있었다.

박재형은 사미헌(四未軒) 장복추(張福樞)에게 보낸 편지 「상사미헌장선생복추(上四未軒張先生福樞)」의 별지(別紙)에서 서양에서 들어온 지동설(地動說)은 이치에 맞지 않는다는 견해를 피력하였다.[62] 1884년에는 변복령(變服令)에 반대하여 조정의 명령에 따를 수 없다는 태도를 보여주기도 했다. 그는 청도군 각남면 일곡 출신으로 1885년 청도군수를 역임했던 최한주(崔翰周)에게 편지를 보내 “지금의 명령은 의로운 것이 아니다. 그러므로 지금 화이(華夷)는 분별이 있고, 인수(人獸)는 행위를 달리한다.”고 하며, 이른바 ‘묵의령(墨衣令)’에 대해 비판하였다.[63] 또 1898년에는 연재(淵齋) 송병선(宋秉璿, 1836~1905)에게 서한을 보내 “사설(邪說)과 횡류(橫流)로 오도(吾道)는 점점 미미해지니 이에 맞서 사문(斯文)을 부지(扶支)해 줄 것”을 당부하기도 하였다.[64]

박재형은 1894년 청일전쟁에 즈음하여 일본군이 서울에 진주하였을

---

61 朴時默, 『雲牕日錄』, 1866年 丙寅 10月 6日.

62 朴在馨, 『進溪文集』 卷2, 「上四未軒張先生福樞」 別紙

63 朴在馨, 『進溪文集』 卷4, 「答崔禎汝」(翰周)(2).

64 朴在馨, 『進溪文集』 卷4, 「答宋淵齋」(秉璿)

때, 수당(修堂) 이남규(李南珪)가 올린 상소에 대해 "의리(義理)가 삼엄 (森嚴)하고 언어의 구사가 간절하고 빈틈이 없으니 족히 읽는 사람이 통곡할 정도이지만 아직 미진한 바가 있다."고 하며 강도 높은 대일투쟁의 필요성을 강조하였다.[65] 나아가 1895년 을미의병에 즈음하여 왕의 밀명을 받고 암행어사로 의병들을 효유하였던 장석룡(張錫龍)에게 보낸 편지에서는 서양 세력의 침입을 걱정하며 이에 대처하기 위해서는 "오직 사학(斯學)을 강명(講明)하여 세교(世敎)를 부수(扶竪)해야 한다."는 견해를 밝히고 있다. 그는 서양의 학문과 서양세력, 그리고 일본의 침략 등에 대응한 위정척사적(衛正斥邪的)인 인식을 가지고 있었다.

1900년 8월 박재형은 경남 거제도(巨濟島)의 부인포(夫人堂浦)에서 사망하였다. 그의 「가장(家狀)」에 의하면, "8월 22일 적변으로 거제군 부인당포에서 죽었다. 그때 해가 빛을 잃고 큰 비가 쏟아졌다. 부인들과 아이들, 그리고 원근의 사우(士友)로 알거나 모르는 사람들도 통곡하지 않는 사람들이 없었다."[66]고 하였다.

4. 운강 박시묵의 현실 인식

1) 선비로서의 삶

(1) 교유를 넓히다.

운강 박시묵과 그의 아들 진계 박재형은 정재 유치명과 성재 허전의

---

65 朴在馨, 『進溪文集』 卷3 「答柳仲雍」.
66 朴在馨, 『進溪文集』 卷9, 「家狀」.

문하를 출입하며 광범한 교유관계를 가졌다. 그외 응와(凝窩) 이원조(李源祚), 정헌(定軒) 이종상(李種祥), 성암(惺巖) 최세학(崔世鶴), 추인(秋人) 정교(鄭喬), 계당(溪堂) 유주목(柳疇睦), 긍암(肯庵) 이돈우(李敦禹), 한주(寒洲) 이진상(李震相) 등의 영남 유생을 비롯하여 과재(果齋) 성근묵(成近默) 등의 소론의 경기 유생 등과도 교분을 맺고 있었다.[67]

1864년 김해부사로 부임한 성재 허전이 밀양·경주를 비롯한 영남 일원을 순방하며 이곳 신지(薪旨)를 거쳐 갔으며,[68] 1865년 9월에는 한성판윤(漢城判尹)으로 있던 응와 이원조도 관직에서 물러나 성주에 귀향하고 있던 중 이곳을 방문하였다.[69]

진계 박재형도 1875년 부친 운강이 서거한 이후에도 한주(寒洲) 이진상(李震相)을 비롯하여 경상도관찰사 종산(鍾山) 이삼현(李參鉉), 연재(淵齋) 송병선(宋秉璿), 척암(拓菴) 김도화(金道和), 서산(西山) 김흥락(金興洛), 용산(龍山) 이만인(李晩寅) 등과 교유를 확대하였다.

『운창일록』에 따르면, 1865년 5월 3일 김해부사 성재 허전이 운강이 거주하고 있는 청도군 신지(薪旨)를 방문하여 하루를 묵었다.[70] 운강은 허전에게 임란14의사 중의 한사람인 선조 용암(龍巖) 박숙(朴琡)의 신도비명(神道碑銘)을 청하였고, 선암서원(仙巖書院)의 동·서 문미(門楣)의 현판시(懸板詩)와 기문(記文)도 청하였다. 그리고 선비의 십이폭심의(十二幅深衣)와 복건(幅巾)의 제작에 대해서 배우기도 하였다.[71]

허전이 신지를 방문하였을 때, 운강과 그 아들 진계는 그 문인으로

67 朴時默, 『雲岡集』 卷2, 「書」. 朴時默, 『雲牕日錄』.

68 朴時默, 『雲牕日錄』, 1865年 乙丑 5月 3日

69 朴時默, 『雲牕日錄』, 1865年 乙丑 8月 27日

70 朴時默, 『雲牕日錄』, 1865年 乙丑 5月 3日.

71 朴時默, 『雲牕日錄』, 1865年 乙丑 5月 4日.

예를 다했다. 뿐만 아니라 허전이 김해부사로 재직하는 동안 교유 관계를 이어갔다. 1865년 9월 18일 아들 재형을 김해로 보내 허전으로부터 선조 용암(龍巖) 박숙(朴璹)의 유사(遺事)를 받았고,[72] 같은 해 9월 29일에는 「만화정기(萬和亭記)」를 받기도 했다.[73]

박시묵은 허전이 청도 관아를 방문하거나 청도지역을 거쳐 갈 때, 허전과 군수를 위한 자리를 가졌다.[74] 또 허전이 청도를 거쳐 갈 때는 그 길목인 유천(榆川)이나 명대(明臺)로 나아가 직접 맞이하거나 아들 진계를 보내 맞이하는 등 극진한 예를 갖췄다.[75] 1866년 10월 허전이 동지의 금부사(同知義禁府事) 겸 오위도총부총관(五衛都摠府摠管)에 임명되어 서울로 올라갈 때까지 돈독한 교유관계를 유지했고, 그 후에도 서울에서 벼슬을 하고 있던 허전과 서신을 주고받았다.[76]

1865년 9월 1일에는 성주에서 응와(凝窩) 이원조(李源祚)가 운문산을 유람하기 위해 방문하였다. 한성판윤으로 있던 이원조가 1865년 3월 부인의 상을 당하고 나서 사직소를 올린 뒤 귀향하여 성주에 있을 때였다. 이미 아들 박재형이 8월 14일 이원조가 주관한 회연서원(檜淵書院) 강회(講會)에 참석하고 한강(寒岡) 정구(鄭逑)의 사당을 배알하고 돌아온 뒤였다.[77]

이원조는 1865년 8월 29일 선암서원(仙巖書院)을 거쳐 9월 1일 박곡(博谷)의 박산재(博山齋)와 석연정(石淵亭) 등을 둘러보았다. 이때 이원조를 따르는 원근의 유생들이 50여 명이었다. 이원조는 「만화정기(萬和

---

72 朴時默, 『雲牕日錄』, 1865年 乙丑 9月 18日.
73 朴時默, 『雲牕日錄』, 1865年 乙丑 9月 29日.
74 朴時默, 『雲牕日錄』, 1865年 乙丑 10月 1日.
75 朴時默, 『雲牕日錄』, 1865年 乙丑 9月 18日.
76 朴時默, 『雲牕日錄』, 1871년 辛未 4月 11日.
77 朴時默, 『雲牕日錄』, 1865년 乙丑 8月 14日.

亭記)」를 지어 원래 만화정(萬花亭)이었던 이름을 만화정(萬和亭)으로 개명하였다.[78] 이원조의 종질 한주(寒洲) 이진상(李震相)도 「대비동산정기(大庇洞山亭記)」를 지었다.[79]

1866년 10월 병인양요에 즈음하여 같은 해 10월 성주에서 이원조, 상주에서 유주목, 경주에서 이종상 등이 의려를 조직할 때, 박시묵도 청도에서 의려를 조직하였다. 이것은 일찍부터 박시묵이 이원조를 비롯한 유주목, 이종상 등과 학문적으로 퇴계학맥을 계승하는 유생으로써 교유관계를 맺고 있었고, 그리고 이들과 사상적으로 위정척사론에 입각한 현실인식을 함께 하고 있었기 때문이었다.

성재 허전과 응와 이원조 외에도 정재(定齋) 유치명(柳致明), 계당(溪堂) 유주목(柳疇睦), 경상도관찰사 종산(鍾山) 이삼현(李參鉉)을 비롯하여 많은 선비와 관인들이 청도의 운문을 유람하고 신지(薪旨)를 방문하였다. 이들은 운강을 방문하여 교류를 가졌고, 만화정(萬和亭)과 세심대(洗心臺) 등의 기문을 지었다.[80]

(2) 교육에 힘쓰다.

1865년 9월 1일 응와 이원조는 신지(薪旨)를 방문하여 만화정(萬和亭)을 들러보고 박곡촌(博谷村)의 박산재(博山齋)를 거쳐, 운문산(雲門山)과 대비산(大悲山)을 유람하였다. 그리고 "이 땅 금천(錦川)의 경승은 비록 넓이는 작으나 하나하나의 절경은 선호(仙湖, 薪旨를 말함)의 만화정에 뒤지지 않는다."고 경탄하였다.

---

78   朴時默, 『雲岡集』 卷7, 「萬和亭記」.

79   李震相, 『寒洲集』 卷29, 「大庇洞山亭記」; 朴時默, 『雲岡集』 卷7, 「大庇洞山亭記」.

80   朴時默, 『雲岡集』 卷4, 「萬和亭記」·「洗心臺記」.

박시묵은 이원조의 권유로 대비사(大悲寺)의 경내에 대비정사(大庇精舍)를 짓기로 하였다.[81] 일찍부터 박시묵은 운문사와 대비사에 관심을 가지고 있었다. 『운창일록』에 의하면, 박시묵은 그를 방문한 대비사의 승려들을 대접하며 교유하였고, 대비사의 유지·운영에도 관심을 기울여 경제적으로 많은 후원을 하고 있었다.

뿐만 아니라 박시묵은 부친 박정주가 문중 자제들을 위해 설립한 서숙(書塾)과 선암서원에 설립한 문강계(門講稧)를 운영하며 매월 1회의 강독을 실시하고 있었으며,[82] 1864년에는 박곡촌에 박산재(博山齋)를 지어 아동들의 강학소(講學所)로 삼고 강학 활동을 벌이고 있었다.[83] 그리고 매년 만화정(萬和亭)에서 지역의 선비들과 젊은 학동들이 참석한 가운데 면강회(面講會)를 열고 있었다.[84]

1867년 4월 12일 대비산옥란계(大庇山玉蘭契)를 조직하였다. 이날 청도군에서 결성된 "대비산옥란수계(大庇山玉蘭修契)는 하나같이 왕희지의 난정(蘭亭) 고사(故事)로써 논의하도록 한다."는 완문(完文)과 좌목(座目)이 발급되었다. 그리고 관청이 제명(題名)한 뒤 연계소(蓮桂所) 회원 5인, 향원(鄕員) 10인, 읍리(邑吏) 23인, 승도(僧徒) 15인이 입록(入錄)한 2권의 성책(成冊)도 만들었다.[85]

1867년 6월 28일 박시묵이 직접 제정한 「옥란수계절목(玉蘭修禊節目)」은 모두 14개조로 이루어져 있다.

---

81 朴時默, 『雲岡集』 卷7, 「行狀」.

82 『密城朴氏嘯皐公派世譜』(上).

83 朴時默, 『雲牕日錄』, 1865년 乙丑 7月 18日.

84 朴時默, 『雲牕日錄』, 1866년 丙寅 3月 15日.

85 朴時默, 『雲牕日錄』, 1867년 丁卯 4月 12日.

「옥란수계절목(玉蘭修禊節目)」

一, 호문정(胡文定)의 고사(故事)에 따라 지위와 덕행이 있는 한 사람을
산장(山長)으로 세워 거느리게 한다.

一, 백록동규(白鹿洞規)에 따라 열 가지를 강(講)한다.(父子, 君臣, 夫婦, 長
幼, 朋友, 博學, 審問, 愼思, 明辯, 篤行)

一, 남전향약(藍田鄕約) 4조에 따른다.(德業相勸, 過失相規, 禮俗相交, 患難相恤)

一, 호문정(胡文定)의 삭강예(朔講禮)에 따라 매월 초하루에 각자 배우는
경사자서(經史子書)의 고하(高下)를 정한다.(만약 유고가 있으면 전 3
일 후 3일 사이에 하루를 미리 정한다)

一, 산거령(仙居令)의 교훈에 따라 4가지 금기를 세운다.(無學賭博 無好爭
訟 無以惡凌無以富呑貧)

一. 퇴계선생의 향약에 따라 여섯 가지 조목을 정한다.(염치를 돌아보지
않고 선비의 품위를 파괴하는 자, 관청의 일을 간섭 하고 아름다운
풍속을 헤치는 자, 마을 어른을 업신여기고 욕하는 자, 친구 간에 때
리고 욕하는 자, 공사의 회의 때 관리와 시비를 거는 자 등은 향약에
서 내보낸다.)

一, 빙옥당(冰玉堂) 임후(任侯)의 늠양(廩養)의 규약에 따라 약간의 전토(田
土)를 두고 사방에서 배움에 뜻을 둔 사람을 기다려 거처하게 한다.

一, 한강선생(寒岡先生)의 무흘정사(武屹精舍)와 금계선생(錦溪先生)의 녹
봉정사(鹿峰精舍)의 예에 따라 승려로 하여금 지키게 하고 왕래와 휴
양에 대비토록 한다.

一, 정자(程子)가 말한 삼대(三代)의 위의(威儀)가 이곳에 있다는 뜻에 따
라 또 절에 있는 승려를 지극히 공경하여 대접한다.

一, 구담서당(龜潭書堂)의 양노례(養老禮)에 따라 나이 50 이상의 덕망이
높은 사람을 택하여 공사(公事)로 정하고 자제로 소통(疏通)과 기국
(器局)을 갖춘 자 두 사람을 택하여 유사(有司)로 정한다.

一, 남전향약(藍田鄕約)의 직월(直月)의 예에 따라 자제 중에 才行을 겸비
한 두 사람을 택하여 따로 사장(司掌)과 문부(文簿)를 둔다.

一, 백석산암(白石山菴)의 책 기천권(幾千卷)을 둔 예에 따라 승녀로 지행
(志行)이 순실한 자 두 사람을 택하여 지키게 하고 겸하여 양곡(糧穀)
을 관장하게 한다.

一, 난정기(蘭亭記)에 소장(少長)이 함집(咸集)한다는 고사(故事)에 따라 향
인은 나이 순으로 앉게 하고 다른 손님이 있을 것 같으면 작록(爵祿)
이 있으면 작록으로 앉게 하고, 문관 당상(堂上)일 것 같으면 비록 향
인이라도 나이에 따르지 않는다.

一, 태학(太學)의 원근(遠近)에 구애받지 않는다는 예에 따라 비록 평범한
백성으로 준수한 사람이 입약(入約)을 원하면 함께 문안에 기록하여
발전하는 상태에 대비한다.[86]

진암(進菴) 정교(鄭교)가 1869년 2월 지은 「서옥란재절목후(書玉蘭齋
節目後)」에서는 "녹동(鹿洞)·남전(藍田)·선거령(仙居令)의 조약과 우리
나라 퇴도(退陶)와 한강(寒岡) 등 여러 선생의 향약(鄕約)과 규율(規律)을
참조하여 만들었다."고 하였다. 뿐만 아니라 이군산방(李君山房)과 난정
(蘭亭)의 고사에 따라 도서관과 기숙사를 갖추었다고 기록하고 있다.[87]
이것으로 볼 때 대비정사는 학당(學堂)으로서 기능을 가지고 있었다는
것을 알 수 있다.

4월 22일 대비정사가 완공되었다. 당시 청도군수 김석근(金奭根)이
요좌(寮佐) 김민하(金玟河)를 파견하여 건축을 시작한지 거의 2년 만이
었다.[88] 김석근은 대비정사가 완공되고 나서 「대비정사기문(大庇精舍記文)」
을 지었는데, 대비정사의 건립 경위와 시설에 대해 다음과 같이 설명하
고 있다.

---

86 朴時默, 『雲塸日錄』, 1867年 丁卯 6月 28日.

87 朴時默, 『雲岡集』 卷7, 「書玉蘭齋節目後」.

88 朴時默, 『雲塸日錄』, 1867年 丁卯 4月 22日.

백석암에는 이씨(李氏)의 책을 보관하고 있는 방이 있는데, 옛 사람들은 활자로 인쇄한 장서를 집에 보관하지 않고 반드시 절이나 암자에 보관한 그 뜻을 알 수 있다. 집에 보관한 즉 한집안의 사사로운 보관이고, 절에 보관한 즉 세상에 드러내놓겠다는 것이니 지금 운강(雲岡)이 간절히 이 산을 사랑하여 끝내 차마 버리지 못하는 것은 단지 산의 이름에 부합(符合)해서가 아니라 장차 세상에 드러내고자 함이 아니겠는가.---(중략)---그 절집이 오래되어 장차 많은 선비를 수용하기 어려우므로 따로 집을 지었다. 요좌(僚佐) 김민하(金玟河)가 그 공사를 돌본지 수개 월 만에 일이 끝났음을 알리니 진실로 서둘렀을 것이니 어찌 일이 잘되기가 쉬웠겠는가. 그 헌도(獻圖)를 살피고 그 창제(創制)한 것을 보니 중앙에는 청당(廳堂, 大廳)이 있고, 동서로 각기 방(房舍)이 있으니 학생들이 함께 거처하는 곳 같고, 남쪽으로 또 협방(夾房, 곁방) 1간이 있으니 운강(雲岡)이 책을 보관하는 방[室] 같다. 편액인 대비정사(大庇精舍)는 방의 처마에 걸었으니 두자미(杜子美)의 시어(詩語) 구환재(俱歡齋)에서 취한 말이다. 대청의 벽에는 옥란정(玉蘭亭)이라는 편액을 걸었으니 그 산이 회계(會稽)의 음달에 있다는 우군(右軍, 王羲之)의 고사(故事)에 따른 것이고, 경내의 일을 보는 선비와 산중의 승려가 함께 옥 같은 문장과 난 같이 향기로운 무리들과 수계(修禊)한다는 뜻이다. 생도의 교수 절차는 운강(雲岡)이 주관하고 조규(條規)의 설립에 이르러서는 넓으면서도 간략하게[博約] 했으면 한다. 가까운 곳에서부터 멀리까지 우리 열성조의 문명(文明)을 숭상하고 인재를 교육하는 교화를 드러나게 하는 것이 태수(太守)의 일이니 나는 이를 기록한다.

정묘(丁卯) 6月 하한(下澣) 군수 안동후인(安東後人) 김석근(金奭根)[89]

김석근의 「대비정사기문」에 따르면, 대비정사는 중앙의 대청을 중심으로 동서 양쪽에 학생들이 거처하는 방이 있고, 남쪽에는 도서를 보관

---

89 朴時默, 『雲窩日錄』, 1867年 丁卯 4月 27日.

하는 곁방이 있었다. 그리고 대비정사(大庇精舍)의 편액은 처마에 걸었고, 옥란정(玉蘭亭)의 편액은 대청의 벽에 걸었다. 대비정사는 도서관[90]과 기숙사, 그리고 강당 옥란정[91]을 갖추고 있다.

종산(鍾山) 이삼현(李參鉉)이 1867년 11월 쓴 「대비산정기(大庇山亭記)」에서도 "책을 비치하고 학문을 강의하는 곳[藏書講學之所]"이라고 하였다. 즉 대비정사는 도서실을 갖추고 학생들의 기숙과 강학을 위한 강당을 갖춘 학당으로 설명하고 있다.

> 산의 이름은 대비(大庇)이고, 산의 집은 정사(精舍)이다. 정사(精舍)의 이름을 대비(大庇)라고 한 것은 반드시 뜻이 있을 것이다. "옛날 두공부(杜工部)가 천칸 만칸의 넓은 집을 지어 천하의 가난한 선비를 덮고자 하여도 한갓 마음으로 애쓰는 것이니 이는 공중의 누각(樓閣)에 불과하다."고 했으나 사문(斯文)은 그렇지 않다. 몇 간의 집을 지어 서적 약간을 비치하고 이 고을의 여러 생도를 가르치니 덮고 감싸는 공적이 어찌 시인의 과장된 말보다 크지 않겠는가. 이는 대비정사(大庇精舍)를 지은 까닭이다.[92]

대비정사의 재정은 청도군에서 지원하기도 했지만, 대부분 박시묵이 부담하였다. 대부호였던 박시묵은 평소 향교(鄕校)와 서원(書院), 그리고

---

90 소동파의 친구 이상(李常)이 여산(廬山)의 백석암(白石菴)에서 공부하여 과거에 급제한 후, 그가 보던 장서 9천 권을 남겼고, 이를 이군산방(李君山房)이라 했다는 고사에 따른 것이다.

91 진(晉) 영화(永和) 9년 계축년 늦은 봄 초순에 왕희지(王羲之) 등이 회계군(會稽郡) 산음현(山陰縣)의 난정(蘭亭)에 모여, 계제사(禊祭祀)를 지내고, 시회(詩會)를 열어 26명의 시 37수를 모아 편집한 것이 『난정집(蘭亭集)』이며 이 서문을 쓴 것이 「난정집서(蘭亭集序)」라는 고사에 따른 것이다.

92 朴時默, 『雲牕日錄』, 1867年 丁卯 11月 1日, 「大庇山亭記文」.

향리(鄕里)의 서당(書堂) 등에 소요되는 비용을 대부분 지원하고 있었다.

한편, 박재형도 1865년 8월 14일 성주의 이원조가 주관한 회연서원(檜淵書院) 강회(講會)에 참석하고 한강(寒岡) 정구(鄭逑)의 사당을 배알하고 돌아온 다음, 정구의 백매원(百梅園)을 본따 백류원(百榴園)을 짓고 생도들을 모아 강학하였으며, 대비정사의 운영과 강학에도 깊이 관여하고 있었다.

박시묵은 1875년 죽을 때까지 교육과 강학 활동을 전개하였다. 그는 때때로 대비정사에 들러 강학 활동을 살펴보았다. 1874년 10월 3일자 『운창일록』을 보면, 그는 만화정에서 강좌(講座)를 열었는데, 대비정사에서 수학하던 학생들을 대상으로 하였다는 것을 알 수 있다.

> 3일 임신(壬申), 흐림, 만화정(萬和亭)에서 강좌(講座)를 열었다. 방지(芳旨)의 이평언(李平彦), 임당(林堂)의 족아(族雅) 성노(聖老) 및 면내의 오랜 벗 대부분이 모였다. 경서(經書)를 수강하는 생도 30여 명, 또 통사(痛史)를 수강하는 아동 30여 명이 풍문을 듣고서 왔다. 특별히 "권학(勸學)의 길은 수강하지 않으면 불가하다."고 한차례 분위기를 일으킨 후 그 다음 경의(經義)의 강의(講義)에 응하도록 하였다. 질문할 때에는 단지 난처한 것을 꼼꼼히 생각하여 논리에 맞게 답해야만 하나 분명하게 밝히지 못하니 이는 개탄스러운 바이다.[93]

위 일기에 따르면, 대비정사 옥란재(玉蘭齋)로 추정되는 학당의 경서반(經書班)과 통사반(痛史班)에 소속된 학동 각 30여 명에 대한 강좌(講座)를 열고 있다. 박시묵은 학생들의 학업 성취 정도를 직접 파악하고 평가한 뒤, 다음 단계의 강의를 들을 수 있도록 하였다.

---

93 朴時默, 『雲牕日錄』, 1874年 甲戌 10月 3日.

박시묵은 선암서원에 설립한 문강계(門講稧)와 박곡촌에 설립한 박산재(博山齋), 그리고 대비사에 설립한 대비정사(大庇精舍) 등을 통해 강학 활동을 전개하였다. 그 외 청도향교(淸道鄕校)의 도유사(都有司)를 맡는 등 평생을 한결같은 마음으로 학문을 권장하고 재정적인 지원을 아끼지 않았다. 그리고 박재형도 백류원(百榴園)을 지어 강학과 저술 활동을 벌이는 등 부친의 뜻을 계승하였다.

2) 부호로서의 삶

(1) 원납전을 납부하다.

고종 2년(1865) 4월 26일 대원군은 경복궁 중수계획을 수립하고 그 경비를 충당하기 위해 각계각층에 기부금을 받아들였다.

박시묵은 1865년 5월 9일 청도군수 김석근으로부터 원납전 납부에 관한 소식을 듣고, 1천 냥을 경복궁중건도감소(景福宮重建都監所)에 납부하기로 하였다.[94] 그는 5월 26일 원납전 1천 냥을 올려 보내라는 통보를 받고,[95] 다음 달 윤 5월 14일 원납전 1천 냥과 운반비 75냥을 송부하였다.[96]

1865년 윤 5월에는 경복궁영건도감소와 영남출신의 재경 생원 진사 등 33인을 대표하여 이휘준(李彙濬)이 통문을 보내는 등 원납전의 납부에 대한 독려가 이어졌다.[97] 결국 박시묵은 추가로 3천 냥의 원납전을 납부하기로 하였다.[98] 그리고 11월 15일 원납전 3천 냥을 송부하였다.[99]

---

94 朴時默, 『雲牕日錄』, 1865年 乙丑 5月 9日.
95 朴時默, 『雲牕日錄』, 1865年 乙丑 5月 9日.
96 朴時默, 『雲牕日錄』, 1865年 乙丑 윤 5月 14日.
97 朴時默, 『雲牕日錄』, 1865年 乙丑 7月 19日.

처음 납부한 1천 냥과 경상감영을 통해 납부한 3천 냥 등 모두 4천 3백 20냥의 원납전을 1865년 한 해 동안 송부하였다.[100]

1866년 3월 경복궁 중수공사장에 화재가 발생하였다. 경복궁 중수사업은 지체되었고, 원납전 징수 실적도 대단히 부진하였다. 대원군은 막대한 자금 조달을 위해 원납전의 징수를 강화하고, 매관매직과 당백전까지 발행하여 유통시켰다.

1866년 8월 프랑스 군대가 양화진(楊花津)을 점령하고, 10월에는 강화도를 점령하는 상황에서 박시묵도 의려(義旅)를 조직해야 하는 상황이었기 때문에 원납전에 관한 문제는 드러나지 않고 있었다. 그러나 프랑스 군대가 물러난 뒤, 12월 7일부터 다시 원납전 납부를 독촉하기 시작하였다.[101]

1867년 1월 26일 박시묵은 갑자기 경산부(慶山府)로 나포되어 심문을 받고 하옥되었다. 그 이유는 원납전의 납부 문제로 종친부(宗親府)가 경상감영으로 보낸 관문(關文) 때문이었다. 즉 원납전의 납부 실적이 저조하자 종친부가 주도하여 각 감영으로 공문을 보냈고, 경산부에서 이것을 근거로 원납전을 징발하기 위해 각처의 부호들을 나포하였던 것이다. 이때 박시묵을 비롯한 청도인 25인이 경산부에 나포되어 옥에 수감되었다.[102]

장남 박재형은 경상감영을 방문하여 부친의 구명운동을 벌였다. 2월 7일 박재형은 원납금으로 2천 냥을 더 납부하기로 하였다. 이미 4천 3백 20냥을 납부한 상태에서 2천 냥을 더 납부하기로 한 것이다.[103] 이러한

---

98 朴時默, 『雲楽日錄』, 1865年 乙丑 10月 2日.

99 朴時默, 『雲楽日錄』, 1865年 乙丑 11月 15日.

100 朴時默, 『雲楽日錄』, 1867年 丁卯 2月 7日.

101 朴時默, 『雲楽日錄』, 1866年 丙寅 12月 7日.

102 朴時默, 『雲楽日錄』, 1867年 丁卯 1月 26日.

상황을 경상감영에서는 서울의 종친부에 보고하였는데, 『운창일록』에 수록된 경상감영의 「첩보(諜報)」는 다음과 같다.

첩보(牒報)할 것은 관내(關內) 청도 박시묵(朴時默), 밀양 손진구(孫振 九), 김해 배동택(裵東宅)은 포착하여 수감하였고, 경주 이기택(李基澤) 은 이미 죽은 지 오래되어 그 증손 이징덕(李徵德)을 대신 포착하여 수 감하였고, 고령 이시발(李時發)은 사망하여 그 종제 이능발(李能發)을 대신 수감하였다는 각각 그 고을로부터 보고가 있었습니다. 경주의 최 만희(崔晩喜)·김재봉(金在鳳) 등은 각 5천 냥을 원납전으로 더 낸 후 수 3천 냥을 명년 2월까지 납부하기로 하였으며, 청도의 박시묵(朴時默)은 2천 냥, 고령의 이능발(李能發)은 1천 냥의 단자(單子)를 올렸으며, 울산 의 박시하(朴時夏)는 관문(關文)으로 이미 석방하였습니다.[104]

청도의 박시묵 외에도 경상감영 관할의 각 군현에서도 대부호들이 연루되었다. 이러한 상황을 박시묵은 『운창일록』에서 60년 평생에 처음 있는 일이라고 하였다. 박시묵의 2천 냥 원납전 납부 단자(單子)가 종친 부에 보고된 뒤, 2월 24일 석방이 결정되었다. 그렇지만 원납전을 납부 한 뒤 가세가 기울어지고, 가계는 매우 군색하고 절박해졌다. 1867년 말 에는 달력 하나조차 얻을 수 없는 상황이 되었다.

원납전의 납부와 중앙 정부가 발행한 당백전(當百錢) 유통은 물가 폭 등을 가져왔고 민원으로 나타났다. 『운창일록』에 기록된 사례가 무수하 여 일일이 거론할 수 없다. 1868년 11월 과객 정재명(鄭在明)은 "당백전 으로 시중 물가가 옛날에 비해 폭등하였고, 8도가 모두 그렇다."고 했으 며,[105] 또 같은 달 과객 5·6인은 도처의 소문을 전하는데, "원납전이 지

103 朴時默, 『雲牕日錄』, 1867年 丁卯 2月 7日.
104 朴時默, 『雲牕日錄』, 1867年 丁卯 2月 16日.

나치게 많은 곳도 있고, 오르지 않는 곳도 있다."고 하였다.[106] 또 1869년 2월 밀양에서 온 과객 김진환은 "원납전을 독촉하는 것이 성화(星火)와 같다."고 하였다.[107] 1869년 9월에는 원납전 때문에 통영(統營)에서 민란이 일어날 정도였다.[108]

청도 신지를 거쳐 간 수많은 과객들이 전해준 풍설은 넘치고 다양했다. 박시묵은 그러한 풍설을 들으면서도 말을 극도로 아껴야만 했다. 아들 박재형은 원납전 문제로 감영과 서울을 드나들었고, 심지어 둘째 아들 조차 읍에 들어가 군수에게 상서(上書)를 올리는 등 원납전 납부의 고충은 날이 갈수록 가중되었다.

원납전으로 경주군에서는 각 부호들에게 천석군(千石君)은 천냥 백석군(百石君)은 백냥을 분배하였으며,[109] 청도지역에 분배된 원납전은 7만여 냥에 달했다. 또 인근에 위치한 자인현의 경우에는 소읍임에도 불구하고 1만 3천 냥을 납부해야만 했다.[110]

1873년 사헌부장령 홍시형(洪時衡)은 최익현(崔益鉉)에 이어 홍선대원군(興宣大院君) 탄핵 상소를 올렸다. 그 결과 홍선대원군이 추진한 원납전(願納錢)과 결렴(結斂)을 즉각 혁파하라는 명령이 내려짐으로써 원납전의 납부는 폐지되었다.

이와 같이 원납전의 납부는 1865년 5월부터 시작되어 1873년 혁파될 때까지 계속되었다. 이 과정에서 박시묵은 과도한 부담으로 가계에 곤란을

105　朴時默,『雲牕日錄』, 1868年 戊辰 11月 19日.
106　朴時默,『雲牕日錄』, 1868年 戊辰 11月 28日.
107　朴時默,『雲牕日錄』, 1869年 己巳 2月 15日.
108　朴時默,『雲牕日錄』, 1869年 己巳 9月 2日.
109　朴時默,『雲牕日錄』, 1870年 庚午 7月 29日.
110　朴時默,『雲牕日錄』, 1870年 庚午 8月 21日.

격었고, 옥고를 치르는 고초를 겪기도 했다.

(2) 부호로써 책임과 의무를 다하다.

박시묵은 고종 4년(1867) 경산부에 나포되어 옥에 수감되었을 때 아들 박재형이 대구부로 들어가 이 난간을 타개하고자 하였다. 그래서 대구부의 순장(巡將) 김기주(金基柱)가 경산부로 내려왔다. 김기주는 술과 안주를 가득 준비하였고, 한자리에 앉은 수십 인이 취하도록 먹고 마셨다. 이 자리에서 김기주는 다음과 같이 박시묵을 변호하였다.

> 순장(巡將) 김기주(金基柱)가 내려와 술과 안주를 가득 준비하여 한자리에 앉은 수십 인이 취하도록 먹고 마셨다. "직접 보지 못할까 걱정하였는데 매우 감사하다. 이 사람은 가세(家勢)가 그다지 대단치 않다. 몇 해 전 논 150두락을 출연하여 집안에 의장(義莊)을 설치하였고, 좋은 땅 30두락을 향교 양사재(養士齋)에 내놓았다. 근일에는 또 3천여 금을 내서 고을의 군포나 호포 때문에 도망치는 사람이 없도록 했고, 관부(官府)의 땔감을 갖추어 주기도 했다. 이는 부요(富饒)해서가 아니라 덕을 행하기 좋아하기 때문이다. 언 듯 보기에도 좋은 말로 매우 지극하다. 일찍이 나에게 의장 배치에 대해 물었는데 남을 도와주는데 부합(符合)하다는 뜻이다.[111]

박시묵은 만석에 못 미치는 9천 석 정도의 대부호였지만, 소위 '만석군'으로 불렸다. 대체로 당시 가격으로 쌀 1석을 2.5냥으로 환산하면 1년에 2만 2천 5백 냥의 생산력을 가졌다.[112] 당시 박시묵이 향중을 위해

---

111 朴時默, 『雲牕日錄』, 1867年 丁卯 2月 6日.

112 朴時默, 『雲牕日錄』, 1867年 丁卯 11月 10日. "石數爲七千二百七十餘石錢數以石計價則爲一萬九千五十餘兩也"라고 하여, 쌀 1석의 값은 2.5냥 정도로 환

지출하였던 돈은 친척들을 위해 설립한 의장(義莊) 150두락, 향교의 양사재(養士齋) 30두락, 그리고 고을의 군포나 호포 때문에 도망하는 사람이 없도록 지원한 3천 냥, 그리고 관부의 땔감 등을 조달하기 위한 희사금(喜捨金) 등 그 규모와 용도는 많았고 다양하였다.

고종 4년(1865) 홍선대원군이 환곡제도의 폐단을 개혁하고자 전국적으로 사창제도(社倉制度)를 실시하고, 병인양요 이후 1867년부터 정부는 민보군(民堡軍)을 조직하였다. 박시묵은 대부호로써 사창(社倉)과 민보(民堡)의 운영에 참여하였다.[113] 1869년 2월 사한미(社還米)를 절반(折半)분급(分給)할 때 20석을 받았다는 것으로 볼 때,[114] 사창계(社倉契) 운영에 자금을 투자하였던 것으로 볼 수 있다.

특히 주목되는 것은 종중(宗中)의 이름으로 설치한 의장(義莊)이다. 의장은 종중재산의 일종으로 그 수입에 의해 일족 중 빈곤한 자가 있을 때 구제를 하거나 일족의 번영을 목적으로 설립된 것이다.[115] 박시묵은 150두락을 출연하여 의장을 설치하였는데, 그는 「의장기(義莊記)」에서 그 목적을 다음과 같이 규정하고 있다.

> 장(庄)의 이름을 의(義)로 하는 것은 종족의 돈독과 화목의 뜻이다. 예부터 사람들이 많이 행한 것으로 범문정(范文正)의 소주(蘇州) 전택(田宅)이나 이종악(李宗諤)의 종법(宗法)은 모두 이것이다. …(중략)… 일문(一門) 대소(大小)의 합의(合議)로 약간의 재물을 모아 농장을 매득하고 해마다 이식을 늘려서 길흉조경(吉凶弔慶)의 구조와 제기구휼(濟饑救

산된다.
113　朴時默, 『雲塢日錄』, 1867年 丁卯 11月 5日.
114　朴時默, 『雲塢日錄』, 1869年 己巳 2月 11日.
115　북송(北宋) 대 범중엄(范中淹)이 일족을 위해 사재를 내어 소주지역에 전답을 구입한 것이 의장의 규범으로 내려오게 되었다.

𝒛)의 자본으로 삼았다.[116]

의장은 종중의 일족과 향리의 이웃을 위한 구제기관이다. 의장의 절목(節目)을 확인할 수 없어 구체적인 운영 방법을 알 수 없지만, 절목의 내용을 이해할 수 있는 의장 관련 기록이『운강집』의「행장」에 기록되어 있다.

> 약간의 의장(義莊)을 두어 자제들로 하여금 맡아보게 하였다. 종족(宗族) 중에 가난하여 시집과 장가를 들지 못하는 자, 죽어서 관곽(棺槨)이 없는 자, 굶주리고 곤란하여 흩어지는 자, 수익이 없으면 돕고 거주할 수 있도록 보호하며, 족친으로 외롭고 무고(無告)한 자는 모두 길러서 성취하게 하며, 이웃으로 가난에서 헤어나지 못하는 자는 모두 차이나게 베푸니 잘살게 된 자가 많고 심지어는 집을 옮겨 따르는 자도 있었다. 일찍이 흉년에 집안사람이 땅을 사고자 하면 공은 "사람들이 많이 굶주리는데 널리 구제하지 않고 이런 시기에 이익을 구하는 것은 좋지 않다."고 말하였다. 공은 이른바 부자이지만 덕을 행하기를 좋아하는 사람이다.[117]

위 행장에서는 의장의 운영을 위한 절목(節目)을 나열하며 박시묵의 공적을 치하하고 있다. 이 글에서 박시묵이 친척이나 이웃사람들에게 베푼 선행과 재물에 대한 평소의 태도를 엿볼 수 있다.

일찍이 박시묵은 그의 나이 52세가 되던 1865년 6월 24일『운창일록』에서 "자신의 몸을 지키고 집안을 보전하기 위해 항상 조심하고 경계"했던 자신의 삶을 돌아보며, 다음과 같은 회한(悔恨)이 담긴 글을 쓰고 있다.

---

116 朴時默, 『雲岡集』卷4, 「義莊記」.
117 朴時默, 『雲岡集』卷7, 「行狀」.

24일, 정사, 맑음. 옛날을 돌아보니 문득 심기(心氣)가 평안치 않다. 나는 지금 52세인데, 풍요롭고 귀한 집에 태어나 고생 없이 성장하였다. <u>조심하는 마음을 항상 간직하여 방탕하지 않은 것은 몸을 지키고 집안을 보전하기 위한 뜻</u>이 있었기 때문이다. 대체로 부귀하면 사치하려 하지 않더라도 사치함이 저절로 이르고, 사치하면 다른 사람에게 교만하기를 바라지 않더라도 다른 사람에게 교만함이 저절로 이르고, 다른 사람에게 교만하면 멸망함을 기약하지 않더라도 멸망이 저절로 이르게 된다. 두렵지 않을 수 있으랴. 두렵도다![118]

박시묵은 성리학을 공부한 선비이자 대부호였지만, 평생을 처사적인 삶으로 일관하였다. 어려운 시기에 대부호로써 산다는 것은 그만큼 어려운 일이었다. 평상시에는 일족을 위한 지출과 향교·서원·서당 등에 대한 지출, 그리고 관청이 필요로 하는 물품의 조달 등에서 그가 가진 부에 걸맞게 부담해야만 했다. 더욱이 원납전을 비롯하여 끊임없이 이어지는 의연금은 큰 부담이 되기도 했지만, 그가 부와 신분을 유지하는데 필요한 것이기도 했다.

5. 맺음말

운강 박시묵은 처음 퇴계학맥을 계승한 영남학파의 종장 정재 유치명의 문하에서 성리학을 공부하였으며, 그 말년에는 근기 남인의 학풍을 계승한 근기학파의 종장 성재 허전에게 문인의 예를 다했다. 그 아들 진계 박재형도 부친과 함께 유치명과 허진의 문하에서 수학하였다. 따라서

---

118 朴時默, 『雲牕日錄』, 1868年 乙丑 6月 24日.

박시묵 부자는 영남학파의 성리학과 근기학파의 실학적 경세학을 두루 섭렵한 학자이자 교육자였다.

박시묵 부자는 청도 출신으로 정재학파의 일원이 되었다는 것이 주목된다. 일찍부터 맺어진 퇴계학맥과의 세교가 근세로 이어진 경우라고 할 수 있을 것이다. 더욱이 청도를 대표하는 대부호였기 때문에 평생을 처사적 삶을 살면서도 선비로서의 학문과 부호로서의 경세제민(經世濟民)의 뜻을 펼치고자 했다.

박시묵은 평생을 심학(心學)과 소학(小學)에 심취하여 살았다. 그는 평소 마음(心)을 일신(一身)의 주재자(主宰者)라 하며 마음(心)의 수양에 치중하였다. 그리고 심(心)과 성(性)을 하나로 파악하여 심성(心性)의 수양을 으뜸으로 생각하고 실천하였다. 그래서 심재옹(心齋翁), 심재노부(心齋老夫)라는 자호를 쓰기도 했다.

박시묵은 심성의 수양 방법을 『소학』에서 찾았다. 박시묵 부자는 선비로써 수양과 성찰을 위한 위기지학(爲己之學)의 한 방법으로 『소학』을 읽고 강조하였다. 그래서 사람들은 박시묵을 소학중인(小學中人)이라 했다. 박시묵의 『소학』에 대한 관심과 심취는 가학으로 이어져 박재형의 『해동속소학(海東續小學)』에 이르러 완성되었다.

박시묵은 평생을 학문과 마음의 수양을 통해 현실 문제에 대응하였다. 박시묵은 위정척사사상(衛正斥邪思想)을 가진 유생으로 1866년 프랑스가 침략하자 소모영(召募營)을 조직하고 청도창의장(淸道倡義將)에 추대되었다. 그의 아들 박재형도 부친 박시묵의 위적척사적인 사상을 계승하여 서양의 학문과 침략, 그리고 일본의 침략에 대응한 위정척사론(衛正斥邪論)을 견지하였다.

박시묵은 19세기 청도지역을 대표하는 재지사족 출신의 선비였을 뿐만 아니라, 대부호로써 광범위한 교유관계를 가졌다. 그는 청도의 운문에 거주하며 은둔하듯이 살았지만 영남학파의 성원으로 성주의 응와(凝窩) 이원조(李源祚), 경주의 정헌(定軒) 이종상(李種祥), 상주의 계당(溪堂) 유주목(柳疇睦) 등과 교유를 맺었고, 말년에는 근기학파인 성재(性齋) 허전(許傳) 등과 교유하여 광범위한 학문적 유대관계를 가지고 있었다.

한편 박시묵은 향리의 자제 교육에 관심을 두고 학당을 설립하고 재정적 지원을 아끼지 않았다. 그는 일찍부터 선암서원에 설립한 문강계(門講稧)와 박곡촌에 설립한 박산재(博山齋), 그리고 대비사에 설립한 대비정사(大庇精舍) 옥란정(玉蘭亭) 등의 학당을 설립하고 강학 활동을 펼쳤다. 그의 아들 박재형도 백류원(百榴園)을 지어 강학과 저술 활동을 통해 부친의 뜻을 계승하였다.

박시묵은 대부호로써 경복궁(景福宮) 중건사업에 부응하여 원납전(願納錢)을 기부하였다. 그는 과도한 원납전 부담으로 가계에 곤란을 겪기도 했고, 또 이 문제로 나포되어 옥고를 치루기도 했다. 뿐만 아니라 관청이 주도한 사창제도(社倉制度)와 민보제도(民堡制度)에 참여하여 그 운영자금을 담당하기도 했다. 더욱이 향리를 대표하는 대부호였기에 일족을 위한 지출, 향교·서원·서당 등에 대한 지원, 그리고 관청에 필요한 물품의 조달 등을 부에 걸맞게 부담해야만 했다. 특히 박시묵은 향리에 의장(義莊)을 설치하여 친척과 이웃을 위해 선행을 베풀고 있었다.

박시묵은 19세기 조선조 말기를 살았던 학자이자 대부호였다. 그는 대부호였기 때문에 평생을 처사적인 삶의 태도를 잃지 않고 학문에 정진하였으며, 마음의 수양을 통해 일신과 집안을 보위하는데 전력을 다했다.

운강 박시묵 연보

1814년 ○ 음력 11월 10일 慶北 淸道郡 薪旨里에서 부친 誠敬堂 朴廷周
와 모친 경주김씨의 3남 6녀 중 장남으로 태어났다. 본관은 密
陽, 자는 輝道, 호는 雲岡이다.

1830년 ○ 17세, 星州李氏 李秉瑩의 딸과 혼인하다.

1838년 ○ 2월12일 장남 재형이 태어나다

1846년 ○ 定齋 柳致明의 문하에 나아가 수학하였다. 經史子集 수천 권
을 읽었고, 특히 小學에 심취하여 평생 가까이 두고 읽었다.

○ 擧業을 폐하고, 귀로에 冠山 成近默을 찾아보고 귀향하였다.

1850년 ○ 11월 부친 誠敬堂 朴廷周의 상을 당하다.

1952년 ○ 장남 재형이 驪州李氏 李博祥의 딸과 혼인하다.

1859년 ○ 모친 경주김씨의 상을 당하다.

1865년 ○ 5월 경복궁 願納錢 1천 냥을 내다.

○ 8월 14일 장남 재형이 凝窩 李源祚가 主講하는 檜淵書院 강
회에 참석하다.

○ 8월 29일 정사의 아래쪽 博谷村에 博山齋를 지어 교수를 두
고 수업하게 하다.

○ 9월 1일 凝窩 李源祚와 함께 雲門山과 大悲山을 유람하고, 그
곳에 大庇精舍를 지어 학동들의 講學 장소로 쓰게 하다.

○ 11월 경복궁 원납전 3천 냥을 내다.

○ 장남 재형이 寒岡 鄭逑의 사당을 배알하고, 정구의 百梅園을
본떠서 거처하는 집에 석류 100그루를 심고 '百榴園'이라 이름

하다.

1866년 ○ 10월 1일 丙寅洋擾가 발발하자 東都召募使 定軒 李鍾祥의 권
유로 淸道召募使가 되다. 560명으로 편성된 의병진이 결성되다.

1867년 ○ 4월 12일 大庇山玉蘭契를 조직하다.

○ 4월 22일 大庇山玉蘭契를 조직한 뒤, 精舍를 설립하다.

○ 6월 28일 大庇山玉蘭修稧節目을 제정하다.

○ 청도군수 金奭根이 大庇山亭記文을 짓다.

○ 9월 사창제를 창설하다.

1869년 ○ 9월 仙巖書院과 龍岡書院이 撤毁되다.

○ 10월 셋째 며느리와 아들 朴在忠이 연달아 죽다.

1870년 ○ 스스로 不知翁이라 칭하고 不知翁記를 짓다.

○ 5월 自警文으로 心齋自敍를 짓다.

○ 黃萬善·蘭善兄弟가 방문하다.

1873년 ○ 둘째 아들 朴在磬가 죽다.

○ 11월 崔益鉉의 疏章을 보고 격분하다.

1874년 ○ 12월 心齋記를 짓다.

1875년 ○ 1월 同歸堂記를 짓다.

○ 8월 3일, 졸하다.

○ 10월 紫鶴山에 장사 지내다.

1879년 ○ 按察使 李根弼이 孝學으로 조정에 천거하다.

1880년 ○ 6월 通訓大夫 司憲府 監察에 증직되다.

1885년 ○ 좌승지에 증직되다.

1894년 ○ 아들 朴在馨이 목판으로 문집을 간행하다.

진계 박재형 연보

1838년 ○ 음력 2월 12일 慶北 清道郡 中東面 薪旨里에서 부친 운강 박
　　　　시묵과 모친 星山李氏의 4남2녀 중 장남으로 태어났다. 본관은
　　　　密陽, 자는 伯翁, 호는 進溪, 초휘는 在誠이다.

1852년 ○ 驪州李氏 李博祥의 딸과 혼인하다. 슬하에 7남 1녀를 두었다.

1865년 ○ 부친이 학동들의 강학 장소로 설립한 大庇精舍에서 강학을
　　　　하다.

　　　○ 8월 응와 이원조의 회연서원 강회에 참석하다.

　　　○ 가을, 寒岡 鄭逑의 사당을 배알하다.

　　　○ 정구의 百梅園을 본떠서 거처하는 집에 석류 100그루를 심고
　　　　'百榴園'이라 이름하여 講舍로 삼고 講學을 하다.

1869년 ○ 鄕試에 합격하다.

　　　○ 9월 29일 性齋 許傳의 문하에 나아가다.

　　　○ 10월 19일 동생 朴在忠이 죽다.

1870년 ○ 成均館 進士試에 합격하다.

1871년 ○ 한양에 올라가 과거를 준비하다.

　　　○ 운문산에 칩거하여 후학을 지도하다.

1873년 ○ 동생 朴在磬가 죽다.

1875년 ○ 4월, 驪州李氏의 상을 당하다.

　　　○ 8월, 부친상을 당하다.

1879년 ○ 2월, 모친상을 당하다.

1882년 ○ 정월, 性齋 許傳이 百榴園記를 짓다.

○ 海東續小學 寫本 100부를 간행하다.

1884년 ○ 變服令이 반포되자 조정을 명령을 따를 수 없다고 하였다.

○ 性齋 許傳이 海東續小學 序文을 쓰고 목판본 300부를 간행
하다.

○ 海東續古鏡重磨方을 간행하다.

1886년 ○ 海東續小學 목판본 200부를 간행하다.

1892년 ○ 陶山至言을 편찬하다.

1894년 ○ 일본군의 입경에 대한 李南珪의 上疏를 높이 평가하고 대일
투쟁을 강조하다.

1898년 ○ 4월, 懿寧園 參奉이 되었으나 나아가지 않다.

○ 宋秉璿에게 서한을 보내 '邪說의 橫行에 맞서 斯文을 부지해
줄 것'을 당부하다.

1900년 ○ 8월 12일, 巨濟島 夫仁堂浦에서 사망하다.

1912년 ○ 朝鮮廣文會가 海東續小學을 활판으로 간행하다.

1925년 ○ 손자 朴淳炳 등이 목판으로 문집을 간행하다.

○ 海東續小學 목판본 100부를 간행하다.

6장
雲岡 朴時默의 저술과 사상사적 위상

1. 머리말

영남(嶺南)의 청도(淸道)는 조선전기에 김일손(金馹孫)·김대유(金大有)가 시례(詩禮)의 학풍을 창도했고, 이어서 박하담(朴河淡)이 이러한 학풍을 이끌어 나갔기 때문에 조선조에 추로(鄒魯)의 고을로 일컬어졌다.

청도의 밀양박씨(密陽朴氏)는 우리나라를 대표하는 명벌(名閥)로, 고려 태사 박언부(朴彦孚. 侍中, 都評議使. 密城君), 박언부의 아들 박효신(朴孝臣. 門下侍中. 시호는 文翼), 박효신의 아들 박공필(朴公弼. 大將軍. 都檢事), 박공필의 아들 박육경(朴育慶. 兵部尙書)이 모두 현달(顯達)한 인물들이다.

박익(朴翊. 松隱, 시호는 忠肅)은 고려 말에 예부시랑(禮部侍郎, 中書令)을 지냈다. 그는 정몽주(鄭夢周, 圃隱)·이색(李穡, 牧隱)·이숭인(李崇仁, 陶隱)과 함께 명성이 크게 드러났다. 조선조에 들어와 태종이 그를 여러 번 불러 벼슬이 좌의정에 이르렀으나 나아가지 않았다.

박시묵의 아버지 박정주(朴廷周)는 1837년(헌종 3)에 문강계(門講契)를 만들어 문중의 자제들이 봄가을로 예악(禮樂)을 강론하고 여름과 겨울에는 시서(詩書)를 배우게 했다.[1] 그는 문중의 자제들이 문강계를 잘 유지하여 집안에 들어와서는 효제(孝悌)를 행하고 나가서는 공경과 사랑이 사람에게 미치기를 바란다고 했다.[2]

박시묵(朴時默, 1814~1875)은 본관은 밀양(密陽), 자는 휘도(輝道), 호는 운강(雲岡)이다.[3] 그는 세칭 요호(饒戶)로 일컬어지는 풍섬(豊贍)한 집안에서 성장하여[4] 넉넉한 경제력을 바탕으로 청도의 아름다운 계산(溪山)을 즐기면서 삼공(三公)도 부러워하지 않았고 자신의 처지를 삼공과도 바꾸고 싶어하지도 않았다.

박시묵의 주요 저술로는 『운창일록(雲牕日錄)』·『운강만록(雲岡謾錄)』·『운중만록(雲中謾錄)』 등이 있고, 문집으로 『운강집(雲岡集)』 3책이 있다. 또한 아들 박재형(朴在馨)이 아버지의 유묵을 모아 편찬한 『백류원진장(百榴園珍藏)』 10책이 있다. 특히 『운창일록』은 조선 말기 격동기를 살다간 청도의 유학자 박시묵의 교유와 강학(講學) 활동을 통해 영남학계의 학문적, 사상적 지향을 알 수 있다.

이 글에서는 19세기 영남학계에서의 박시묵의 학문적 삶과 사상을 검토하고 그 사상사적 위상을 밝혀 청도지역의 대표적인 학자를 새롭게 학술적으로 조명하고자 한다.

---

1 『雲岡謾錄』 제2책, 門講稧記.
2 『雲岡集』 권4, 序, 門講稧帖序.
3 『雲岡謾錄』 제2책, 雲岡記. 박시묵의 호 雲岡은 雲門과 같은 의미이다. 岡자가 밖은 門자를 취했고 안은 八, 一, 山 세 글자를 감추고 있으니 대개 산의 모습이 八자이고 一자인 것을 취한 것이라고 했다(『雲中謾錄』 詩, 八一山圖). 『雲牕日錄』에 의하면 이름을 '蓍默'으로 쓰기도 했다.
4 『雲牕日錄』 제2책, 1865년 6월 24일.

2. 저술과 활동

1) 가문의 내력과 생애

박융(朴融, 자는 惟明, 호는 憂堂)은 태종 8년(1408)에 생원시에 합격을 하여 성균관 사예, 사간원 정언, 집현전 수찬 등을 거쳐 형조좌랑, 이조좌랑을 지냈다. 또한 종부시 판사로 재직하다가 외직으로 나가 함안군수와 금산군수를 지냈다.[5]

박융의 고조는 박대화(朴大和. 이부상서), 증조는 박간(朴幹. 貳相. 시호는 文孝), 조는 박영균(朴永均. 版圖判書. 銀山府院君. 시호는 文憲)이고, 아버지는 박익(朴翊. 松隱. 左議政. 시호는 忠肅)이다.

박융은 동생 소(昭)·조(調)·총(聰) 등과 함께 정몽주의 문하에서 성리(性理)의 학, 즉 이학(理學)을 공부했다. 박융은 대책문(對策文)을 잘 지어 이직(李稷)과 변계량(卞季良)으로부터 크게 칭찬을 받기도 했다.[6] 그는 세 동생과 함께 사주수(四珠樹)로 칭해졌다. 그는 경상도 경력(經歷)을 지낼 때에 하연(河演)·이숙묘(李叔畝) 등과 권근의 『입학도설(入學圖說)』을 간행하여 보급하기도 하였다.

박융의 아들 박건(朴乾. 호는 杜谷)은 부사직으로 밀양에서 청도로 이거하여 살았다. 박건의 아들은 박승원(朴承元. 호는 退巖)으로 부사직을 지냈다.

박하담(朴河淡. 자는 應千. 호는 逍遙堂)은 박승원과 어머니 진주하씨(河叔溥의 딸) 사이에서 태어났다. 그는 학행으로 벼슬이 감역(監役), 사

---

5 『雲岡集』 권6, 實錄, 先祖憂堂先生實錄.
6 『雲岡集』 권6, 實錄, 先祖憂堂先生實錄.

평(司評), 봉사(奉事)에 이르렀으나 나아가지 않았다. 그의 동생은 박하청(朴河淸)과 박하징(朴河澄)이다. 청도 밀양박씨의 가전(家傳)에 의하면, 박하담 형제의 이름에 하(河)자를 쓴 것은 외가(外家)를 잊지 않겠다는 정성과 효성을 드러낸 것이라고 했다.[7] 박하담은 선암서원(仙巖書院)에 제향되었다.

박하담은 "옛날 사람은 소요(逍遙)의 노님이 반드시 물(物) 밖의 광막(廣漠)한 시골에 있지는 않았고 명교(名敎)의 안에 저절로 즐거운 땅이 있었다. 심성체용(心性體用)의 온전함과 이기동정(理氣動靜)의 오묘함이 마음에 암묵적으로 맞아서 모서리마다 통하고 곁으로 통하면 이른바 연비어약(鳶飛魚躍)과 광풍제월(光風霽月)이 다 이곳에 있어 산수(山水)를 대함에 태극(太極)의 이(理)를 논하고 화초(花草)를 봄에 조물(造物)의 묘함을 상상하는데 이것이 자신의 소요의 즐거움으로 자신의 중화(中和)의 마음을 기르는 바이다."라고 했다.[8] 그는 "학문을 하는 근본은 오직 성경(誠敬)에 있다. 성경의 공부는 먼저 내 마음을 바르게 해야 한다. 내 마음이 바르지 못하면 보고 얻는 것이 실(實)이 없다."라고 했다.[9]

선조 25년(1592) 임진왜란(壬辰倭亂)이 일어나자 박하담의 손자와 증손들은 의병을 일으켜 14명의 의사(義士)가 배출되었다.[10] 그래서 청도

---

7 『雲岡集』 권6, 家狀, 先祖逍遙堂先生家狀.
8 『雲岡集』 권6, 家狀, 先祖逍遙堂先生家狀.
9 『雲岡集』 권6, 家狀, 先祖逍遙堂先生家狀.
10 임진왜란 때 의병을 일으켜 청도, 밀양, 경산 등지에서 일본군에게 타격을 가한 朴慶新(부사. 선무일등공신), 朴慶因(증 지평), 朴慶傳(현감. 선무공신. 증 병조판서), 朴慶胤(첨정. 선무공신. 증 병조판서), 朴慶宣(만호. 증 좌승지), 朴瑄(우윤. 선무공신), 朴璨(우후, 선무공신), 朴智男(부정. 동지중추부사. 선무공신), 朴哲男(司僕. 部將, 선무공신), 朴璘(주부. 선무공신), 朴瑀(현감. 증 호조참의), 朴球(훈련원 판관. 선무공신), 朴琡(호는 龍巖. 군자감봉사. 선무공신), 朴瑾(진사. 선무공신) 등 14명의 의사를 말한다. 이들 14의사는 부자, 형제, 숙질, 종형제 사

의 밀양박씨에 대해 세상에서는 "우당사주(憂堂四珠)의 세가(世家)에, 십사충의(十四忠義)의 명족(名族)"이라는 칭송을 하였다.[11]

박하담의 아들은 박영(朴潁. 誠孝齋. 順陵參奉. 贈 刑曹參判)이고 손자는 박경연(朴慶延. 贈 工曹參議)이다.

박시묵의 증조는 박필제(朴必濟)이고 할아버지는 박장덕(朴章德)이고 아버지는 박정주(朴廷周, 자는 學文. 호는 誠敬堂)이다. 어머니는 경주김씨(1786~1859)로 김종악(金宗岳)의 딸이다.[12]

박시묵은 순조 14년(1814) 11월 10일에 태어났다. 그는 집안의 자제(子弟)들을 잘 가르쳤다. 그는 비단옷을 입고 고기를 먹는 것을 경계하여 말하기를 "이것은 유가(儒家)의 본분이 아니다."라고 했다. 박시묵은 자제들이 출입하면서 먼곳이 아니면 반드시 도보로 다니게 하면서 말하기를 "옷이 가볍고 말이 살찐 것은 아름다운 일이 아니다. 또한 근력을 수고롭게 하고 뼈를 깎는 노력을 하는 것이 모든 일을 만드는 기본이다."라고 했다. 또한 그는 과거에 응시하러 가는 자제들에게 "이번 길에 반드시 아무 책을 사서 오라. 좋은 책을 엄숙하게 읽는 것이 한번 과거급제를 하여 그르치는 것과 비교하여 어떻겠는가."라고 했다.

또한 박시묵은 다른 사람의 허물을 말하지 않고자 하여 항상 말하기를 "나는 기억력이 좋지 않아 다른 사람의 착한 점도 많이 잊어버리는데 하물며 남의 단점을 기억하겠는가."라고 했다. 그리고 다른 사람과 곡직(曲直)을 비교하지 않고자 하여 항상 말하기를 "직(直)이 만약 나에게 있다면 곡(曲)은 문득 누구에게 돌아가는가? 또한 어찌 내가 반드시 직하

이로 이 가운데 11명은 선무원종공신 일등, 이등, 삼등에 각각 올랐고, 1명은 병자호란 때 진무원종공신 1등에 올랐다.

11 『雲岡集』 권7, 附錄, 輓誄(鄭墧).

12 『雲岡集』 권6, 墓誌, 先妣孺人金氏墓誌.

고 남이 반드시 곡하다는 것을 알겠는가."라고 했다. 또 항상 말하기를 "사람은 훼예(毀譽)가 없을 수 없다. 그러나 헐뜯는 자는 나의 허물을 바로잡는 것이고 칭찬하는 자는 나의 선을 해친다."라고 했다.

박시묵은 평생 범중엄(范仲淹)의 "천하의 근심은 남보다 먼저 근심하고 천하의 즐거움은 남보다 뒤에 즐거워한다(先天下之憂而憂, 後天下之樂而樂)"라는 말을 애송했다. 그러면서 그는 범중엄의 말과 같은 뒤에 천하의 선비가 될 수 있다고 하면서, 자신은 이미 범중엄의 사업을 얻지 못했으니 오직 집안에서 그 일을 실천하고자 한다고 했다.

박시묵은 처가(處家)에 있어 공심(公心)을 중시하고 사의(私意)를 배격하였다. 그는 사의가 끼면 가도(家道)가 꼬인다고 했다. 가령 여러 아들과 며느리들이 한 사람은 민첩하고 한 사람은 둔하다면 그 민첩한 자를 사랑하고 둔한 사람을 미워할 수 없다. 애증(愛憎)이 치우치면 끝내 말하기 어려운 단서가 그 사이에 생긴다. 입과 배는 일신(一身)의 천(賤)하고 작은 것이고, 심지(心志)는 일신의 귀하고 큰 것이다. 비록 빈궁하더라도 입과 배를 위하여 예(禮)가 아닌 일을 행할 수는 없다. 더욱 마땅히 굶주림을 참고 독서를 하여 나의 지기(志氣)를 꺾지 않아야 하니 지기가 강정(剛正)하면서 굶어 죽은 자는 아직까지 보지 못하였다고 했다.[13]

박시묵은 헌종 12년(1846)에 유치명(柳致明, 1777~1861)의 문하에 나아가 위기(爲己)의 학문에 대해 들었다.[14] 그는 철종 12년(1861) 스승 유치명이 별세하자 애도하는 만사(輓詞)를 지어 스승을 잃은 슬픔을 표현하였다.[15]

---

13 『雲岡集』 권6, 雜著, 戒諸子.
14 『雲岡集』 권5, 祭文, 祭定齋柳先生文.
15 『雲岡集』 권1, 詩, 定齋柳先生致明輓.

창강에 달이 서늘하니 용은 어디로 갔으며	滄江月冷龍何去
화표에 구름이 사라지니 학은 이미 날아갔네	華表雲空鶴已飛
슬프게도 만우정 위의 좌석에는	怊悵晩愚亭上座
이 후생이 다시 배울 곳이 없어졌습니다.	此生無地更摳衣

박시묵은 서가(書架)에 경사자집(經史子集) 수천 권을 쌓아두고 날마다 그 사이에 생활하면서 의심스러운 곳이 있으면 표시를 하여 반드시 해명을 하고자 했다. 그는 경학(經學)과 예학(禮學)을 깊이 공부했고, 정호(程顥)·정이(程頤) 형제와 주희(朱熹)·이황(李滉)의 책을 읽고 깊이 생각하여 거의 잠자고 밥 먹는 것을 잊어버릴 정도였다.

박시묵은 1846년에 서울에 과거를 보러갔다가 고향으로 돌아오던 그해 2월 그믐날에 당시의 산림(山林)인 성근묵(成近默)을 방문하였다. 성근묵은 박시묵의 뜻이 고상함을 인정하여 시를 지어 주었다.[16]

운문에 기이한 기운 옛 사람을 생각하니	奇氣雲門想古人
仙巖과 金谷의 굽은 냇가로다	仙巖金谷曲川濱
오늘날 숨어서 덕을 닦는 선비에게 명성을 부치노니	寄聲今日藏修士
다스려지고 교화한 밝은 조정에서 은자를 찾도다	治化明廷搜隱淪

박시묵은 이에 아래와 같이 시를 지어 성근묵에게 올렸다.[17]

16 『雲岡集』 권1, 詩, 成祭酒近默隱居冠嶽山中余時有事入京因造其廬臨行公贈以詩謹次仰呈. 『雲岡集』의 초고본이라고 여겨지는 『雲中謾錄』에는 이 시의 서문으로 "淸道仙巖朴斯文輝道枉路來訪, 以契家之舊, 叙睽阻之懷, 不可無所識, 拈退溪集中韻, 共賦"가 붙어 있고 시의 주로 "丙午之仲春晦, 冠山逋客, 成聖思稿, 走草幸恕"가 붙어 있다.

17 아래 시는 『雲中謾錄』에는 "西遊得御老成人, 滿壁圖書漢水濱. 復禮工夫顔孟學, 掛瓢心事許巢淪"으로 되어 있다.

서쪽으로 유람하여 노성인을 모시니	西遊得御老成人
홀로 관악의 비탈 적막한 물가를 지키시네	獨守冠陂寂寞濱
몸은 물러나서도 기와 설의 뜻을 품으셨고	身退猶懷夔卨志
산에 사시면서 달게 허유와 소부 무리 되시었네	山居甘作許巢倫

박시묵은 과거 시험 공부를 하였으나 철종 1년(1850)에 아버지가 돌아가시고 1860년에 어머니가 돌아가시자 그뒤 과거에 응시하지 않았다. 그는 과거 시험에 진실로 응시하지 않을 수 없으나 다만 자신의 힘을 다할 뿐이고 합격 여부는 하늘에 맡긴다고 했다. 그는 지력(智力)으로 과거를 구하면 반드시 패가망신(敗家亡身)의 지경에 이른다고 했다.[18]

고종 11년(1874) 12월 8일에 박시묵은 「자경설(自警說)」을 지어 자신을 경계하였다. 그는 거원(遽瑗)이 행년(行年) 50년에 49년의 그름을 알았다고 했고, 또 말하기를 행년 60년에 60년으로 잘 변화를 했다고 하면서, 옛사람은 허물을 고치는 것에 인색하지 않아 나이가 더욱 높아질수록 덕이 더욱 높아졌으니 어찌 늙었다고 배우지 못할 이치가 있겠는가라고 했다.[19]

박시묵은 평생 청도의 아름다운 산수를 좋아하였다. 그는 운문산 아래에 만화정(萬和亭)을 지어 소요(逍遙)하면서, 넉넉한 경제력을 기반으

---

18 『雲岡集』권6, 雜著, 戒諸子.

19 『雲窻日錄』제1책, 1864년 12월 8일. "作自警說以自慰. 天地肇判, 陰陽交感而萬物之化生, 備於其間矣. 蓋其沖漠無朕之中, 萬理感備, 是則所謂太極而斯道之大原也. 惟聖人全體太極, 而與天同德也. 至於衆人, 不然, 以有形氣之私而失其秉彛之德也. (중략) 登亭而每失一團之和氣, 築臺而未洗非僻之私心, 萬和之爲名, 洗心之揭號, 得不爲傍邊冷看之笑乎? (중략) 吾已年過六十, 後能收拾幾微, 誠可笑矣. 然遽伯玉行年五十知四十九年之非, 又曰行年六十而六十化, 古之人改過不吝, 年彌高而德彌邵也, 豈有老而不學之理乎? 昔程子有自警詩朱子有自警編, 吾亦倣述此說, 告于靈臺, 庶幾有補於身心萬一云爾."

로 찾아오는 빈객(賓客)들을 잘 대접하였다. 19세기 전반기에 활동한 영남의 학자치고 박시묵을 찾아가서 글을 논하지 않은 이는 거의 없을 정도였다. 그는 이원조(李源祚)·최효술(崔孝述)·허전(許傳)·이돈우(李敦禹)·이진상(李震相)·유후조(柳厚祚)·유주목(柳疇睦)·유치엄(柳致儼) 등과 교유하였다. 서울에 살던 김병연(金秉淵)도 박시묵을 찾아와서 서로 시를 주고 받았다.[20]

고종 12년(1875) 가을에 박시묵은 여러 아들을 불러서 아래와 같이 말하였다.

> "세속(世俗)의 병은 치료할 수 있지만 자제(子弟)의 병은 치료하기 어렵다. 지금부터 모름지기 자기를 낮추고 남을 높이며, 마음을 열고 남을 받아들이면 모든 병은 약을 쓰지 않아도 나을 것이다."[21]

박시묵은 『소학(小學)』에 나오는 마원(馬援, 伏波)과 범질(范質, 魯公)이 자질(子姪)에게 경계한 말을 자세하게 음미하면 병의 뿌리가 저절로 제거될 것이니 각자 힘쓰라고 하면서 1875년 8월 3일에 숨을 거두었다.

박시묵이 작고하자 허전(許傳)·이돈우(李敦禹, 승지)·이문직(李文稷, 감역)·장석룡(張錫龍, 참판)·유지영(柳芝榮, 승지) 등 많은 관료와 학자

---

20 『雲中謏錄』贈京居詩文章蘭皐過客金秉淵. "冬客携節氣是秋, 平生豪放壯於遊. 披襟月轉三更影, 闔戶波鳴十里洲. 半夜交情金欲斷, 一樽興味酒將酬. 此時莫道詩狂發, 旣白東方可去休.(時値國哀故末句云)" 謹和. "劍士相逢冷勝秋, 穩將團便續奇遊. 浮雲意思恒過峽, 宿月精神又滿洲. 薄暈通眉佳酒得. 名山在袖好詩酬. 旅燈怊悵因無夢, 漱玉淸談到夜休."

21 『雲岡集』권7, 附錄, 墓碣銘, 墓碑銘. "俗疾可醫, 而子弟之病難醫. 從今須卑己而尊人, 虛懷而容物, 諸疾當勿藥而瘳矣.";『進菴文集』권6, 墓碣, 處士朴公墓碣銘 並序.

들이 애도를 표하였다.

　허전은 박시묵이 작고하자 만사를 지어 지행(志行)의 대개(大槪)를
드러내어 애도를 표하였다.[22]

　　운문산 뽀족뽀족 골은 깊은데　　　　　　　雲門矗矗洞天深
　　세속밖 유유히 스스로 마음을 길렀네　　　物外悠悠自養心
　　추로의 유향에 사우는 몇사람이었던가　　鄒魯儒鄕幾師友
　　요순의 성대에 산림에서 우뚝했네　　　　唐虞聖代獨山林

　이돈우는 박시묵의 서세(逝世)를 애도하며 "같은 도(道)에서 태어나
뜻을 같이하며 기(氣)가 서로 통했는데, 산천 길이 아득한 것을 길이 한
(恨)하도다(同省同志氣相求, 長恨山川路悠悠)"라고 했다.[23] 그는 박시묵
의 묘비명에서 다음과 같이 말하였다.

　스승을 통해 위기의 학을 이음은 학문의 아름다움이요
　　　　　　　　　　　　　　　　　　　　師承爲己 學之旨也
　어버이에게 정성의 예를 극진히 함은 효도를 잘 실천함이다.
　　　　　　　　　　　　　　　　　　　　親極誠禮 孝之濟也
　아들을 도로써 도움은 의의 가르침이요　　翼子以道 義之敎也
　이웃을 재물로써 부유하게 함은 인의 베풂이다.　富隣以貲 仁之施也
　이름이 사후에 전해짐은 여러 사람의 기대의 두터움이요
　　　　　　　　　　　　　　　　　　　　名播身後 輿望之厚也
　은혜로 전중(감찰) 벼슬에 추증됨은 천도의 공이다.
　　　　　　　　　　　　　　　　　　　　恩貤殿中 天道之公也

22　『雲岡集』 권7, 附錄, 輓誄(許傳).
23　『雲岡集』 권7, 附錄, 輓誄(李敦禹).

고종 16년(1879)에 박시묵은 사헌부 감찰에 추증되었다.[24] 그가 추증을 받은 이유는 부모가 살아있을 때 효행이 지극했다는 것, 상례(喪禮)와 제례(祭禮)를 한결같이 예제에 따라서 했다는 것, 성리학을 깊이 공부했다는 것 등이다. 그뒤 고종 22년(1885)에 박시묵은 다시 좌승지에 추증이 되었다.

2) 저술

(1)『운강집(雲岡集)』

『운강집』은 7권 3책이다. 권수(卷首)에는 1904년에 김도화(金道和)가 쓴 서문이 있다. 권1은 시(詩)로, 독소학육수(讀小學六首), 만화정(萬和亭), 제성학십도병(題聖學十圖屛) 등이 실려 있다. 권2, 3에는 서(書)가 실려 있는데, 권2에는 이원조(李源祚)·이종상(李鍾祥)·유후조(柳厚祚)·허전(許傳) 등에게 보낸 편지가 실려 있다. 권3에는 김흥락(金興洛)·이진상(李震相) 등에게 보낸 편지가 실려 있다. 권4는 서(序), 기(記), 발(跋)이 실려 있다. 강학규례후서(講學規例後序), 만화정기(萬和亭記), 서탐한록후(書探閒錄後) 등이 실려 있다.

권5에는 명(銘), 잠(箴), 상량문(上樑文), 축문(祝文), 제문(祭文), 뇌문(誄文)이 실려 있다. 경명(鏡銘), 입심잠(立心箴), 만화정상량문(萬和亭上樑文), 선조약봉공묘개비축문(先朝藥峯公墓改碑祝文), 제정재선생문(祭定齋先生文), 뇌이참판능섭문(誄李參判能燮文) 등이 실려 있다. 권6은 행장(行狀), 실록(實錄), 가장(家狀), 유사(遺事), 묘지(墓誌), 묘표(墓表), 잡

---

24 이돈우가 지은 묘비명에는 1880년 관찰사 李根弼이 襃啓하여 통훈대부 사헌부 감찰이 되었다고 했다.

저(雜著)가 실려 있다. 사묵당도공행장(思默堂都公行狀), 선조우당선생실록(先祖憂堂先生實錄), 선조소요당선생가장(先祖逍遙堂先生家狀), 족선조증통정대부좌승지공유사(族先祖贈通政大夫左承旨公遺事), 선조증형조참의공묘표(先祖贈刑曹參議公墓表) 등의 묘표(墓表), 족선조가선대부동지중추부사공묘지명(族先祖嘉善大夫同知中樞府事公墓誌銘), 계제자(戒諸子), 통제종문(通諸宗文), 의통고열읍장보문(擬通告列邑章甫文), 대학강의(大學講義), 중용강의(中庸講義)가 실려 있다. 통제종문은 박시묵이 1866년(고종 3) 병인양요 때 의병(義兵)을 일으키고자 청도의 밀양박씨 종친(宗親)들에게 보낸 통문이다. 의통고열읍장보문은 영남 여러 고을의 선비들에게 나라를 위하여 의거에 참여할 것을 호소하는 글이다. 대학강의와 중용강의는 박시묵의 경학(經學)에 관한 인식을 살펴 볼 수 있는 글이다.

권7은 부록(附錄)이다. 만화정제영(萬和亭題詠), 만화정기(萬和亭記), 대비정사기(大庇精舍記), 이택당기(麗澤堂記), 옥란재절목발(玉蘭齋節目跋), 대비산정기(大庇山亭記), 만(輓), 제문(祭文), 묘갈명(墓碣銘), 묘비명(墓碑銘), 계장초(啓狀草), 행장(行狀), 발(跋)이 실려 있다. 발문은 아들 박재형(朴在馨)이 썼다.

(2) 『운강만록(雲岡謾錄)』

『운강만록』은 5책으로 필사본 초고이다.[25] 제1책에는 시(詩), 기(記), 발(跋), 제문(祭文), 묘지(墓誌), 만(輓), 잡저(雜著), 부(賦), 잠(箴), 서(序),

---

25 한국학중앙연구원 장서각 소장. 도서목록에는 『雲岡謾錄』에 대한 서지사항으로 저자: 朴時默(朝鮮), 全不分卷5冊, 판사항:筆寫本(草稿本), 내용주기:冊1:詩-遺事.-冊2:詩-雜書.-冊3:書.-冊4:書·祭文·挽·墓誌.-冊5:書-跋(MF35-5929청구기호:D3B 1714)로 표기되어 있다.

유사(遺事), 설(說), 창맹통문(倡盟通文) 등이 수록되어 있다. 주요 목록
은 상감문쉬정헌장(上甘文倅定軒丈), 야은묘치제일등지주비(冶隱墓致祭
日登砥柱碑), 온갖 과일과 화훼(花卉)에 대해 읊은 시와『소학』의 입교
(立敎), 명륜(明倫), 경신(敬身), 계고(稽古), 가언(嘉言), 선행(善行)의 편
명을 읊은 시가 실려 있다. 또한 증별허성재장전(贈別許性齋丈傳), 탄시
사(歎時事), 배정동도이소모사종상(拜呈東都李召募使鍾祥), 근차심도이
판서시원형제순절시운(謹次沁都李判書是遠兄弟殉節時韻), 문양이퇴박아
진파귀희음일률(聞洋夷退舶我陣罷歸喜吟一律), 장서지실기(藏書之室記),
탐한록발(探閒錄跋), 제이목천장문(祭李木川丈文), 송두문(送痘文), 이명
선호(里名仙湖), 회춘부(懷春賦), 외하부(畏夏賦), 상추부(傷秋賦), 애동부
(愛冬賦), 권학가(勸學歌)와 정심잠(正心箴) 등『대학』의 팔조목(八條目)
의 각 잠(箴), 수오신설(守吾身說), 독서설(讀書說), 자계강회계서(紫溪講
會稧序), 승지공유사(承旨公遺事), 창의문(倡義文), 맹약문(盟約文), 통고
영남열읍의사문(通告嶺南列邑義士文) 등이 실려 있다.

제2책에는 시(詩), 만(輓), 제문(祭文), 축문(祝文), 잡저(雜著), 기(記)
등이 실려 있다. 주요 목록은 만정재유선생(挽定齋柳先生), 계제자권학
(戒諸子勸學), 관서유감(觀書有感), 운문지(雲門誌), 만화정(萬和亭), 화명
술씨독중용운(和明述氏讀中庸韻), 등영호루(登映湖樓), 득월대기(得月臺
記), 기우제축(祈雨祭祝), 성경당(誠敬堂), 서루(書樓), 만화정(萬和亭), 의
장기(義庄記), 만화자서(萬和自敍), 소요당(逍遙堂), 삼족당(三足堂), 서재
별장기(書齋別庄記), 제정재유선생문(祭定齋柳先生文), 문강계기(門講稧
記), 운강기(雲岡記), 교궁강설문답(校宮講說問答) 등이 실려 있다.

제3책에는 서(書)가 실려 있다. 여이교리돈우(與李校理敦禹), 답정촌
이형문직(答靜村李兄文稷), 답유승지지영(答柳承旨芝榮), 상호우이참판
(上毫宇李參判), 상호우장(上毫宇丈), 답개령쉬이장종상 答開寧倅李丈鍾

祥), 상김후석근(上金侯奭根), 상이소모사종상(上李召募使鍾祥), 여자인 의장최화겸승엽(與慈仁義將崔和謙承燁), 답지주김후석근(答地主金侯奭根) 등이 실려 있다.

제4책에는 서(書), 제문(祭文), 만(輓), 묘지(墓誌) 등이 실려 있다. 주요 목록은 답서고이장지운(答西皐李丈芝運), 상호우이장(上毫宇李丈), 여이진사진상(與李進士震相), 답최정언학승(答崔正言鶴昇), 여유승지지영(與柳承旨芝榮), 여이승지휘준(與李承旨彙濬), 여이진사재희(與李進士在喜), 상정헌이장(上定軒李丈), 답반류백아(答頒留伯兒), 답이법조문직(答李法祖文稷), 여유숙빈주목(與柳叔賓疇睦), 상승호이장(上承湖李丈), 상정헌장(上定軒丈), 여이참봉경언재희(與李參奉敬彥在喜), 상최참봉장효술(上崔參奉丈孝述), 봉본쉬김후석근(奉本倅金侯奭根), 상호우장(上毫宇丈), 상허성재장(上許性齋丈), 답정헌이장(答定軒李丈), 상호우장(上毫宇丈), 상정헌장(上定軒丈), 제포남박공문(祭浦南朴公文), 선비유인월성김씨묘지(先妣孺人月城金氏墓誌) 등이다.

제5책에는 서(書), 잡저(雜著), 명(銘), 기(記), 축문(祝文), 제문(祭文), 상량문(上樑文), 찬(贊), 잠(箴), 설(說), 서(序) 등이 실려 있다. 주요 목록은 답소청서(答疏廳書), 상이정헌장종상(上李定軒丈鍾祥), 천지(天地), 인(人), 수신(修身), 제가(齊家), 사친(事親), 교자(敎子), 경장(敬長), 융사(隆師), 친우(親友), 봉제(奉祭), 접인(接人), 목족(睦族), 주궁(賙窮), 휼환(恤患), 계주(戒酒), 계색(戒色), 신언(愼言), 시비(是非), 훼예(毀譽), 은원(恩怨), 사군(事君), 치민(治民), 징분(懲忿), 질욕(窒慾), 심(心), 성(性), 이기(理氣), 인(人), 의(義), 예(禮), 지(智), 신(信), 충(忠), 서(恕), 성(誠), 경(敬), 염(廉), 치(恥), 희(喜), 노(怒), 애(哀), 구(懼), 애(愛), 오(惡), 욕(欲), 박학(博學), 심문(審問), 신사(愼思), 명변(明辨), 독행(篤行), 사수(辭受), 취여(取與), 무첨(無諂), 무교(無驕), 권학(勸學), 서찰(書札), 박혁(博奕),

숙흥잠(夙興箴), 야매잠(夜寐箴), 자경(自警), 도덕(道德), 화상찬(畵像贊), 경명(鏡銘), 선호화장기(仙湖畵庄記), 석정기(石井記), 소당기(小塘記), 세심대기(洗心臺記), 관물음(觀物吟), 만화정주련(萬和亭柱聯), 향약계서(鄉約契序), 제정재유선생(祭定齋柳先生), 만화정기(萬和亭記), 상량문(上樑文), 처세설(處世說), 부지곡기(不知谷記), 선암서원하당상량문(仙巖書院下堂上樑文), 논어(論語), 맹자(孟子), 중용(中庸), 대학(大學), 시(詩), 서(書), 역(易), 오행(五行), 사단(四端), 칠정(七情) 등이다.

(3) 운창일록(雲牕日錄)

『운창일록』은 박시묵이 고종 1년(1864) 11월 10일부터 고종 12년(1875) 7일 1일까지 거의 매일 기록한 일기이다.[26] 박시묵은 자신이 일기를 쓰면서 다음과 같이 심경(心境)을 토로하였다.

"일기(日記)라는 것은 듣고 본 바의 선악(善惡)의 일을 기록하는 것인데 지금 나의 일기는 그렇지 못하여 선(善)은 기록하고 악(惡)은 기록하지 않았으니 기사라고 할 수 없다. 사자(士子)의 필법(筆法)이 부월(斧鉞)의 엄(嚴)함이 있다는 것을 모르는 것은 아니나 다만 세상이 옛날과 같지 않는 것이 한스럽다."[27]

현존하는 박시묵의 일기는 총26책으로 편집되어 있고, 그 일기의 수

---

26 다만 1868년 1월 1일~11월 18일, 1872년 7월 1일~9월 30일까지의 일기는 누락되어 있다. 1868년 2월 9일부터 4월 19일까지의 일기는 『백류원진장(百榴園珍藏)』 제7책에 수록되어 있다.

27 『雲牕日錄』 제13책, 1870년 8월 11일. "日記者, 日記其所聞所見善惡之事, 而今我日記不然, 記其善而不記惡, 不可謂之記事也. 非不知士子筆法有斧鉞之嚴, 而但恨世不如古."

록 연월일은 다음과 같다.[28]

제1책 1864년 11월 10일~1965년 5월 3일
제2책 1865년 5월 4일~1966년 5월 29일
제3책 1866년 6월 1일~1967년 3월 24일
제4책 1867년 3월 26일~6월 29일
제5책 1867년 7월 1일~9월 25일
제6책 1867년 9월 26일~12월 30일
제7책 1868년 11월 19일~1869년 3월 3일
제8책 1869년 3월 4일~5월 20일
제9책 1869년 5월 21일~7월 26일
제10책 1869년 7월 27일~12월 24일
제11책 1869년 12월 25일~1870년 3월 23일
제12책 1870년 3월 24일~8월 10일
제13책 1870년 8월 11일~윤10월 29일
제14책 1870년 11월 1일~1871년 2월 26일
제15책 1871년 2월 27일~5월 10일
제16책 1871년 5월 11일~8월 9일
제17책 1871년 8월 10일~11월 6일
제18책 1871년 11월 7일~1972년 2월 18일
제19책 1872년 2월 19일~6월 1일
제20책 1972년 6월 2일~6월 30일

---

28 한국학중앙연구원 장서각 소장. 도서목록에는『雲牕日錄』에 대한 서지사항으로
저자:朴時默(朝鮮) 著, 판사항:筆寫本(自筆本), 형태사항:11冊;29.2×19.3cm, 내
용주기:冊1:甲子-乙丑.-冊2:乙丑.-冊3:丙寅.-冊4:丁卯.-冊5:戊辰-己巳.-冊6:己巳.-
冊7:己巳.-冊8:辛未.-冊9:辛未-壬申.-冊10:壬申-癸酉.-冊11:甲戌로 표기되어 있다
(MF35-9615~9617. 청구기호 : B9O 45). 본래『운창일록』은 古書로 26책이다.
후일 누군가에 의해 26책 중에 몇 책씩을 통합하여 한 책씩 엮은 것이 있어 현
재는 모두 11책의 형식으로 이루어져 있다.

제21책 1872년 10월 1일~1973년 3월 27일

제22책 1873년 3월 26일~9월 14일

제23책 1873년 9월 15일~1874년 2월 11일

제24책 1874년 2월 12일~7월 20일

제25책 1874년 7월 21일~12월 4일

제26책 1874년 12월 5일~1875월 7일 1일

『운창일록』에는 박시묵의 학자로서의 일상생활이 자세하게 기록되어 있다. 19세기기 후반의 영남 사족(士族)의 동향, 지방관의 행적, 서양과 일본 세력의 진출에 대한 대응, 향회(鄕會), 도회(道會), 상례(喪禮)와 제례(祭禮)의 실천, 문집 등 서적 출판, 향교(鄕校)와 서재(書齋)에서의 강학(講學)과 교육(敎育) 등에 대해 다양한 사항이 기록되어 있다. 특히 박시묵은 1866년(고종 3) 병인양요가 일어나자 소란스러웠던 정국(政局)의 동향과 그에 대응하는 영남 유림의 동향 등을 자세하게 적고 있다. 그리고 경복궁 중건을 위해 원납전(願納錢)을 각 지방의 요호(饒戶)에 부과한 일과 서원훼철(書院毀撤)에 대한 대응 등의 사항도 생생하게 기록하였다.

박시묵은 거의 매일 찾아오는 사람들과 시사(時事)에 대해 의견을 나누고 학문을 담론(談論)하고 창수(唱酬)하는 시를 많이 남겼다. 또한 자신이 지은 만사(輓詞), 제문(祭文), 서찰(書札), 기문(記文) 등이나 남이 자신이나 문중에 지어준 글들도 필요하면 거의 수록하였다. 특히 기문은 박시묵의 대비정사(大庇精舍), 만화정(萬和亭), 심재(心齋) 등의 건물에 대해 관료와 학자들이 지어준 글들로 거의 다 수록하고 있다. 편지는 허전(許傳)·이원조(李源祚)·김대진(金岱鎭)·이능섭(李能燮)·이돈우(李敦禹)·이진상(李震相)·이종상(李鍾祥)·유후조(柳厚祚)·유주목(柳疇睦)·이만도(李晩燾) 등 당대의 저명한 관료나 학자들과 주고받은 것들이다.

(4) 『운중만록(雲中謾錄)』

『운중만록』은 1책(57장)으로 필사본이다.[29] 내용은 시(詩)가 주를 이루고 박시묵이 박세철(朴世喆, 浦南) 등 친척과 벗, 지인 등과 수창(酬唱)한 시와 만시(輓詩) 등이 수록되어 있다.

이 책의 본문의 맨 앞에는 박시묵의 자서(自敍)가 실려 있다. 이어 시(詩), 기(記), 잠(箴), 서(書) 등이 수록되어 있다. 시는 돈처(遯處), 독서(讀書), 수신(修身), 신구(愼口), 경운(耕雲), 제성경당(題誠敬堂), 산동십경시(山東十景詩), 증경거시문장난고과객김병연(贈京居詩文章蘭皐過客金秉淵), 양정신(養精神), 제사려(除思慮), 순천명(順天命), 편지리(便地理), 수인사(修人事), 회도량(恢度量), 박경적(博經籍), 사사친(思事親), 억교자(憶敎子), 동지야음(冬至夜吟), 산문일월(山門日月), 산중즉사(山中卽事), 팔일산도(八一山圖), 증동고제수재(贈同苦諸秀才), 음정대평학실(吟呈大坪學室), 호거산(虎踞山), 용반동(龍盤洞), 제노호서당(題鷺湖書堂), 제야운(除夜韻 癸丑), 전춘(餞春) 등이 실려 있다. 이 중에 팔일산도는 박시묵 자신의 호인 운강(雲岡)의 강(岡)자를 파자한 것에 대해 읊은 것이다. 음정대평학실은 안동 대평에 살고 있던 스승 유치명에게 올린 시인데 공부의 요점은 고요히 존심(存心)하는데 있다고 했다.

기(記)로는 독서당기(讀書堂記)가 실려 있다. 이 기는 박시묵이 1845년 32세 나이에 산방(山房)에 가서 독서를 했다는 내용으로 자기가 거처하는 곳에 '讀書堂'이라는 편액을 걸었다는 내용이다. 잠(箴)은 입심잠(立心箴), 거가잠(居家箴), 처족잠(處族箴)이 실려 있다. 입심잠은 성인은

---

29 한국학중앙연구원 장서각 소장. 도서목록에는 서지사항으로 저자:박시묵(조선) 판사항:筆寫本(自筆本) 형태사항:1冊(57張); 29.8 × 17.4㎝ 내용주기:詩(청구기호:D3B 1709)

마음을 세우는데 법이 있으니 치우치지도 않고 의지하지도 않으며, 오직 정밀하고 오직 한결같아서 늘 깨어 있고, 인욕을 막고 성(誠)을 보존해야 한다고 했다. 거가잠은 군자의 학문은 지(知)와 행(行)이 두 수레바퀴라고 하면서, 가정에 거처하면서 지켜야할 일상생활과 학업 등에 대해 언급을 하고 있다. 처족잠은 친족의 화목에 대해 요(堯)의 구족(九族)이 친목했고, 장공예(張公藝)가 구세동안 한집에 산 것은 인(忍)자에 달려 있었다고 했다. 서(書)는 답김설소두병(答金雪巢斗秉), 답동호이장이좌(答東湖李丈以佐)가 실려 있다.

이 책은 간간히 주묵(硃墨)으로 교열을 한 표시가 있는 것으로 보아 『운강집』편찬을 위한 초고본으로 생각된다. 같은 시가 두 번 쓰여진 것도 있는데 맨 마지막 페이지 부분에 수록된 시에는 중출(重出), 첩출(疊出)이라는 표시가 되어 있다.

(5) 『백류원진장(百榴園珍藏)』

『백류원진장』은 불분권 10책으로 현재 9책이 남아 있다.[30] 박시묵의 아들 박재형(朴在馨)이 아버지의 시문(詩文)과 일기 등을 모아 편찬하였다. 필사본이다. 각 책의 표지마다 "先人遺墨"이라고 한 것으로 보아 박시묵의 친필 시문이라는 것을 알 수 있다. 백류원은 박재형이 정구(鄭逑)의 백매원(百梅園)을 모방하여 석류(石榴) 백그루를 심고 자기가 거처하고 있던 당(堂)에 붙인 편액 이름이다.[31]

제1책에는 박시묵의 시를 비롯하여 여러 학자가 창화(唱和)한 시가

---

30 한국학중앙연구원 장서각 소장. 도서목록에는 서지사항으로 저자 朴在馨(朝鮮). 판사항: 筆寫本. 형태사항: 9冊: 27.8 x 17㎝(청구기호:C10C 183) 각 책의 표지에 '共十'이란 글씨가 있는 것으로 보아 본래 10책이었던 것을 알 수 있다.

31 『進溪集』권1, 詩, 百榴園 幷小序.

수록되어 있다. 주요 시 제목은 석류(石榴), 근차만화정운(謹次萬和亭韻), 차만화정(次萬和亭) 등이다.

제2책에는 과진해(過鎭海), 과고성(過固城), 입통영(入統營), 세병관(洗兵館), 지알충무공사열람유집경차고자운(祗謁忠武公祠閱覽遺集敬次高字韻), 등일영대(登日影臺), 상족암(床足巖), 과사천(過泗川), 등촉석루(登矗石樓), 덕천서원지알(德川書院祗謁), 신계서원지알(新溪書院祗謁), 괴석(怪石), 연죽음(烟竹吟) 등의 시가 수록되어 있다. 또한 농산정기(聾山亭記), 산수기(山水記) 등이 수록되어 있다. 그리고 기가아서(寄家兒書) 등의 편지도 수록되어 있다.

제3책에는 관례운(冠禮韻), 거연정운(居然亭韻) 등의 시가 수록되어 있다.

제4책에는 박시묵의 시를 비롯하여 여러 학자가 창화한 시가 수록되어 있다. 주요 시 제목은 객중우회(客中偶懷), 관수(觀水), 화수연운(和晬宴韻), 차선암회화운(次仙嵒會話韻) 등이다.

제5책에는 우당선생문집서(憂堂先生文集序, 鄭墧), 소요당선생일고서(逍遙堂先生逸稿序, 李彙寧), 기가아서(寄家兒書), 답가아서(答家兒書), 답백아서(答伯兒書) 등이 수록되어 있다. 또한 김몽촌시(金夢村詩), 율곡시(栗谷詩)라는 제목의 시를 베껴 두었다. 그러나 김몽촌의 시라고 한 것은 송나라 구만경(裘萬頃)의 시 귀흥(歸興)이고[32] 율곡시라고 한 것은 김우급(金友伋)의 시 자계(自誡)를 적어 둔 것이다.

제6책에는 정묘(丁卯, 1867) 정월 26일-2월 30일까지의 박시묵의 일기가 수록되어 있는데 친필 일기 초고이다. 2월 30일조의 맨 마지막 페이지의 "尾之于左"란 구절은 『운창일록』의 같은 날 기록에는 "以爲暇日

---

32 表沿沫의 『藍溪文集』 권1, 詩에도 이 시가 실려 있는데 잘못 수록된 것이다.

觀玩之資"라는 말이 더 붙어 있다.

제7책에는 정묘 3월 1일부터 3월 12일까지의 박시묵의 일기가 수록 되어 있다. 이어 무진(戊辰, 1868) 2월 9일부터 4월 19일까지 수록되어 있는데, 이 부분은 현재 『운창일록』에는 빠져 있다.

제8책에는 정묘 1월 26일부터 2월 20일까지의 박시묵의 일기가 수록 되어 있다. 『운창일록』의 같은 날자의 기록과 비교해 보면 다소 차이가 나고 있어 일기의 초고임을 알 수 있다. 또한 이 책에는 제중숙모문(祭 仲叔母文) 등 제문이 여러 편 실려 있고, 해동조선국영좌청도군대비사모 연문(海東朝鮮國嶺左淸道郡大悲寺募緣文), 대원위저난동한태서(大院位抵 蘭洞韓台書), 저반장서(抵泮長書)도 수록되어 있다.

제9책에는 우당선생문집발(憂堂先生文集跋, 李文穆)이 수록되어 있 다. 박시묵의 시를 비롯하여 여러 학자가 창화한 시가 실려 있다. 주요 시로는 화만화정운(和萬和亭韻), 차만화정운(次萬和亭韻) 등이 실려 있 다. 또한 운강자서(雲岡自敍), 오봉재기(梧鳳齋記), 이래정기(而來亭記), 답도석훈서(答都錫壎書) 등이 수록되어 있다. 허전의 시 「만음(漫吟)」 등 도 적어 두었다.

3) 활동

박시묵은 1866년에 병인양요가 일어나 나라에서 국청(鞫廳)을 설치 하여 서양 사람과 통한 자는 모두 처형했다는 소식을 그해 2월 16일에 들었다.[33]

박시묵은 1866년 7월 26일 프랑스 선박이 강화도에 정박했고, 8월 6

---

33 『雲牕日錄』 제2책, 1866년 2월 16일.

일에도 프랑스군이 소요를 일으켰다는 소식을 들었다. 이어 8월 9일에
는 평양감사 장계(狀啓)에 서양 선박과 접전을 했는데 화공(火攻)으로
초멸(剿滅)시켰다는 소식을 듣고 매우 통쾌한 일이라고 했다.[34]

　1866년 9월 13일에 박시묵은 조지(朝紙)를 통해 프랑스군이 강화·통
진·부평 등을 침략했다는 사실을 알았다. 그리고 나라에서 방어시설을
설치하고 각도에 소모의 명령을 내렸다는 소식을 들었다. 그는 영남에서
는 경주의 이종상(李鍾祥)이 소모사(召募使)를 맡게 되었다는 것을 알고
있었는데, 9월 24일에 이종상이 박시묵에게 편지를 보내와 청도 의장(義
將, 召募將)을 맡아달라고 했다.[35]

　　"보문(普門; 李鍾祥)이 급히 사자를 보내왔다. 편지에 청도의 의장(義
　　將)을 맡아달라고 했다. 한 마을 사람이 상하를 가릴 것 없이 모두 놀
　　라는 마음으로 다 모였다. 당장의 상황이 참으로 난리를 만난 집과 같
　　았다. 내가 웃으면서 진무(撫鎭)에 대해 말하기를 이것은 나쁜 일이 아
　　니고 곧 좋은 소식이다. 의병의 거사는 우리 조상 이래 전해 받은 가법
　　(家法)이다."[36],

　박시묵은 이종상에게 올린 편지에서 평소 도(道)를 강론한 여가에 아
울러 적개(敵愾)의 의(義)를 품고 다양한 군사전략을 반드시 강구(講究)
했을 것이니, 소모장에 임명되어 평소의 품은 뜻을 펼 때라고 했다. 그러
면서 그 자신도 의장(義將)의 말석에 참여하게 되었는데, 조상대대로 오

34　『雲牕日錄』제3책, 1866년 7월 26일, 8월 6일, 8월 9일.
35　『雲牕日錄』제3책, 1866년 9월 13일.
36　『雲牕日錄』제3책, 1866년 9월 24일. "普門急伻, 書中云淸道義將, 歸之於我,
　　一村人不計上下, 擧皆驚心咸集, 當場爻象, 眞所謂迎逢亂離之家. 余笑而撫鎭,
　　曰此非惡事, 乃好事也. 義兵之擧, 吾祖先以來傳受家法."

직 '충의(忠義)' 두 글자를 가법(家法)으로 전하여 왔으니 지금 만 번 죽더라도 두려워서 피하지 않고 바로 달려가서[37] 임금과 나라를 위해 목숨을 바치겠다고 했다.[38]

박시묵은 서양(西洋)이 근심이 되는 것은 성(城)을 공격하고 땅을 침략하는데 있는 것이 아니라, 장차 "아버지도 없고 임금도 없는"(無父無君) 가르침으로 천하를 바꾸려고 하는 것이니, 어찌 예의(禮義)의 나라로 도리어 오랑캐에게 변화를 당하겠는가 라고 했다. 그러면서 그는 조선의 신하로 서양 오랑캐와는 결코 하늘을 함께 할 수 없다고 했다.[39]

박시묵은 먼저 1866년 9월 25일에 종친인 밀양박씨들에게 선암(仙巖)에서 일제히 만나서 의거(義擧)를 일으킬 논의를 하자며 통문을 보내었다.

"용사(龍蛇:壬辰·癸巳)의 난(임진왜란)에 우리 선조 14의사(義士)가 모두 부자형제에서 나와 혹은 순절(殉節)을 하여 증직을 받았고 혹은 난을 진압하여 녹훈(錄勳)이 되어서 지금까지 아버지가 알려주고 아들이 들어서 가가호호(家家戶戶) 얘기를 하여 전해지고 있다. 어찌 산골짜기로 달아나 숨어서 앉아서 나라의 근심을 보면서 편안하게 지내며 나아가 구제하지 않겠는가. 가령 선조의 영령(英靈)이 앎이 있다면 즐겨 나에게 후손이 있다고 하겠는가."[40]

---

37 『雲岡集』 권2, 書, 上李定軒; 『雲岡謾錄』 제3책, 上李召募使鍾祥. 박시묵은 1872년 6월 9일에 이종상을 제하는 글을 지어 병인양요 때의 정황을 아뢰었다.
38 『雲岡集』 권2, 書, 答金侯奭根.
39 『雲岡集』 권2, 書, 與崔和兼承燁.
40 『雲岡集』 권6, 雜著, 通諸宗文 丙寅. "況在龍蛇之亂, 吾先祖十四義士, 幷出於父子兄弟從昆季之間, 或以殉節而蒙贈, 或以戡亂而錄勳, 至今父詔而子受, 戶講而家傳, 豈可奔竄山谷, 坐視國憂, 恬不赴救, 使先靈有知, 肯曰余有後乎?"; 『雲岡謾錄』 제1책, 倡義文.

박시묵은 '충의(忠義)' 두 글자가 청도 밀양박씨 가문에서 14의사가
배출된 이후 전래해온 가법(家法)이라고 하면서, 선조들이 나라의 은혜
에 보답하고 자신을 잊고 죽기를 다한 것을 몸소 본받아 용기를 내어
의거에 참여하자고 호소했다. 그는 청도의 소장층(少長層)이 한 사람도
빠짐없이 참여하여 양적(洋賊)과 싸우기를 하늘에 맹세하자고 했다.[41]

또한 박시묵은 영남 열읍(列邑)의 의사(義士)에게 통고하는 글을 짓기
도 했다. 그는 양적이 강화도에 쳐들어 왔다고 하면서, 가슴속에 가득한
'의(義)' 한 글자로써 국가를 위하여 창의를 하자고 했다. 그는 영남의 의
사들이 각자 충분(忠憤)을 다하여 적(敵)을 토벌하여 즉시 섬멸을 하여
국세(國勢)를 확고하게 안정을 시키고 만백성을 편안하게 하자고 했다.[42]

박시묵은 1866년 11월 6일 프랑스군이 물러났다는 소식을 들었다.
그는 1866년 12월 3일에 시를 읊었다. "뜻있는 남아는 반드시 때가 있으
니 어느 날 양이(洋夷)를 길이 몰아내어 소탕할까(有志男兒必有時, 長驅
何日掃洋夷)"라고 읊었고, 이어 "강상을 부지할 대의를 누가 다투어 말
하리, 기린각에 그려지고 역사서에 전해지리(扶綱大義誰爭說, 麟閣圖成
竹帛垂)"라고 했다.[43]

박시묵은 청도의 밀양박씨 문중에서 14의사가 나온 것은 박익(朴翊)·
박하담(朴河淡) 이래 충효(忠孝)와 인의(仁義)를 중시하여 대대로 전해온
모범을 잘 실천해 왔기 때문이라고 했다. 따라서 14의사의 후손들은 선
조의 장렬(壯烈)함을 몸소 터득하고 선조의 위적(偉蹟)을 사모하여 실천
에 옮겨 오직 충효로서 본원을 삼고 인의로써 바탕을 삼아 조상의 모범
을 떨어뜨리지 말고 하늘로부터 부여받은 성(性)을 극진히 하기를 바란

---

41 『雲岡謾錄』 제1책, 盟約文.
42 『雲岡謾錄』 제1책, 通告嶺南列邑義士文.
43 『雲牕日錄』 제4책, 1867년 12월 3일.

다고 했다.[44]

박시묵은 양이(洋夷)가 우리나라와 통교(通交)를 강요하여 무부무군(無父無君)의 가르침을 자행(恣行)하여 삼천리 예의(禮義)의 나라를 금수(禽獸)의 지역으로 변하게 하고 있다고 했다. 그는 의거(義擧)를 통해 첫째 군부(君父)를 호위하고, 둘째 사교(邪敎)를 물리치자고 했다.[45]

박시묵은 판서(判書) 이시원(李是遠)이 순절했다는 소식을 듣고 비분한 감정을 쏟아내기도 했다.[46]

당당한 한번 죽음은 서양 군사 물리치니	堂堂一死却西兵
천하가 모두 절사의 이름을 알았다네	天下皆知節士名
위험속에서 구차하게 살길 구하지 않았고	不向危中求苟活
가을 털은 무거웠고 태산이 오히려 가벼웠네	秋毫重處泰山輕
형제가 인을 이루니 우리 공이 있었고	兄弟成仁有我公
한 집안의 쌍절은 풍교를 세웠네	一家雙節樹之風
강상을 부지한 대의는 천고를 가로 질렀고	扶綱大義橫千古
마음은 백이 숙제와 다시 같음을 허락했네	心與夷齊復許同

고종 8년(1871)에는 조미전쟁(朝美戰爭)인 신미양요(辛未洋擾)가 일어났다. 그는 양요가 일어나 양적(洋賊)이 미친 듯이 설치니 의(義)로 물리치고 무기로 공격하는 수 밖에 다른 방법이 없다고 했다. 그는 6월 29일에 홍선대원군의 명령으로 전국 팔도에 척화비(斥和碑)를 세웠다는 이야기를 들었다.[47]

---

44 『雲岡集』 권4, 跋, 謹書十四義士遺事後.
45 『雲岡集』 권6, 雜著, 擬通告列邑章甫文.
46 『雲岡集』 권1, 詩, 次沁都李判書是遠兄弟殉節韻.

박시묵은 1871년 흥선대원군의 서원(書院) 철폐로 인해 여러 서원들이 훼철(毁撤)되는 과정에서 우선 자기 문중의 서원이 훼철당하는 재앙을 겪었다.[48] 그는 영남의 선비들이 서원훼철을 반대하기 위해 대궐에 나아간다는 말을 듣고 자기는 병으로 참여하지 못함을 안타까워했다.[49] 그러면서 그는 오늘날의 선비들은 아침에 도(道)를 들으면 저녁에 죽어도 가하다는 가르침을 지켜야 한다고 했다.[50]

박시묵은 고종 11년(1874) 3월 23일에 동지사(冬至使)가 청(淸)으로부터 돌아와 양이(洋夷)와 왜국(倭國)이 힘을 합하여 조선에 들어온다는 설이 있어 서울이 소요하고 있다는 사실을 기록하고 있다.[51] 그는 같은 해 7월 16일에 영남 70고을의 민생(民生)이 어렵고 양이(洋夷)가 조선을 침략해 올 것에 대한 우려를 시로 표현하였다.[52]

고종 12년(1875) 3월 3일에 박시묵은 조선의 변방(邊防)의 사정이 좋지 못하다고 하면서 "세상을 구제하고 백성을 편안하게 하는 도(道)는 오직 지위에 있는 봉급을 받는 자가 대책을 내고 책임을 져야 하는 것이지만, 비록 이 산꼴짜기의 무지(無知)한 사람도 스스로 나라를 걱정하는 우국(憂國)의 마음이 없지 않다."라고 했다.[53]

---

47 『雲牕日錄』 제16책, 1871년 6월 29일.

48 『雲岡集』 권3, 書, 與族從文瑞尙采.

49 『雲岡集』 권3, 書, 與黃同甫蘭善.

50 『雲岡集』 권2, 書, 答鄭進菴.

51 『雲牕日錄』 제24책, 1974년 3월 23일.

52 『雲牕日錄』 제24책, 1974년 7월 16일.

53 『雲牕日錄』 제26책, 1975년 3월 3일.

3. 독서와 강학

박시묵은 독서(讀書)를 매우 중시했다. 그는 「독서」라는 시를 읊기도 했고[54] 「독서설(讀書說)」을 짓기도 했고[55] 「독서당기(讀書堂記)」를 짓기도 했다.[56] 그는 8세부터 『소학(小學)』을 읽기 시작하여 평생 『소학』을 공부했다. 그래서 당시 사람들은 박시묵을 "소학속의 사람(小學中人)"이라고 하였다.

박시묵은 『소학(小學)』한 부를 정성스럽게 베껴서 제목을 '병촉(秉燭)'이라고 했다. 그는 항상 말하기를 이황(李滉)이 『심경(心經)』에 대해 신명(神明)처럼 공경했다고 했는데 자신은 『소학』을 신명처럼 공경한다고 했다.

박시묵은 「독소학육수(讀小學六首)」라는 시에서 『소학』의 입교(立敎), 명륜(明倫), 경신(敬身), 계고(稽古), 가언(嘉言), 선행(善行)의 편명을 주제로 읊었다. 그는 명륜에서 오륜(五倫)을, 경신에서 경(敬)자를 특히 강조했다. 그는 『소학』 공부를 통해 중행군자(中行君子)가 곧 상사(常師)라고 하면서, 효친(孝親)과 제장(悌長), 충군(忠君)을 실천하는 곳에 만선(萬善)이 있다고 이해했다.[57] 그는 『소학』을 읽고 일절(一絶) 시를 지어 성현(聖賢)이 학(學)을 말한 것이 이 책 속에 담겨 있다고 하면서 아들 박재형(朴在馨)에게 보여주며 경계하는 뜻을 말하기도 했다.[58] 그는 만년인 1872년(고종 9) 12월 13일에도 하루 종일 『소학』을 읽는 모습을 보여

---

54 『雲中謾錄』 讀書.
55 『雲岡謾錄』 제1책, 讀書說.
56 『雲中謾錄』 讀書堂記.
57 『雲岡集』 권1, 詩, 讀小學六首.
58 『雲岡集』 권1, 詩, 讀小學偶成一絶示馨兒以寓勉警之意.

주었다.[59]

박시묵은 강학(講學)을 통해 선비를 숭상하고 학문을 일으켜 청도의 문풍(文風)을 크게 진작하였다. 그는 고종 2년(1865) 4월 8일에 강회(講會)를 열어 성인과 아동 등 60여명에게 강의를 했다. 1866년 3월 15일에 박시묵은 만화정(萬和亭)에서 강의를 하였는데 이 때에도 성인과 아동 등 64명이 참석하였다.[60] 그는 또 1874년 10월 3일에 만화정에서 경사(經史)를 강론하였다.[61] 그는 이러한 강학을 통해 유교 문물(文物)이 찬란하게 빛날 것으로 기대를 하였다.[62]

박시묵은 공자의 "가르침이 있으면 누구나 선인(善人)이 될 수 있다(有敎無類)"는 교육을 실천하였다. 그는 1868년 6월 28일에 백록동(白鹿洞), 남전(藍田), 선거령(仙居令)의 조약과 이황(李滉), 정구(鄭逑)의 향약(鄕約), 강규(講規)를 참조하여 모두 14조목으로 만들었다.[63]

---

59 『雲牕日錄』 제21책, 1872년 12월 13일.
60 『雲牕日錄』 제2책, 1866년 3월 15일.
61 『雲牕日錄』 제25책, 1874년 10월 3일.
62 『雲牕日錄』 제1책, 1865년 4월 8일.
63 『雲牕日錄』 제4책, 1867년 6월 28일; 『雲岡集』 권4, 序, 大庇精舍節目序.
　　一依胡文定故事, 推年五十以上位德隆重者一人, 立山長以倡率之.
　　一依白鹿洞規, 講十事, 父子也, 君臣也, 夫婦也, 長幼也, 朋友也, 博學也, 審問也, 愼思也, 明辨也, 篤行也.
　　一依藍田鄕約立四條, 德業相勸, 過失相規, 禮俗相交, 患難相恤.
　　一依胡文定故事行朔講禮, 每月朔, 各以所授經史子書, 定其高下, 若有故, 則前三日後三日之間, 預定一日.
　　一依仙居令敎訓立四禁, 無學賭博, 無好爭訟, 無以惡凌善, 無以富呑貧.
　　一依退陶先生鄕立六條, 不顧廉恥汚衊士風者, 事涉官府有關鄕風者, 鄕長凌辱者, 儕輩歐罵者, 無賴結黨肆行酗悖者, 公私聚會是非官政者, 聽出約.
　　一依氷玉堂任倅廩養之規, 爲置如干田土, 以俟四方有志於學者, 居之.
　　一依寒岡先生武屹錦溪先生蘆峯粧修之例, 令釋子守之, 以備往來休養之方.
　　一依龜潭書堂養老禮, 擇年五十以上德望隆厚者一人, 定公事員, 擇子弟有疏通

1. 호문정고사(胡文定故事)에 의거하여 나이 50이상으로 지위와 덕이 높고 중한 자 한사람을 추천하여 산장(山長)으로 세워 인도하여 통솔하게 한다.

1. 백록동규(白鹿洞規)에 의거하여 열 가지 사항인 부자(父子), 군신(君臣), 부부(夫婦), 장유(長幼), 붕우(朋友), 박학(博學), 심문(審問), 신사(愼思), 명변(明辨), 독행(篤行)을 일삼는다.

1. 남전향약(藍田鄕約)에 의거하여 네 조항인 덕업상권(德業相勸), 과실상규(過失相規), 예속상교(禮俗相交), 환난상휼(患難相恤)을 세운다.

1. 호문정고사에 의거하여 삭강례(朔講禮)를 행한다. 매달 초하루에 각각 배운 바 경사자서(經史子書)로써 그 고하(高下)를 정하고, 만약 사유가 있으면 3일전과 3일후의 사이에 미리 하루를 정한다.

1. 선거령(仙居令) 교훈에 의거하여 네 가지 금지사항인 도박을 배우지 말고, 쟁송(爭訟)을 좋아하지 말고, 악(惡)으로써 선(善)을 깔보지 말고, 부(富)로서 빈(貧)을 병탄하지 말라.

1. 퇴도선생(退陶先生) 향립육조(鄕立六條)에 의거하여 염치를 돌보지 않고 사풍(士風)을 오멸(汚衊)한 자, 일이 관부(官府)에 관련이 있고 향풍(鄕風)에 관계가 있는 자. 향장(鄕長)을 능욕한 자, 제배(儕輩)를 구매(毆罵)한 자, 무뢰배와 당을 맺어 함부로 후패(酗悖)를 행한 자, 공사(公私)로 모여서 관정(官政)을 시비한 자는 약(約)에서 나가게 한다.

器局者二人, 定有司.
一依藍田直月, 擇子弟有才行兼備者二人, 別定有司掌文簿.
一依白石山菴例, 藏書幾千卷, 而擇釋子志行淳實者二人, 守之, 兼掌糧穀.
一依蘭亭故事, 少長咸集, 而鄕人則坐以齒, 若他客有爵祿, 則坐以爵, 若有文堂上, 則雖鄕人, 亦不以齒.
一依程夫子, 勿背塑像之意, 亦於寺僧, 恒加意待之.
一勿拘卑賤, 苟有志願入約者, 幷書于案.
大庇精舍節目은 玉蘭齋節目으로도 불렸던 것 같다(『雲岡集』 권7, 附錄, 書玉蘭齋節目後). 玉蘭의 玉은 이룸(玉汝于成, 玉不琢不成器)의 뜻을 취했고 蘭은 냄새의 의미(二人同心, 其臭如蘭)를 취했다고 했다(『雲岡集』 권3, 書, 與曺景休克承).

1. 빙옥당임후늠양(氷玉堂任侯廩養)의 절목(節目)에 의거하여 약간의 전토(田土)를 두어 사방에서 학문에 뜻이 있는 자를 살게 한다.
1. 한강선생무흘(寒岡先生武屹), 금계선생녹봉장수(錦溪先生鹿峯糚修)의 예(例)에 의거하여 승려로 하여금 지키게 하여 왕래하며 휴양(休養)하는 힘을 갖추어라.
1. 구담서당(龜潭書堂) 양로례(養老禮)에 의거하여 나이 50이상으로 덕망이 높고 두터운 자 한 사람을 택하여 공사원(公事員)으로 정하고 자제(子弟)로 소통(疏通)과 기국(器局)이 있는 자 두 사람을 택하여 유사(有司)로 정한다.
1. 남전(藍田)의 직월(直月)에 의거하여 자제로 재행(才行)을 겸비한 자 두 사람을 택하여 따로 유사를 정하여 문부(文簿)를 맡긴다.
1. 백석산암(白石山菴)의 예(例)에 의거하여 책 몇 천권을 소장하되 승려로 뜻과 행실이 순실(淳實)한 자 두 사람을 택하여 지키게 하고 양곡(糧穀)을 맡긴다.
1. 난정고사(蘭亭故事)에 의거하여 소장(少長)이 모두 모이되 고을 사람은 나이대로 앉고 만약 다른 손이 작록(爵祿)이 있으면 벼슬로서 앉고 만약 문과(文科)출신으로 당상관(堂上官)을 지냈으면 비록 고을 사람이라도 나이대로 앉지 않는다.
1. 정부자(程夫子) 물배소상(勿背塑像)의 뜻에 의거하여 또한 절의 승려에게 항상 신경을 써서 대우하라.
1. 비천(卑賤)을 구애하지 않고 진실로 뜻이 있어 약(約)에 들기를 원하는 자는 아울러 안(案)에 쓰라.

박시묵은 이러한 옥란재절목(玉蘭齋節目)을 통해 문중의 자제들과 청도의 유생들을 교육하여 문풍을 진작시켜 나갔다. 그는 그 자신이 『소학』을 공부하고 그 가르침대로 실천하면서도, 사서(四書)중에서 『대학(大學)』과 『중용(中庸)』에 대한 자신의 견해를 글로 남겼고 여러 사람들에게 강론을 했다. 그는 「대학강의(大學講義)」를 통해 『대학』에 대한 자신의 견해를 표명했다.[64] 박시묵은 고종 4년(1867) 4월에 자계서원(紫溪書院)에서 강회(講會)를 열었다. 이 강회에 모인 유생들은 모두 33명이었고, 『중용』 33장을 강론하였다. 박시묵은 이러한 강회가 성학(聖學)을 힘쓰고 사기(邪氣)를 물리치는 본의(本意)에서 나온 것이라고 했다. 박시묵은 이러한 강회의 강학활동을 통해 사학(邪學)과 이단(異端)이 그 사이에 관여하지 못하게 된다고 보았다.[65]

박시묵은 만년에 운문산 아래 만화평(萬花坪)에 만화정(萬和亭)을 지었다. 그는 정자를 지으면서 꽃 화(花)자를 화할 화(和)자로 고쳤다. 그것은 꽃보다는 열매를 중시하겠다는 뜻을 표현한 것이다.[66] 만화정은 마을 인근에 산림과 시내, 연못이 빼어난 곳에 있다. 정자의 동쪽 요사(寮舍)는 경직(敬直), 서쪽은 의방(義方)이라고 하였다. 계단 앞에 꽃과 대나무, 소나무, 국화를 심고, 책상위에는 거문고와 책을 놓고 날마다 그 속에서 생활하였다. 그리고 정자의 북쪽 인근에는 세심대(洗心臺)를 구축하여 왕래하면서 노년을 보내려고 하였다.[67]

박시묵은 「만화정(萬和亭)」이란 시에서 "세간의 만사는 화(和)가 귀하고, 일마다 오직 화하면 곧 만가지가 화하다."라고 했다.[68]

이 마음이 화하면 기도 화하고	這箇心和氣亦和
나의 심기 화하면 중화를 이룬다네	和吾心氣致中和
내는 사해로 돌아가 합하니 살아있는 듯하고	川歸四海渾如活
꽃이 천산에 피니 함께 화를 얻었네	花發千山共得和

---

64 『雲岡集』 권6, 雜著, 大學講義.
65 『雲牕日錄』 제3책, 1866년 4월 1일.
66 『雲岡集』 권7, 附錄, 萬和亭記(李源祚凝窩).
67 『雲岡集』 권4, 記, 萬和亭記.
68 『雲岡集』 권1, 詩, 萬和亭.

경을 지니고 사람을 사귀니 모두 벗이 유익하고　　　　持敬交人皆友益

인을 미루어 만물을 보니 다 비어 화하네　　　　　　推仁看物盡冲和

세간의 만사는 화가 귀함이 되니　　　　　　　　　世間萬事和爲貴

일마다 오직 화하면 곧 만가지가 화하네　　　　　　事事惟和卽萬和

　　박시묵은 「만화정팔경(萬和亭八景)」을 정하였다. 운문만하(雲門晚霞), 고산설학(孤山雪鶴), 용연세우(龍淵細雨), 토봉신월(兎峯新月), 명가적등(明家績燈), 대천어화(大川漁火), 오대초금(梧臺樵琴), 연암풍종(蓮菴風鐘)이다.[69]

　　박시묵은 자사(子思)가 "화(和)라는 것은 천하의 달도(達道)이다. 중화(中和)를 이루면 천지가 제 자리에 위치하고 만물이 발육한다."라고 한 말을 들면서 화(和)의 뜻이 크다고 했다. 그는 심(心)의 화(和), 기(氣)의 화, 형(形)의 화, 성(聲)의 화, 그리고 태화원기(太和元氣)에서 나온 수만 가지의 화(和)를 거론했다. 그는 정자(程子)가 "경(敬)하면 자연히 화락(和樂)한다."라고 했으니, 화를 이루려면 먼저 경(敬)를 실천해야 한다고 했다.[70]

　　화(和)는 『주역(周易)』 건괘(乾卦)의 대화(大和), 『중용(中庸)』의 중화(中和), 공자(孔子)의 태화(太和), 정호(程顥)의 한 덩어리의 화(一團和)가 있고, 또 심화(心和), 기화(氣和), 형화(形和), 성화(聲和), 천지(天地)의 화(和)가 있다.[71] 박시묵은 『중용』에서 중화(中和)를 이루면 천지가 바로 서고 만물(萬物)이 자란다고 했는데, 이러한 경지는 재야의 학자로서 바랄 바가 아니라고 할 수 있지만, 자신이 만화정의 명칭에 화자를 붙인

69　『雲岡集』 권1, 詩, 萬和亭八景.

70　『雲岡集』 권4, 記, 萬和亭記; 권5, 上樑文, 萬和亭上樑文.

71　『雲岡集』 권7, 附錄, 萬和亭記(許傳性齋)

이유는 우선 일가(一家)에는 일가의 천지와 만물이 있으니, 일가의 화를 이루기 위해 만화정이라고 이름을 붙였다고 했다.[72]

박시묵은 이원조와 운문산(雲門山)의 대비사(大悲寺)에서 노닌 적이 있다. 그때 이원조는 박시묵에게 대비사 절터를 사서 정사(精舍)를 짓도록 권하였다.[73] 그래서 박시묵은 운문산 옥련봉(玉蓮峯) 아래에 대비사 절터를 사서 대비정사(大庇精舍)[74]를 짓고 강학의 규정을 만들어 후학을 가르쳤다.

그런데 박시묵은 이원조의 의견을 받아들여 대비(大悲)의 비(悲)를 비(庇)로 바꾸었다. 이 비(悲)와 비(庇)가 불(佛)과 유(儒), 사(邪)와 정(正)이 나뉘어지는 갈림길이라고 했다. 그는 대비암에 대비정사를 세움으로써 승려의 근거지가 글을 읽는 구역으로 변하여 장차 후인들이 모두 사설(邪說)을 마땅히 물리치고 정도(正道)를 마땅히 따라야 하는 것을 알게 될 것이라고 했다.[75]

박시묵은 「대비정사(大庇精舍)」를 시제(詩題)로 읊었다.[76]

건곤의 문이 닫히고 열리며	乾坤戶闔闢
일리엔 이미 세가지를 머금었네	一理已函三

---

72 『雲岡集』 권7, 附錄, 萬和亭記(李源祚凝窩)

73 『雲岡集』 권5, 제文, 祭凝窩李先生文.

74 이진상이 지은 「大庇洞山亭記」에는 精舍가 十數間이라고 했다(『雲岡集』 권7, 附錄, 大庇洞山亭記(李震相寒洲) 대비정사의 방의 편액은 俱歡齋라고 했다(『雲窓日錄』 "按其獻圖考其創制, 則中爲廳堂, 東西各爲房舍, 以俟學者之群居, 南邊又爲夾房一間, 以爲雲岡子藏書之室, 扁之以大庇精舍, 房之楣則曰俱歡齋, 取子美詩語也. 廳之壁, 則曰玉蘭亭, 以其山之在會稽之陰, 倣右軍故事, 與境內之吏士, 山中之釋子, 同爲修禊, 如玉之成章, 如蘭之同臭.").

75 『雲岡集』 권7, 附錄, 大庇洞山亭記(李震相寒洲).

76 『雲岡集』 권1, 詩, 大庇精舍.

범의 자세는 구름가의 가파른 산에 기대었고	虎勢雲邊嶂
용의 신령은 달 아래의 연못에 잠겨있네	驪靈月下潭
두보의 큰 집에는 마음이 공연히 크고	杜廈心空大
소옹의 안락와에는 즐거움이 저절로 달콤하네	邵窩樂自甘
편액의 이름이 실제에 부응하기 어려운데	扁名難副實
인과 지에는 내 도리어 부끄럽네	仁智我還慚

대비정사의 대비(大庇)는 두보(杜甫)의 시(詩)에 "천만 칸의 큰집을 얻어 천하의 한사(寒士)를 덮어 주고 싶다."라고 한 구절에 나온 말이지만, 박시묵은 소박하게 두어 칸 모옥(茅屋)을 지어 책을 쌓아두고 한 고을의 제생들을 가르치겠다는 의미를 부여하였다.[77]

박시묵은 1874년 7월 21일에 일기를 쓰기 전에 자신의 평생을 돌아보며 아래와 같이 적었다.

"이곳(청도)에서 태어나 이곳에서 자라고 이곳에서 늙었다. 효우(孝友)는 그 문(門)이요, 경사(經史)의 집이었다. 어언 61년의 세월을 보내고 평생을 회고하니 업(業)으로 삼았던 바는 무슨 일이었나? 일에는 종시(終始)가 있고 재주는 경제(經濟)가 있는데 나는 남과 같지 않았다. 백두서생(白頭書生)으로서 세상이 버려진 것이 마땅하다."[78]

그러나 박시묵은 작고하기 1년 전까지도 유학(儒學)의 쇠미에 대해 우환(憂患)의식을 표현하면서, 장차 자신의 뒤를 이어 누가 다시 청도의 후배 유생들의 강학을 담당하여 문풍을 진작하겠는가 라고 우려했다.

---

77 『雲岡集』 권7, 附錄, 大庇精舍記(李參鉉鍾山).
78 『雲牕日錄』 제25책, 1974년 7월 21일. "生於斯, 長於斯, 老於斯, 孝友其門, 經史之室, 於焉, 過六十一歲光陰, 回顧平生, 所業何事? 事有終始, 才有經濟, 而我不如人, 宜乎白頭書生而見漏於世也."

우리 도는 어찌 이리 적막한가	吾道日何寂
죽기 전에 잊지 못하겠네	難忘未死前
경서는 예전처럼 있는데	經書依舊在
누가 후생을 가르쳐 전하리오	誰教後生傳[79]

4. 사상사적 위상

박시묵은 19세기에 스승 유치명(柳致明)을 통해 이황(李滉) 학맥의 학통을 잇고 있다. 그는 이황의 사상의 핵심이 「성학십도(聖學十圖)」에 있다는 것을 알고, "「성학십도」는 참으로 우리 동방(東方)의 대문호(大門戶)이다. 나 자신이 너무 늦게 태어나 퇴계선생을 뵙지 못한 탄식이 있다."라고 했다.[80]

박시묵은 이황의 「성학십도」에 도체(道體)의 본원과 심성(心性)의 묘함과 문학(問學)의 공정(工程)이 갖추어져 있다고 보았다. 그는 이황의 사상의 핵심이 바로 「성학십도」에 담겨 있다는 것을 알고, 그 내용을 아들 박재형(朴在馨)에게 시로써 전하였다.[81]

성이 되고 정이 되어 체와 용이 온전하고	爲性爲情體用全
큰 강령은 모두 일심의 전일에 연계되어 있네	大綱都系一心專
도가 나를 사사로이 하는 것이 아니라 사람이 도를 넓히니	道非私我人弘道
극기복례의 공부를 주야로 부지런히 해야 하네	克復工夫日夕乾

---

79 『雲牕日錄』 제25책, 1974년 8월 8일.
80 『雲牕日錄』 제1책, 1865년 3월 4일.
81 『雲岡集』 권1, 詩, 題聖學十圖屛 幷引. 第6 心統性情圖.

박시묵이 살았던 19세기에 영남에는 고종 8년(1871) 9월 9일에 호계서원(虎溪書院)이 훼철될 때까지 병호시비(屛虎是非)가 전개되었고, 그 뒤에도 시비의 여운(餘韻)은 지속되고 있었다. 이 시비는 흥선대원군이 나서서 수습을 시도하였으나 양측의 보합(保合)을 이루지 못하였다. 박시묵은 학통으로는 호론에 속했으나 『운창일록』에 나타난 그의 교유관계로 보아 어느 한쪽에 가담하지는 않았다. 그는 병론(屛論)과 호론(虎論)의 학통을 가리지 않고 두 학통의 저명한 학자들과 두루 교유하였다.

박시묵은 사서(四書)에서 『대학』과 『중용』을 특히 중시하였다. 그것은 그가 경(敬)과 성(誠)을 그의 학문과 사상의 핵심으로 삼고 있었다는 것을 의미한다. 그는 성경당(誠敬堂)에서 이언적(李彦迪)의 『회재집(晦齋集)』을 읽다가 「성경음(誠敬吟)」을 읽고 느낌이 있어 성경(誠敬)을 주제로 시를 짓기도 했다.[82]

박시묵은 우선 「대학서(大學序)」에서 "기질(氣質)의 품부 받음이 혹 가지런하지 않다(氣質之稟, 或不能齊)"라는 것에 대해 우선 기질의 품부 받음은 본연(本然)의 성(性)에 상대하여 말한 것이라고 했다. 그러면서 본연의 성은 사람과 요순이 처음부터 다르지 않다고 하면서, 오직 기질은 청탁수박(淸濁粹駁)의 나뉨이 없지 않았으니, 이것이 서로 가지런하지 않은 까닭이라고 했다.

박시묵은 하나의 사례로 여조겸(呂祖謙)이 성(性)이 편협하고 급하여 자기의 뜻과 같지 않으면 문득 가사(家事)를 타파했는데, 여조겸 자신이 병중에 『논어(論語)』를 보다가 "자신에게는 후하게 대하고 남에게는 박하게 책임을 지운다(躬自厚而薄責於人)"라는 구절에 이르러 갑자기 깨달

---

82 『雲中謾錄』方夜讀書於誠敬堂, 披玩晦齋集有誠敬吟一絶云. 兩儀中自一身分,
    形似塵埃跡似雲. 榮辱死生渾一視, 只存誠敬事天君. 讀而有感, 搆得一絶, 仰而
    和之. "斯堂斯字合鑑分, 猛省瓊聯若豁雲. 踵武前賢寧間斷, 靈臺高處儼臨君.

고 마음이 일시에 평안하게 되었다고 하면서, 이것을 보면 독서를 통해 기질(氣質)을 변화시킬 수 있다고 했다.

박시묵은 『대학』 한 책의 핵심은 명명덕(明明德), 신민(新民), 지지선(止至善)의 세 가지에 벗어나지 않는다고 했다. 그는 명명덕과 신민이 모두 마땅히 지선에 그쳐야하니 지지선이 또한 강령의 표준이 된다고 했다. 그리고 격물(格物), 치지(致知), 성의(誠意), 정심(正心), 수신(修身)은 명명덕으로 강령을 삼고 제가, 치국, 평천하 세 가지는 신민으로 강령을 삼는다고 했다. 그러나 명명덕을 먼저 하지 않으면 신민을 할 수 없으므로, 명명덕이 또한 신민의 강령이 된다는 것을 알지 않을 수 없다고 했다. 박시묵은 "작신민(作新民)"을 주희가 "새로워진 백성을 진작한다"라고 해석한 것을 따르지 않고, "백성을 진작하여 새롭게 한다."라고 새롭게 해석하기도 했다.[83]

그런데 박시묵은 『대학』에서 제시하고 있는 첫 번째 뜻이 경(敬) 한 글자라고 했고[84] 심지어 학문을 한다는 것이 경(敬) 한 글자에 벗어나지 않을 뿐이라고 했다. 그는 명덕(明德), 신민(新民), 지지선(止至善)이 고르게 하나의 경(敬)자 위에 포괄이 되는 것이라고 보았고, 성의, 정심(正心), 수신(修身), 제가(齊家), 치국(治國), 평천하(平天下)도 한결같이 삼강령(三綱領) 중에서 포괄이 되는 것이라고 이해했다.[85]

박시묵은 지위에 있는 군자는 경(敬)으로써 존심(存心)을 하면 사기(邪氣)가 몸에 범하지 않고 나라가 나라다울 것이라고 했다. 그리고 재야에 있는 사류(士流)가 경(敬)으로써 그 학(學)을 주로 하면 이단(異端)이 마음에 간여하지 못하고 백성은 백성다울 것이라고 했다. 그는 일심(一

---

83 『雲岡集』 권6, 雜著, 大學講義.
84 『雲岡謾錄』 제5책, 大學.
85 『雲岡謾錄』 제2책, 校宮講說問答.

心)을 바르게 하고 그 집을 바르게 하며, 일가(一家)를 바르게 하고 그 나라를 바르게 하며, 일국(一國)을 바르게 하고 그 사방을 바르게 하면 더러운 기(氣)가 그 사이에 섞일 수 없다고 보았다.[86]

한편 박시묵은 『중용(中庸)』한 책은 공문(孔門)의 전수심법(傳授心法)이라고 했다. 그는 주희가 중(中)자에 대해 치우치지도 않고 의지하지도 않고 지나침도 없고 모자람도 없다고 해석한 것과 용(庸)자에 대해 평상(平常)이라고 한 해석을 받아들이면서, 아울러 정이(程頤)의 중자과 용자에 대한 해석을 받아들여 천하의 정도(正道)를 중(中)이라고 말하고 천하의 정리(定理)를 용(庸)이라고 했다. 그는 천하의 정도를 행하는 것이 중이 아닌 것이 없고 천하의 상행(常行)을 따르는 것이 용이 아닌 것이 없다고 했다.[87]

박시묵은 『중용』에서 제시한 존덕성(尊德性)과 도문학(道問學), 수신(修身)에서 치천하(治天下) 등이 모두 도(道)가 아닌 것이 없으나 이를 행하는 까닭은 하나(一)라고 했다. 그런데 그 하나(一)라는 것은 성(誠)이니 무릇 진실무망(眞實無妄)을 일러 성이라고 이르며, 한결같고 떳떳하여 쉬지 않는 것을 성이라고 이른다고 했다. 진실무망의 심(心)으로써 한결같고 떳떳하여 쉬지 않는 공부를 하면 기질(氣質)을 변화시키지 못할 근심이 없고 덕업을 성취하지 못할 근심이 없다고 했다.[88] 주희는 『중용』의 내용이 "처음에 일리(一理)를 말하고 중간에 흩어서 만사(萬事)가 되었다가 마지막에 다시 합하여 일리로 삼았다."라고 했다. 이에 대해 박시묵은 처음 일리(一理)는 천명(天命)의 천(天)을 가리키고, 중간에 일리로부터 흩어져 만사(萬事)가 되었다가, 마지막에 일리로 합한다는 것은

---

86 『雲岡謾錄』 제2책, 校宮講說問答.
87 『雲岡謾錄』 제5책, 中庸.
88 『雲岡集』 권6, 雜著, 中庸講義.

상천(上天)의 천(天)을 가리키는데 만사로 말미암아 합하여 일리로 된다는 것이라고 했다.

자사(子思)는 『중용』 첫째 장(章)에서 "천(天)이 명(命)한 것을 성(性)이라 이르고 성을 따르는 것을 도(道)라고 이르고 도를 닦는 것을 교(敎)라고 이른다."라고 했다. 박시묵은 성(性)에 나아가 말하면 인(人)과 물(物)이 각각 이(理)를 품부받았고, 도(道)에 나아가 말하면 인(人)은 인(人)의 도(道)가 있고 물(物)은 물(物)의 도(道)가 있으나, 교(敎) 한 글자는 오로지 인(人)을 가리켜 말하고 물(物)은 간여하지 못한다는 말이라고 했다.

박시묵은 『중용』에서 "도(道)라는 것은 잠시도 떠날 수 없다."라고 한 것에 대해 도(道)는 곧 이른바 성(性)을 따르는 바의 도라고 했다. 그는 일반 사람이 일상생활을 함에 이 도가 아닌 것이 없으니 잠시도 떠날 수 없다고 말한 것이라고 했다. 그는 지금 사람들은 입만 열면 도를 말하는데 사실은 도가 무슨 물건인지 알지 못하고 있다고 했다. 그는 주희가 주필대(周必大)에게 답한 편지에 "도(道)가 천하에 있는 것은 군신(君臣)·부자(父子)의 사이와 기거(起居)·동식(動息)의 즈음에 각각 당연(當然)한 밝은 법이 있어서 경각(頃刻)도 잠시 폐할 수 없다."라고 한 말이 도를 잘 설명한 것이라고 했다. 그는 도는 일상생활에 있는 것이므로 학자들은 도(道)가 높고 멀어 행하기 어렵다고 해서는 안 된다고 했다.

박시묵은 성(誠)이란 한 글자가 『중용』의 골자가 된다고 했다. 그는 『중용』 제16장의 "성지불가엄(誠之不可掩)"의 구절에 성(誠)자가 처음 나온다고 하면서 『중용』 33장의 중앙에 위치하면서 위로 16장의 뜻을 마치면서 아래로 16장의 뜻을 열었다고 했다.

박시묵은 태극(太極)과 이기(理氣)의 관계에 대해서도 독자적인 견해를 제시하였다. 그는 「태극도설(太極圖說)」에서 "무극이태극(無極而太

極)"이라고 했으니 태극의 위에 따로 무극이 있는 것이 아니고 모습도 없고 자취도 없는 것은 이기(理氣)라고 하니 "무극이태극"은 이(理)와 기(氣)를 합하여 말한 것이라고 했다.[89]

박시묵은 19세기 청도지역을 대표하는 주자학자로서 평생 『소학』의 가르침을 실천했고, 이황 이후 전해온 영남 이학(理學)의 학문적 전통을 유치명을 통해 계승하면서 『대학』의 경(敬)과 『중용』의 성(誠)에 대한 강학을 통해 정학(正學)을 부지하고 천주교 등을 물리치려고 했던 학자라고 할 수 있다.

5. 맺음말

박시묵의 저술로는 『운강집(雲岡集)』7권 3책과 『운강만록(雲岡謾錄)』5책, 『운중만록(雲中謾錄)』1책, 『운창일록(雲牕日錄)』26책 등이 있다. 특히 『운창일록』은 박시묵이 1864년 11월 10일부터 1875월 7일 1일까지 거의 매일 기록한 일기이다. 『운창일록』에는 박시묵의 학자로서의 일상생활이 자세하게 기록되어 있다. 그는 19세기 후반의 영남 사족(士族)의 동향, 향회(鄕會)와 도회(道會), 강학(講學)과 교육(敎育), 서양과 일본 세력의 진출에 대한 인식과 대응, 경복궁 중건을 위해 원납전(願納錢)을 각 지방의 요호(饒戶)에 부과한 일과 서원훼철(書院毀撤)에 대한 당시 사족의 대응 등 다양한 사항을 기록으로 남겼다.

박시묵은 1866년 병인양요가 일어나자 경주의 이종상(李鍾祥)과 함께 척사(斥邪)의 선봉에 섰다. 임진왜란 때 청도 밀양박씨의 선조인 박하

---

89 『雲岡謾錄』 제5책, 理氣.

담의 손자와 증손들인 14의사(義士)는 의병으로 활동하였다. 박시묵은 '충의(忠義)' 두 글자를 중시하는 청도 밀양박씨의 가법(家法)의 전통을 이어 1866년에 의장(義將, 召募將)으로 활동하였다. 그는 재야의 학자로서 제세안민(濟世安民)의 도(道)는 오직 벼슬에 있는 자가 대책을 세우고 책임을 져야 하는 것이지만, 비록 산골짜기의 무지(無知)한 사람도 스스로 우국(憂國)의 마음이 없을 수 없다고 했다.

박시묵은 19세기 청도지역을 대표하는 학자로서 청도의 아름다운 산수를 좋아하였다. 그는 운문산 아래 만화평(萬花坪)에 만화정(萬和亭)을 지었다. 그는 정자를 지으면서 꽃 화(花)자를 화할 화(和)자로 고쳤는데, 꽃보다는 열매를 중시하겠다는 뜻을 표현한 것이다. 그는 자사(子思)가 "화(和)라는 것은 천하의 달도(達道)이다. 중화(中和)를 이루면 천지가 제 자리에 위치하고 만물이 발육한다."라고 한 말을 들면서, 화(和)의 뜻이 크다고 했다. 그는 우선 일가(一家)의 화(和)를 이루어 장차 천지가 제자리에 서고 만물이 양육이 되는 경지에 이르기를 바랐다.

박시묵은 평생 『소학(小學)』을 읽었고 그 내용을 실천하려고 했다. 그는 이황(李滉) 이후 전해온 영남 이학(理學)의 학문적 전통을 스승 유치명을 통해 계승하였다. 특히 그는 『대학』의 경(敬)과 『중용』의 성(誠)에 대한 학습과 강학을 통해 청도의 문풍(文風)을 진작시키고, 나아가 조선의 정학(正學)인 유학(儒學)을 수호하고자 했다. 그는 1866년 병인양요로부터 1871년 신미양요를 거쳐 개항(開港) 전해인 1875년까지 프랑스와 미국 등 조선에 침략해오는 외세(外勢)를 물리치려고 했던 19세기의 대표적인 영남 유학자의 한 사람이었다.

7장
진계 박재형의 저술과 학문사적 위상

1. 머리말

진계(進溪) 박재형(朴在馨, 1838-1900)은 피폐한 현실과 실패한 개혁, 유지하려는 전통과 물밀듯이 들어오는 개화가 소용돌이치는 19세기말 영남의 유학자였다. 그는 청도의 대표적인 명문 집안인 밀양박씨 소고공파 후예로 고종대 청도를 대표하는 유학자였다. 아버지는 19세기 소고공파의 문장(門長)으로 추앙받았던 운강(雲岡) 박시묵(朴時默, 1814~1875)이었다. 박재형은 1870년 33세의 나이로 진사시에 합격하였으나 과거에 뜻을 버리고 이듬해부터 운문산에 칩거하면서 학문을 하면서 일생을 보냈다.

박재형은 어릴 때는 정재 유치명 문하에서 취학하였으며, 커서는 성재 허전과 응와 이원조에게서 가르침을 받았다. 퇴계학을 사숙하였으며 향촌에서 유학의 가르침을 실현하려고 하였다. 박재형은 친인척 가운데 가난한 이들을 위해 보화계(保和契)를 만들어 살아갈 방도를 마련해 주었다. 마을에 흉년이 들면 곡식을 나누어 구휼해주고 굶주린 이에게는 음식을 나누어주었다. 또한 후학을 위해 재산을 내어 놓아 여택계(麗澤

契)를 설립하여 족당을 모아 가르칠 수 있도록 하였다.[1]

그런데 기존의 박재형에 대한 연구 논문은 기 간행된 문집을 비롯하여 『해동속소학』과 『해동속고경중마방』의 편찬과 그 의의를 논한 것이 대부분이다. 그 외 청도 유학이나 유교 교육을 다루거나[2] 밀성(밀양)박씨의 종족 활동과 관련하여[3] 박시묵, 박재형 부자(父子)를 언급하는 데에 그치고 있다. 여기서는 특정 책을 대상으로 하거나 부분적으로 언급되었던 기존의 연구와는 방향을 달리하여 박재형의 다양한 저술 작업을 확인하고 이를 통해 저술에서 보이는 학문적 특징을 살펴보려고 한다.

박재형은 학문을 하면서 기초 자료의 수집에 진력하였다. 관심 분야의 중요한 서적을 볼 때마다 일정한 규식에 따라 요약하였으며, 이러한 경험과 초록 작업을 바탕으로 자신의 학문을 갖추어 나가 『해동속소학』과 『해동속고경중마방』 등의 저술을 남기게 되었다. 자신의 관점에서 요약한 많은 필사본 책도 같이 남아 있다. 그러나 현재까지는 박재형이 남긴 자료의 존부조차 잘 정리되어 있지 않다. 그런데 박재형이 초록, 편집, 저술한 결과물의 대부분이 한국학중앙연구원 장서각에 소장되어 있다. 여기서는 필사본 저술을 중심으로 박재형의 학문과 그 학문적 위상을 살펴보고자 한다.

---

1 『進溪集』 권9, 「부록」, <가장(朴昌鉉)>.
2 이상호, 2000, 「조선후기 청도유학의 유학사적 의의」, 『유학사상문화연구』 14 ; 김태호, 2014, 「조선 후기 청도지역의 교육 활동 : 운강 박시묵과 진계 박재형을 중심으로」, 『향토경북』 12, 경상북도향토사연구협의회.
3 박종천, 「조선후기-근세 청도 밀성박씨의 친족활동과 사회적 위상」, 『조선 선비의 형성과 충절』(한국국학진흥원 학술대회, 2015년 10월 26일).

2. 진계 박재형의 생애[4]

박재형은 헌종 4년(1838) 2월 12일, 청도군(淸道郡) 중동면(中東面)
신지리(薪旨里)에서 박시묵(朴時默)과 성산이씨(星山李氏) 사이에서 4남
2녀의 장남으로 태어났다. 어릴 때 이름은 재성(在誠)이었다. 자는 백옹
(伯翁), 본관은 밀양(密陽)이다.

아버지는 박시묵은 19세기 밀양박씨 소고공파의 문장으로 집안을 현
양하는데 큰 업적을 남기었다. 그는 만화정(萬和停), 대비정사(大庇精舍)
등의 건물을 지었으며, 선대 인물들의 문집을 재정리하였다. 또한 임진
왜란 때 참전하였던 14의사의 업적을 정리한 『십사의사록』 등을 정리함
으로써 밀성박씨가 청도에서 19세기 유력 집단으로 등장하는데 중심 역
할을 하였다.[5] 박재형은 부친을 도와 이 일들을 같이 하였다.

박재형은 어릴 때는 부친의 명에 따라 정재(定齋) 유치명(柳致明)에
게 나아가 퇴계의 학문을 배웠으며, 커서는 성재(性齋) 허전(許傳)과 응
와(凝窩) 이원조(李源祚)에게 나아가 직접 배움을 청하였다. 그외에도 정
헌(定軒) 이종상(李鍾祥), 진암(進庵) 정교(鄭喬), 계당(溪堂) 유주목(柳疇
睦), 긍암(肯庵) 이돈우(李敦禹), 사미헌(四未軒) 장복추(張福樞), 서산(西
山) 김흥락(金興洛) 등을 찾아뵙고 학문을 청하거나 서신으로 질의를 통
해 배움을 구하였다.

박재형은 철종 3년(1852) 2월 15일 여주이씨(驪州李氏) 이박상(李博
祥)의 딸과 결혼하였다. 고종 1년(1864) 11월 일가인 박문조의 별세로

---

4 이 부분은 <家狀>(朴昌鉉 撰), <行狀>(盧相稷 撰, 小訥集 卷46), 『雲牕日錄』
   (朴時默 記) 등에 의함.
5 김성우, 2001, 「밀성박씨 소고공파의 청도 정착과 종족 활동」, 『진단학보』 91,
   209쪽.

부친의 명에 따라 입암(立巖)에 조문을 갔다. 12월 29일에는 『성학십도 (聖學十圖)』를 직접 손으로 써서 부친에게 드렸다.[6]

고종 2년(1865)에는 서울, 경주(慶州), 매원(梅院) 등을 다녀왔으며 주위에 상사(喪事)가 있을 때는 부친을 대신하여 조문을 갔다. 5월 3일 김해부사 허전(許傳)이 감영에서 귀로에 청도의 부친을 방문하였으며, 다음날 박재형은 명대(明臺)까지 전송하였다. 7월 28일에는 한강(寒岡) 정구(鄭逑)를 모신 성주의 회연서원(檜淵書院)에 가서 강회에 참석하였는데,[7] 강독서는 『심경(心經)』이었으며, 강장은 응와(凝窩) 이원조(李源祚)였다. 8월 14일 집으로 돌아 와서는 정구의 백매원(百梅園)을 모방하여 거주하는 집 앞에 석류를 심고 백류원(百榴園)이라 이름하였다.[8] 9월에는 허전(許傳)으로부터 용암(龍巖) 박숙(朴琡, 1578-1639)의 유사(遺事)를 받아오면서 그 때 만난 경주부윤 홍섭(洪燮)으로부터 거취에 대한 말을 들었으나 부친의 명에 따라 독서를 계속하였다.

고종 3년(1866) 2월 29일 과거를 위해 서울로 갔다. 서울에서 많은 경화(京華) 문장가와 교류할 기회를 가졌으며, 7월 26일 고향으로 내려왔다. 박재형의 서울 경험은 세상 경험과 학문적 성장에 새로운 자양분이 되었을 것으로 보인다. 부친도 아들이 서울에서 문장가와 교류하면서 고향에 있을 때보다 문장이 훨씬 좋아졌다고 평하였다.[9] 병인양요가 일어나자 박시묵은 영남소모사로 차정된 정헌(定軒) 이종상(李鍾祥)으로부터 9월 24일 청도의장(淸道義將)으로 위촉되었는데, 박재형은 부친과 경주 영남소모사와의 연락을 담당하였다.

---

6 『雲岡集』 권1, 「詩」, <題聖學十圖屛 幷引>.
7 『雲牕日錄』, 1865년 7월 28일.
8 『진계집』 권1, 「詩」, <百榴園 幷小序>.
9 『운창일록』, 1866년 6월 11일.

고종 4년(1867) 1월 26일 부친이 경산부에 하옥되자 원납전의 추가
납부 등 부친의 구명을 위해 노력한 결과 2월 24일 부친이 석방되었다.
9월 부친의 명으로 임고(臨皐)에 가서 포은의 문집에 송은(松隱) 박익(朴
翊)과 수창한 글을 싣기를 희망하는 의사를 전달하였다. 10월에는 복시
를 보기 위해 대구로 갔다.

　고종 6년(1869) 3월 서울에 갔다가 4월 돌아왔다. 9월 24일에는 향시
의 결과가 나왔는데 우방(右榜)으로 합격하였다. 10월에는 불행히 동생
박재충(朴在忠)이 사망하였다.

　고종 7년(1870) 3월 진사시(進士試)에 합격하였다. 4월에는 선영에 예
를 올렸다.

　고종 8년(1871) 한양으로 갔다가 신미양요 후 고향으로 내려와 자정
(自靖)의 길에 들어서게 되었다.

　고종 9년(1872) 봄에는 아이들의 훈육을 위한 격언과 사례들을 중국
여러 서책에서 모아 『교자요언(敎子要言)』을 편찬하였다. 그리고 용암
박숙의 유고를 도내 제현으로부터 채집하여 책을 만들었다. 응와 이원조
의 제사와 계당 유주목의 상에 직접 참례와 조문하는 등 지역에서의 교
류 활동을 이어나갔다.

　고종 10년(1873) 6월에는 동생 박재소(朴在聲)가 사망하였다. 가을부
터 이듬해 여름까지 서울의 성균관에서 머물렀다.

　고종 12년(1875) 4월에는 여주 이씨 부인상, 8월 부친상을 연이어 당
하였다.

　고종 15년(1878)에는 1868년의 서원 훼철로 퇴락해 있던 선암서원(仙
巖書院)의 건물을 소요당의 여러 후손들과 힘을 모아 선암서당(仙巖書
堂)과 소요정(逍遙亭)의 현판을 달고 중건하였다. 청도군 금천면 신지리
에 있는 선암서원은 삼족당 김대유와 소요당 박하담을 배향하고 있다.

고종 16년(1879) 2월 모친상을 당하였다.

고종 21년(1884) 변복령이 반포되었으나 조령을 따르지 않았다. 이때부터 본격적으로 저술을 목판으로 간행하였는데 이해에는 『해동속소학』과 『해동속고경중마방』의 목판본을 간행하였다.

고종 26년(1889) 『도산지언(陶山至言)』 초고본을 편찬하였으며, 1892년에는 수정본을 완성하였다.

고종 31년(1894) 자신의 저술 목록을 정리하여 후손에게 남기었다. 부친의 글을 모아 목판으로 『운강집(雲岡集)』을 간행하였다.

1896년 여름 운천정(雲泉亭)으로 역을 피해 이거하였다.

1898년 4월 의녕원(懿寧園) 참봉(參奉)으로 임명되었으나 나아가지 않았다. 송병선에게 서한을 보냈었다.

1900년 8월 12일 거제에서 사망하였다.

3. 진계 박재형의 저술

진계 박재형은 1894년 자신이 평생 이루어놓았던 15종 36권에 달하는 저술 작업의 성과를 적어 놓았다.

> 海東續小學六卷, 海東續古鏡重磨方一卷, 海東名人姓彙三卷, 海東詩選一卷, 海東奇語二卷, 東文酌海五卷, 朱文井觀三卷, 陶山至言二卷, 八家骨髓二卷, 金缶錄二卷, 攝生要訣一卷, 敎子要言一卷, 恐聞篇一卷, 述先志一卷, 百榴園志五卷

박재형은 위의 15종 36권이 자신이 손수 초략한 것이나 최종 완성본에 이르지 못하였음을 안타까워하고 있다.[10] 이 가운데 현재 남아 있는 것도 있고, 전하지 않는 것도 있다. 현재 남아 있는 박재형의 저술을 표로 소개하면 다음과 같다.

〈표 1〉 박재형의 저술(가나다순)

번호		서지	책	소장처
1	恐聞篇	필사 유일본	불분1책	장서각(C2 56)
2	敎子要言	필사 유일본	불분1책	개인소장(박화식)
3	金缶錄	필사 유일본	불분2책	장서각(C14B 32)
4	陶山至言	필사 유일본	불분3책(건·곤, 별)	장서각(C2 39)
5	東文酌海	필사 유일본	불분9책 중 8책(제7책 결)	장서각(C2 75)
6	百榴園志	필사 유일본	불분8책	장서각(C14C 12)
7	雲史	필사 유일본	불분3책 중 1책(2책 결)	장서각(D3B 1718)
8	朱文井觀	필사 유일본	불분3책 중 2책(1책 결)	장서각(C2 266)
9	進溪集	목판본	9권 4책	장서각(D3B 412)을 비롯하여 다수, 한국고전번역원 영인
10	進溪潑墨	필사 유일본	불분5책	장서각(C10C 179)
11	進溪雜藁	필사 유일본	현 불분3책	장서각(D3B 1705)
12	進溪拙搆	필사 유일본	불분2책	장서각(D3B 1717)
13	八家骨髓	필사 유일본	불분2책	장서각(D2C 145)
14	海東奇語	필사 유일본	불분1책	『한국야담자료집성』 12, 1987, 영인.
15	海東名人姓彙	필사 유일본	불분3책	국립중앙도서관(古2510-140)
16	海東續古鏡重磨方	목판본	1책	장서각(C2 57A)을 비롯하여 다수
17	海東續小學	목판본, 연인본	1책(6권)	장서각(C2 4)을 비롯하여 다수
18	海東詩選	필사 유일본	1책	장서각(D2B 194)

---

10 『진계집』 권7,「발」, <書纂輯書冊目錄後>. "右三十六卷 儘余手所抄而未及修潤者也 從古纂緝之成帙 蓋非一人手所可了斷 藏之巾衍 以俟後世子雲 然時勢燎原 安可得保於絳雲一炬耶 不覺撫卷太息 甲午臘月日 進溪老人題"

이들 책과 찬집서책 목록의 15종을 비교해 보면 새로이 들어간 것으로는 자신의 글을 편집해 두었던 『운사(雲史)』, 『진계발묵(進溪潑墨)』, 『진계잡고(進溪雜藁)』, 『진계졸구(進溪拙搆)』, 그리고 사후에 편집된 『진계집(進溪集)』이 있다. 반면 15종에 이름으로 남아있지만 『섭생요결(攝生要訣)』, 『술선지(述先志)』의 2종은 현재 찾을 수 없다. 박재형의 저술 가운데 현존하는 책은 위의 표 소장처에서 보이듯이 『교자요언』, 『해동기어』, 『해동명인성휘』 그리고 간행본인 『진계집』, 『해동속소학』, 『해동속고경중마방』을 제외한 유일 필사본은 모두 장서각에 소장되어 있다. 이들 책의 내용을 개략적으로 소개한다.

(1) 『공문편(恐聞篇)』

『공문편』은 박재형이 『이학통록(理學通錄)』을 초략한 1책의 필사본이다. 장서각에서는 편자 미상으로 적고 있으나 동일한 장서인이 있으며 박재형의 저술 목록에 있는 책이다. 다른 박재형의 저술과 동일 필체로 적혀 있는 점으로 판단하건대 박재형의 것으로 판단된다. 『이학통록』은 퇴계 이황이 주희(朱熹)를 비롯한 송·원·명 주자학자들의 언행을 정리한 것이다. 뒤에 나오는 『도산지언』과 함께 박재형이 퇴계의 학문에 지대한 관심을 가지고 있었던 것이 확인된다. 독서 중에 감명을 크게 받은 구절들을 초록하여 두었는데 주자와 제자와의 문답 가운데 학문을 위한 자세에 대한 글들이 주로 초출되었다.

(2) 『교자요언(敎子要言)』

『교자요언』은 불분 1책 33장의 필사본이다. 1872년 봄 완성한 것으로 추정된다.[11] 책의 말미에는 경자년(1990) 장서기가 있다. 어린아이들을 훈육하는데 필요한 가언 선행 가운데『소학』에 수록되지 않은 것을 정리한 것이다. 인생에서 지극한 낙으로 독서만한 것이 없고 지극히 긴요한 것으로 자식 교육만한 것이 없다는 정자의 말을 되새기면서 독서하는 여가에 자식들을 훈육하는데 필요한 격언(格言)과 의행(懿行)을 중국 책에서 취하여 만들었다.[12]

편목은 크게 주제별 13편과 총론 1편으로 이루어져 있으며, 주제별 각 편은 목차에서 교적편(敎迪篇), 독서편(讀書篇), 자수편(自修篇), 칙행편(飭行篇), 계욕편(戒慾篇), 천선편(遷善篇), 신묵편(愼嘿篇), 용인편(容忍篇), 계방편(戒放篇), 지명편(知命篇), 안분편(安分篇), 접인편(接人篇), 음덕편(陰德篇), 총론(總論) 순으로 기록되어 있으나 실제 기술에서 순서에 변동이 있다. 각 편당 몇 종의 일화나 편언을 수집하여 한 편을 이루고 있다.『해동속소학』과 비교한다면 각 편의 내용은 매우 소략하여 책이 미완성본임을 보여준다.

총론은 주백려(朱柏盧)의『주문공가거요언(朱文公家居要言)』, 주희(朱熹)의 서간, 송계자(松溪子)의 서간문을 초록한 것으로 구성되어 있다.『주문공가거요언』은 주용순(朱用純)[13]이 지식과 행동을 일치시키기 위해 만든『주자치가격언(朱子治家格言)』에 수록된 격언으로 일명『주자가훈(朱子家訓)』이라고도 하였다. 집안에서 가정과 자신을 다스리는 일을 쉽게 행할 수 있도록 적었다. 주자의 서간문은 주희의『주자대전

---

11 필사본의 서문에는 문집의 서문에 없는 임신년(1872)에 적는다는 연기표시가 있다.
12 『진계집』권6,「서」, <교자요언서>. "讀書之暇 輒掇拾古人格言懿行 題曰交子要言"
13 朱用純(1617~1688)은 명말 청초를 살았던 理學家로, 자호는 柏盧, 자는 致一이다. 歸有光, 顧炎武와 함께 昆山(지금 강소성 속현) 三賢으로 저명하였다. 정주학을 근본으로 하면서 知行竝進과 躬行實踐을 강조하였다.

(朱子大全)』에 수록된 서간 가운데 제자와 아들에게 권하였던 교훈적인
내용을 중심으로 뽑고 있다. 『송계자(松溪子)』는 왕탁(王晫)[14]이 지은 것
으로 행동거지의 표본이 될 수 있도록 총 30조로 구성된 격언집이다. 매
조는 수십 자로 구성되어 쉽게 외울 수 있도록 구성되어 있다.[15] 총론은
16장으로 전체 책의 반을 차지하고 있는데 주제별 편에 비해 해당 문건
을 자세히 인용하고 있다.

〈표 2〉『교자요언』 수록 전거

구성	수록 전거
敎子要言序	
敎迪篇	叔程子, 邵康節, 明道先生, 蘇易簡, 朱夫子
讀書篇	司馬溫公, 沈攸之, 叔程子, 臨川吳氏, 朱子, 魯齋許氏, 顔氏家訓, 陳眉公
自修篇	楊龜山, 朱子, 呂東萊, 正蒙, 司馬溫公, 張子, 胡五峰, 朱子, 魯齋許氏, 劉忠, 羅洪先, 夏寅, 一夕話, 陳眉公
飭行篇	胡致堂, 韓忠憲, 謝上蔡, 伯程子, 朱子, 談叢, 羅豫章, 伯程子, 馮瀛王, 朱子, 西山眞氏, 叔程子, 福壽全書
戒慾篇	叔程子, 特奏名, 蘇東坡, 將鑑, 潛室陳氏, 一夕話, 福壽全書
戒放篇	張子, 陳眉公
遷善篇	通書, 朱子, 陳眉公
懲默篇	(韓非子)[16], 程子, 尹和靖, 五峰胡氏, 臨川吳氏, 叔程子, 許衡, 一夕話, 陳眉公
容忍篇	正蒙, 叔程子, 羅豫章, 一夕話, 陳眉公
知命篇	叔程子, 皇極經世書, 一夕話, 陳眉公
安分篇	叔程子, 語錄, 正蒙, 陳眉公

---

14 王晫(1636~?)의 초명은 棐, 호는 木庵, 丹麓, 松溪子이다. 청초의 錢塘(지금 浙
江省 杭州) 출신이다. 거업을 버리고 평생 학문을 하였다. 저술로는 『遂生集』,
『今世說』, 『霞擧堂集』, 『丹麓雜著』, 『牆東草堂詞』 등이 있다. 『丹麓雜著』는 「龍
經」, 「孤子吟」, 「松溪子」, 「連珠」, 「寓言」, 「看花述異記」, 「行役日記」, 「快說
續記」, 「禽言」, 「北墅竹枝詞」의 10개 부분으로 구성되어 있다.
15 『송계자』는 『단록잡저』에 수록된 소품이나 후일 張潮가 편집한 『昭代叢書』의
甲集 18권에 별도로 수록되어 널리 알려지게 되었다.

接人篇	一夕話, 陳眉公
陰德篇	司馬溫公, 范陽張氏, 許衡, 張詠
總論	『朱文公家居要言』
	朱熹 書(<朱文公與魏應仲書>, <朱文公答劉季章書>, <朱文公答諸葛誠之書>, <朱文公答王季和書>, <朱文公與長子受之書>)
	『松溪子』書抄

각 편과 총론에는 『해동속소학』과 마찬가지로 일화를 중심으로 편성하였다. 아이들을 위한 『해동속소학』과 짝을 이루어 자식의 훈육에 필요한 도덕적 원칙과 교육의 기준을 제시하고 있다. 내용은 전통적인 유학적 교육 정신을 담고 있는 구절을 중국 서적에서 초출하여 편성하였다.

(3) 『금부록(金缶錄)』

『금부록』은 불분 2책의 필사본이다. 앞 부분에 수록된 시문들은 박재형이 자신의 시 작품을 수록한 것으로 일부 수정표시가 있는데 뒤에 문집으로 간행하면서 해당 부분이 수정되기도 하고 혹은 일부 시문은 탈락되었다.[17] 뒷부분의 잡록은 박재형이 『당송팔가문』 및 이세필(李世弼), 이세구(李世龜) 등 여러 인물들의 묘갈 혹은 명문을 보고서 초록해 둔 것이다. 잡록 중 하편은 특정 문집에서 초록한 것으로 『서애집』, 『농암집』, 『여헌집』, 『번암집』, 『명재집』, 『율곡집』, 『백불암집』 등 여러 문집에서 주로 서간문과 묘지명을 중심으로 문장을 초략한 것이다.[18] 잡

---

16 이 구절의 출처는 『韓非子』, <說林下>이나 별도의 표시를 하지 않았다.

17 앞 부분에 수록된 시문의 제목은 다음과 같다. 留大庇山亭, 寄圓光庵留客, 寄聾山翁寓所, 悼亡(室), 寄題小雲谷新亭, 過松亭呈省窩, 治圃, 盤榴, 謹次院洞重牢韻, 松, 又, 題金岡山歸客軸, 朴淵瀑布[松都], 善竹橋, 和尙州宗人, 寄雲門寺遊山佳客, 留大庇山亭, 與諸廳諸宗登終南山, 留大庇山亭, 山亭聞蟬, 留大庇山亭, 戲題石泉壁.

록과 초록에서는 대부분 교훈적인 내용을 주로 초록하고 있어『해동속
소학』과『해동속고경중마방』을 편찬하기 위한 기초 자료 수집의 일환
으로 추정된다. 다양한 당색의 인물들의 글을 초록하는 있는 점이 특징
적이다.

(4) 『도산지언(陶山至言)』

『도산지언』은 불분 3책의 필사본이다.『퇴계집』중에서 학문의 기본
강령이 될 글을 초집한 것으로 건은 소차와 서간, 곤은 서간과 일부 묘
명에서 초록하여 가져왔다. 두 권이 건, 곤으로 표시되고 곤의 뒤에 발문
이 있어 두 책이 한 질을 이루고 있으며 별도의 책은 두 책보다 앞 선시
기에 초록한 것으로 보인다.[19] 박재형은 진학진덕(進學進德)의 뜻으로 스
스로 경계한다는 의미로 호를 진계(進溪)로 지었는데 퇴계와 오히려 상
반된 의미를 지니고 있어 세간에서는 오히려 그의 오만함을 지적하였다.
동방의 부자조차도 겸퇴(謙退)하는 뜻이 있는데 오히려 진(進)이라고 하
는 것은 너무 과월한 혐의가 있다고 지적하자 그는 자신이 원하는 것은
선생을 배우는 것이며, 내가 진(進)하려는 것은 오히려 선생의 퇴(退)를
배우려는 것이라고 하였다고 답하였다.[20]
　　박재형에게 있어서 학문의 근간은 퇴계 이황의 학문이었다. 퇴계는

18　뒷 부분에 수록된 잡록은 (雜錄), 祭眉叟許先生文[判書李鳳徵], 祭旅軒張先生
　　文[參判李山漢], (雜錄), (文集抄)의 순으로 되어 있다.
19　『진계집』에 수록된 발문(권7, 「발」, <도산지언발>)에는 작성연대가 생략되어 있
　　다. 그런데 건곤의 한 질(018607-018608)의 장서각본『도산지언』의 곤 끝에는
　　壬辰年(1892) 작성한 발문이 있다. 그런데 별도의『도산지언』에는 동일한 내용
　　의 己丑年(1889) 작성한 발문이 있다. 따라서 마지막권(등록번호 017609)은『도
　　산지언』의 처음 초고본이다.
20　『진계집』권6, 「서」, <진계자서>.

성인에 필적하는 특출한 자질을 가진 뛰어난 인물이었지만 여러 차례 관직을 사양하고 청량산 아래에 있으면서 도를 가르치는 것을 자신의 임무로 하였다는 것이다. 박재형은 병이 든 후 칩거하면서 독서를 하였는데 그 문지방도 감히 엿보지 못할 정도였으나 마음이 절로 편안해져 스스로 만에 하나 그 유훈을 맛볼 수 있다면 병이 다 나을 것 같이 여겼다.[21] 그리하여 자신의 고루함을 돌아보지 아니하고 학문에 관계되어 수용이 절실한 것을 요약하여 이 책을 만들었다.

(5) 『동문작해(東文酌海)』

『동문작해』는 불분 9책의 필사본으로 현재 제7책이 결하여 총 8책이 남아 있다. 각 선현들의 문집에서 상소문, 서간문 등을 초략하였는데 대부분 서간문에서 문장을 중심으로 초선한 것이다. 책별로 수록되어, 1책 명재(明齋) 윤증(尹拯), 2책 농암(農巖) 김창협(金昌協), 3책 대산(大山) 이상정(李象靖), 4책 대산(大山), 5책 신재(愼齋) 주세붕(周世鵬)·점필재(佔畢齋) 김종직(金宗直)·우암(尤菴) 송시열(宋時烈), 6책 식산(息山) 이만부(李萬敷), 8책 남명(南冥) 조식(曺植)·응와(凝窩) 이원조(李源祚)·우복(愚伏) 정경세(鄭經世), 9책 입재(立齋) 정종로(鄭宗魯)·성담(性潭) 송환기(宋煥箕)의 글로 구성되어 있다.

『동문선』이래 우리나라의 좋은 문장을 모으려는 노력은 계속되었으며, 고종대인 1866년경 송백옥(宋伯玉)에 의해 『동문집성(東文集成)』이 이루어지기도 하였다. 『동문작해』도 문장을 모은다는 점에서는 동문의

---

21 『진계집』권7, 「발」, <도산지언발>. "退陶先生 以近聖之資 挺生南服 累辭徵辟 嘉遯於清涼山六六峯下 以講明斯道爲己任 而先生之沒也 道在方冊 家有先生 書三十卷 沈病以來 閉門伏讀 雖不敢窺覦其閫域 然心竊好之者 自以爲萬一咀 嚼其脣羶之味 則病可得甦也"

선집에 해당하나 다른 선집이 대부분 작품 별로 선정이 이루어지는데 반해 특정 인물의 문집을 중심으로 글을 모았다는 특징이 있다.

또 다른 특징으로 남인계 뿐만 아니라 북인계와 서인계의 노·소론에 이르기까지 다양한 당파에 속하는 인물들의 글을 수집하고 있다는 점을 들 수 있다. 부친인 박시묵도 남인계인 응와(凝窩) 이원조(李源祚), 성재(性齋) 허전(許傳), 정헌(定軒) 이종상(李鍾祥), 계당(溪堂) 유주목(柳疇睦) 등과 교유하였을 뿐만 아니라 소론인 관산(冠山) 성근묵(成近默)과도 교분이 있었다.[22] 그러한 점에서 아들인 박재형도 당색에 있어서는 열린 태도를 가질 수 있었던 환경이 마련되었다고 하겠다. 당시 영남과 청도라는 지역 사정으로 보아 서인계 문집을 초록하여 별도의 권을 이루기 쉽지 않은 환경이었음을 감안한다면 동문 선집으로서 일정한 의의가 있다.

(6) 『백류원지(百榴園志)』

『백류원지』는 불분 8책의 필사본으로, 박재형이 평소 보았던 글 가운데 후일의 참고에 대비할 만한 글을 차록해 둔 것이다.[23] 차록 과정에서 박재형이 자신의 시문도 여러 곳에 수록하고 있다. 백류원이라는 이름은 박재형이 1865년 회연서원에 정구를 알묘(謁廟)하고 이원조가 설강하였던 『심경』 강의를 듣고 왔는데 평소 한강이 강학을 행하던 백매원(百梅園)을 모방하여 집 동쪽에 별장을 지어 석류나무 백 그루를 심어 백류원이라고 한데서 기인한다.[24] 스승인 성재 허전도 <백류원기>를 지

---

22 『진계집』 권8, 「행장」, <선고운강부군가장> ; 『진계집』 권7, 「발」, <가장서첩발>.

23 『백류원지』 1책. "平日所目覩耳聞者 以備後日參考"

24 『진계집』 권9, 「부록」, <가장(朴昌鉉)>. "又於家之東園 別開一庄 倣寒岡鄭先生百梅故事 種榴百本 又雜植衆卉 以觀程夫子庭翠氣像 名之曰 百榴園"

어 박재형이 한강의 유풍을 입고 있음을 지적하고 있다.[25]

『백류원지』의 1책-6책은 대체로 다른 사람들의 글을 차록한 것이다. 1책에는 여러 잡문을 수록하고 있는데 자신이 쓴 서간과 행장 외에 당시 사회 상황과 관련하여 일어났던 일들을 사건 별로 언급한 곳도 있다. 2책은 1874년 성균관에서 수학하고 있을 때 수집한 각종 글을 적은 것이다. 3책은 『갈암집(葛菴集)』의 서간문을 비롯하여 『이자수어(李子粹語)』, 『해동요람(海東要覽)』,[26] 『수원여제자시선(隨園女弟子詩選)』 등에서 차록한 것이다. 4책과 5책은 고금 시화를 간략하게 초략하거나 사람들이 상용하는 말의 유래된 바를 정리하고 있다.[27] 그리고 각종 서간과 상소문 등 다양한 글을 수록하고 있다. 6책은 지역과 관련된 각종 통문과 자료를 수집하고 있다. 7책은 박재형이 쓴 시문, 서간, 제문을 주로 수록하였다. 8책은 두 동생과 부인, 그리고 선고와 선비를 위해 보내 온 제문, 애사, 만사 등을 정리해 놓은 것이다.

1책에서 6책까지 수록된 글 가운데 일부 구절에서 간단하게나마 임술민란 이후 국내외의 중요한 사건들을 나열하고 있어 당대의 현실에 대한 박재형의 관심사를 엿볼 수 있다. 그러나 동학의 폐해를 지적하거나 흑의령과 단발에 대한 반발을 보이는 등 현실 문제에서는 보수적인

『진계집』 권1, 「시」, <백류원 병소서>. "歲乙丑秋 陪李尙書晩歸翁 入檜淵院 謁寒岡鄭先生祠 退而講心經近思等書於百梅園 園卽先生平日杖屨之所也 古査百本 依舊保太和春色 而勞彂聞香於百世之下也 心乎愛慕 乃以安石榴百本種之于所居堂前 扁之曰百榴園"

25 『性齋集』 권15, 「기」, <백류원기>. "余嘗至檜淵見百梅園 乃寒岡鄭先生遺芬腾馥也 百榴園 聞先生之風者云爾"

26 박재형이 초략 대상으로 삼은 『해동요람』은 洪萬宗의 『句五志』이다.

27 『백류원지』 4책. "古今詩話不可盡記 但取余所見聞者略抄" "人專恒言 或不知其出處 亦未免孤陋 抄撫前言以列"

대응 자세를 보여주고 있으며, 청이나 일본에 대해서는 외교 문서의 일부를 수록하고 있으나 구체적인 대응 전략을 제시하는 정도로 나아가지는 못하고 있다. 3책에서 『갈암집』을 초록해 둔 데서 퇴계학에 경도된 박재형의 학문적 자세도 볼 수 있다.

『백류원지』에 수록된 박재형의 일부 글을 문집과 비교한다면 문집 편집과정에서 빠진 다수의 시문이 보인다. 특히 문집에서는 축약되거나 수정되어 수록된 반면에 1책, 5책, 7책, 8책에 수록된 박재형이 작성한 서간과 제문 등은 원문 전체를 수록하고 있어 박재형을 연구하는데 있어 필수적인 자료집이라고 할 수 있다. 뒤에 나오는 문집 형태를 띠는 『운사(雲史)』 이전에 나온 난삽한 형태의 초고 묶음집이라고 할 수 있다.

〈표 3〉『백류원지』 책별 목록

	수록 내용	비고(표지)
1책	詩, 性理類說草, 雜著, 朴氏璿源世譜序(朴宗鉉), 謹次崇德殿原韻(朴容鉉), 書纂輯書册目錄後, 寄秉兒書, 推忠佐翼功臣崇祿大夫梁山君奉朝賀謚莊剛李公行狀, 通度寺有感而作, 答來兒, 與柳樂三梁山倅寅睦, 與李仁同可馨紹榮匪所, 密城朴氏中祖令同正公諱元光派戊子譜序(朴致馥), 希人齋序, 洋船辨疑(孫海鎭), 愚川倡義時通文, 單子召募座前, 回單, 答或人書 溪堂丈席, 枹朴子, 書	笥錄 雜著
2책	雜文, 詩, 萬東廟享奉之節復設擧行, 戶曹叅判崔益鉉疏, 賓廳啓辭, 與譜廳諸宗登終南山, 鄭桐溪上梧里李相國書, 與金霽山 外 書簡文, 春秋, (恩彦君辛酉事)辨誣奏文, 㳘原按覈使趙昌永狀啓草, 前叅判李源祚疏, 武夷圖誌後敍, 慶尙道幼學臣鄭民秉等誠惶誠恐頓首首謹百拜上言于, 前掌令孫永老疏, 屛山書院通文, 大日本國外務鄕寺島宗則呈書, 大日本國外務大丞宗重正呈書, 胡使謝醫書, 上直谷書, 直谷答書, 再上, 再答, 三上, 三答, 大院位校儒生書, 儒生答上, 嶠南縉紳諸公旅榻, 嶠南僉君子旅座, 金羅傳信錄序(趙任道), 詩, 雜文	歲甲戌(1874)正月下澣頓東館中記聞
3책	雜文, 葛菴先生文集抄, 頌德碑贊幷序, 李子粹語略抄, 海東要覽抄畧, 隨園女弟子詩選抄畧, 詩	葛菴集
4책	詩, 宣川主人柳氏書(金澍), 重過鶴城留別月中桂(金純澤), 書, 重九登明虛樓作, 翠竹堂金應鳴慈仁復縣疏,, 鏡浦臺重修上樑文, 許金海今居官十箴詩, 詩文, 古今詩話略抄, 恒言出處抄, 傳令中東面任及各洞至大小民人處 本官李炳一, 三足臺記(盧遂), 三足堂重修記(朴齊尙, 李直善), 恒言出處抄, 留京表(金在禹), 使日本國書(宋相琦), 日本答國書(林信篤), 恒言出處抄, 雜文, 詩	雜錄

5책	恒言出處抄, 庚辰九月初八日次對筵說, 斥邪疏(姜晋奎), 丁大軾詩萬序(黃雲谷), 清州答通(韓洪烈鄭源植等), 疏廳太學通文, 御製諭大小臣僚及中外民人等斥邪綸音, 秋史祭哭子人扇, 宋秉璿疏, 政府與日本公使書, 再次書函, 訥菴記(趙秉德), 訥菴記(任憲晦), 吳斯文景殷字說(任憲晦), 晉州矗石樓義巖碑銘, 與金蔚山, 與妹兄書, 與甥君書, 與安徽遠, 祭李益헌(李意翼), 安東幼學郭鍾錫辭比安單子	雜錄 附 簡牘
6책	解字, 雜文, 松溪子小引(張潮), 松溪子仁和王晫丹麓著, 太學館通文, 副護軍李鵬純疏, 掌令鄭直東疏, 執義尹致賢, 義理疏再擧通文(都廳 朴時默), 息城君李公祠記(金箕書), 東西齋所懷草, 大院位抵韓台書, 抵洋長書, 祭崔公文(呂應奎), 晴川院儒祭葛庵先生文, 祭葛庵文(金樂行), 所庵與甥館書, 祭亡子文, 雜文, 崇德殿上樑文(朴永輔), 白樂寬疏, 禮曹判書送外務省書契, 淸將丁馬吳魏揭榜鍾樓, 上國奏文草, 諭八道四都耆老人民等書, 總理各國事務咨文, 刑曹參判李容元之疏, 敎中外大小臣僚耆老軍民閑良人等書, 通文(朴景烈), 詩文, 雜文	雜錄
7책	詩文, 書簡, 祭文	未定草
8책	亡弟墓表, 表弟秀才朴君哀辭(李舜若), 哀朴叔翁文(李英修, 徐世淳, 李敬善, 李斗善, 李庭鶴, 裵尙瑢, 朴增著, 安彦明, 李鐸夏, 金鑛奎, 李鶴柱), 密陽朴公叔翁慶州崔氏祭文, 亡弟仲翁輓詞(李致五, 李縡善, 朴增著, 金夢色, 金師曾, 尹泰悅, 崔承郁), 密陽朴氏仲翁祭文, 亡室宜人驪江李氏墓誌, 誄詞(李鍾謨), 驪江李氏祭文, 雲岡處士朴君孺人李氏壙誌, 星州李氏祭文, 先考贈通訓大夫司憲府監察雲岡處士先妣贈淑人李氏墓合誌, 雜文	亡弟 遺墨 墓表 哀辭 輓章 祭文

* 제목에 밑줄이 있는 것은 박재형의 글임. 제목의 ( )는 초록한 글의 원작자임.

(7) 『운사(雲史)』

　『운사』는 불분3책의 필사본으로 현재 2책(제1, 제3책)이 결하여 지(地) 1책만이 남아 있다. 해당 부분은 박재형의 서간, 기, 발, 서 등 글을 정리한 문집의 초고본에 해당한다. 문집으로 편찬되면서 『운사』에 수록된 일부 서간문은 누락되어 있어 문집에서 보이지 않는 박재형의 교류관계를 파악하는데 유용하다. 일부 서간문에는 제작한 연대를 밝혀놓은 곳이 많아 서간을 통해 박재형의 사상적 추이를 파악함에 있어 유용한 자료가 될 수 있다.

(8) 『주문정관(朱文井觀)』

『주문정관』은 불분 3책의 필사본으로 현재 천과 지 2책만 남아 있다. 장서각에서는 편자 미상으로 적고 있으나 다른 박재형 저술과 같은 소장인이 있다. 박재형이 『주자대전』의 서찰(書札), 소차(疏箚), 기발(記跋) 가운데 마음을 드는 문장을 요약하여 3책으로 만들었다. 박재형이 쓴 발문에 따르면 고열에 편하게 한다고 글 중간을 마음대로 취사하지 않은 것은 후의 이 책을 읽은 이들이 책의 대략을 보고서 주자가 글과 예로 박약(博約)하였음을 알지 못하여 거기에 그쳐버리게 하지 않으려는 데에 있다고 하면서[28] 『주자대전』의 해당 문장을 그대로 초록하였다.

(9) 『진계집(進溪集)』

박재형의 문집인 『진계집』은 목판본으로 인쇄되었으며, 전 9권 4책이다. 권1은 시(詩), 권2-5는 서(書), 권6은 잡저(雜著), 서(序), 기(記), 권7은 발(跋), 명(銘), 축문(祝文), 제문(祭文), 권8은 묘지(墓誌), 묘갈명(墓碣銘), 행장(行狀), 권9는 부록(附錄)으로 아들인 박창현(朴昌鉉)이 집필한 가장(家狀)으로 구성되어 있다. 권말의 판권지에 의하면 1925년 10월 9일 청도군(淸道郡) 만화정(萬和亭)에서 간행하였으며, 발행인은 박재형의 장손인 박순병(朴淳炳) 이다.[29] 초판 간행 당시 일제의 검열에 의해 서간문 가운데 한말 의병 창의나 임진난 의병 창의 관련 기사가 수록된 부분은 삭제되었는데 재판본을 간행하면서 다시 복원되었다.[30] 권1의 시

---

28 『진계집』 권7, 「발」, <주문정관발>. "以其便於攷閱 非敢有所取捨於間也 使後之讀是書者 只見其書之略 而不知夫子之博約 不惟止於此也 則豈今日鈔節之意哉"

29 목판본은 한국고전번역원(한국문집총간 속 142), 경인문화사(한국역대문집총서 1710) 등에서 영인하였다.

문은 자신이 거주하였던 지역의 풍경과 주요 건물을 묘사하거나 인근의
유적을 방문하면서 소회를 읊은 서정적인 음영시가 대부분을 차지한다.
권2-권4에는 스승들에게 올린 편지를 비롯하여 경화와 영남 사족과 교
환한 서간류를 수록하고 있어 광범위하였던 진계의 학문적 교류양상을
볼 수 있다.[31] 권5에 수록된 서간은 내형, 표제를 비롯하여 집안 인물과
회소(會所), 간소(刊所) 등 기관이나 동생과 아들에게 보낸 서간을 수록
하고 있다. 비록 필사본으로 전해지는 진계의 여러 저술이 있으나 핵심
적인 사항은 문집에 수렴되어 있어 박재형의 학문과 사상을 총체적으로
이해할 수 있는 기본 자료라고 할 수 있다.

---

30 초간본 『진계집』의 경우 권3, 「書」, <答柳仲雍>, 12a, <與柳仲雍>, 12b, 13a,
    <答柳台弼> 16b, 17a 및 권8, 「行狀」, <通訓大夫利城縣監雲谷朴公行狀>, 18b,
    19a 이 검열로 삭제되어 있다.
31 권2에서 권4까지의 서간을 교환한 인물의 명단을 정리하면 다음과 같다. 지역적
    으로 가까운 영남 지역 인사 외에도 경상도와 청도를 비롯한 인근 지역 지방관,
    과거 응시를 위해 서울에 있었을 때 사귄 노론계 서울과 경기권의 인사 등도 포
    함되어 있다.
    許傳, 李源祚, 李鍾祥, 鄭墧, 李敦禹, 張福樞, 柳疇睦, 李芝運, 李震相, 李參鉉,
    宋秉璿, 李根弼, 朴齊性, 李裕承, 金道和, 金興洛, 張錫龍, 朴宗鉉, 李驪相, 李
    在喜, 孫翊龜, 李象雨, 李晩寅, 李觀熙, 崔華植, 金奎漢, 李能華, 柳驥榮, 柳芝
    榮, 李晩胤, 孫振九, 張升遠, 柳道奭, 申奭均, 安孝寔, 嚴世永, 沈定澤, 金澧秀,
    李建膺, 李萬稙, 李明應, 李俊永, 金德根, 金奭根, 金度根, 趙冕夏, 黃肇夏, 禹
    成圭, 申榔, 蔡慶默, 張原相, 鄭東箕, 李寅久, 金浩龜, 金奎華, 曺逵承, 黃在恒,
    許薰, 張義遠, 李炳淵, 張敎遠, 李種杞, 柳寅睦, 李臣榮, 張錫裕, 李邁久, 李壽
    瀅, 李重明, 孫振禹, 許炌, 李玄澍, 安益遠, 安禧遠, 李益淵, 李承熙, 柳道揆,
    尹仁錫, 安珉重, 孫昌鉉, 金增, 李裕寅, 崔翰周, 崔龍基, 李茂魯, 張斗參, 趙秉
    吉, 金秉璜, 金炳寔, 李宜淵, 金師魯, 李光淵, 許煙, 柳馹佑, 金容秀, 柳永佑,
    朴容鉉, 崔翼周, 李相愁, 盧相稷, 權相文, 孫庚鉉, 李建鎔, 鄭奎永, 李裕直, 周
    尙洪, 金圭復, 李紹榮, 李可馨, 潘東雒, 裵燦, 鄭道榮, 李承鳳.

(10) 『진계발묵(進溪發墨)』

『진계발묵』은 불분 5책의 필사본으로 박재형의 시를 모은 책이다. 문집에 수록되기 전에 자신이 시를 수집하여 정리한 것이다. 문집에 수록되지 않은 시도 수록되어 있어 박재형의 시문을 총체적으로 알 수 있는 자료이다. 각 책의 끝에는 편집한 시기를 적어 놓았는데 장서각에서 정리한 순서인 책1에는 갑오(1894), 책2에는 신묘(1891), 책3에는 임진(1892), 책4에는 경인(1890), 책5에는 기축(1889) 간기가 있어 박재형이 실제로는 책 5-4-2-3-1의 순으로 편집하였음을 볼 수 있다.

(11) 『진계잡고(進溪雜藁)』

『진계잡고』는 박재형의 글을 모은 것인데 시문, 서간, 잡저 등 내용별로 분류하여 수록하였다. 현재는 3책만 남아 있다. 문집에 수록되기 전에 자신이 사전에 시문을 모아 정리한 것이다.

(12) 『진계졸구(進溪拙搆)』

『진계졸구』는 불분 2책의 박재형이 쓴 시를 모은 책이다. 권말에는 기축년(己丑年, 1889년)에 쓴 진계어인(進溪漁人) 박재형(朴在馨)의 서문이 있다.『금부록』에 수록되었던 시문에 수정 표시된 내용들이『진계졸구』에는 수정되어 있으며 문집에도 수정되어 수록된 점으로 보아 박재형이 생전에 자신의 글을 수집하여 정리한 것이다. 두 책이 일부 시문의 기재 여부에 출입이 있으나 대체로 동일한 순서와 내용을 수록하고 있어 박재형이 자신의 시를 책자로 만들면서 두 벌을 제작한 것으로 보인다. 수록된 일부 시가 문집에는 생략되어 있다.

(13) 『팔가골수(八家骨髓)』

『팔가골수』는 불분 2책의 필사본으로 부친의 문집을 정리한 『운강유고』의 이면을 이용하여 당송팔가문의 일부를 초략한 책이다. 1책은 한문공(韓文公) 한유(韓愈)·유유주공(柳柳州公) 유종원(柳宗元)·구양공(歐陽公) 구양수(歐陽脩), 2책은 노천(老泉) 소순(蘇洵)·동파(東坡) 소식(蘇軾)·소자유(蘇子由) 소철(蘇轍)·왕문정공(王文定公) 왕안석(王安石)·증문정공(曾文定公) 증공(曾鞏)의 글을 초략하였다. 초록 첫 부분이 모곤(茅坤)의 <원서(原叙)>과 <논례(論例)>의 내용을 수록하고 있는데[32] 조선 중기에 명대 모곤이 편찬한 『당송팔대가문초(唐宋八大家文鈔)』를 인물별로 분책하여 인쇄하였으므로 박재형은 이 책에서 문장을 뽑은 것으로 추정된다. 건·곤 두 책의 끝에 모두 박재형의 발문이 있는데 문집에 소재한 발문은 이 필사본 발문의 일부 구절을 수정한 것이다.

박재형은 팔가의 글이 너무 넓어 열람의 편의를 위해 이 책을 만들었다고 적고 있다. 이 책은 만드는 의의에 대해서는 큰 바다에는 나오지 않은 보물이 없으나 물에 들어가 구하려고 하면 사람의 힘으로는 다 취할 수 없는 것이 또한 보물이니, 한 개의 비늘이라도 얻을 수 있다면 땅을 파서 하나도 얻을 수 없는 것보다는 나을 것이라고 하면서[33] 당송의 대가들이 지은 글에서 좋은 문장을 얻으려는 자신의 노력을 설명하고 있다.

---

32 문장 끝의 출처 표시에서도 茅坤의 평론임을 명기하고 있다. 당송팔대가의 문장을 선집한 책으로 조선 말기에는 沈德潛이 편집한 『唐宋八家文讀本』을 주로 읽었다. 정식 명칭은 『唐宋八大家文讀本』이며 모두 30권이다.

33 『진계집』권7, 「발」, <팔가골수발>. "以便窺覽 如大海中無寶不産 而入水求之力旣不能盡取爲寶 則雖只獲其一二鱗介 或可愈於剗地無所得者也歟"

(14) 『해동기어(海東奇語)』

『해동기어』는 불분 1책 41장의 필사본으로 총 280편의 야담사화를 수록한 책이다.[34] 내용은 주로 인물을 중심으로 수록하고 있다. 책의 앞부분에서는 야담의 출처를 뒤에 붙여 놓기도 하였다. 대부분의 내용은 충효열의 의리를 강조하고 적선적덕(積善積德)으로 보답을 받았다는 사화를 적고 있어 도덕주의적 측면이 강하다. 『해동속소학』에서 보이던 권선징악의 논리를 적용하여 야담사화에서 관련된 글을 뽑아 놓았다고 할 수 있다.

그 내용을 보면 시기적으로는 단군과 기자[35]에서부터 삼국,[36] 고려,[37] 그리고 당대에 이르기까지 걸쳐져 있다. 야담집은 통상 조선 당대를 대상으로 하고 있는데 이 책에서는 앞 시기로는 삼국시대와 고려시대까지, 뒷 시기로는 영·정조대 인물까지 다루고 있어 시간적 폭이 넓다. 이에 따라 불교나 도참의 폐단에 대한 일화를 수집하여 수록한 것도 특징적이다.[38] 수집된 일화에는 특이한 경상도 일원에서의 사례가 일부 수록되

---

34 『韓國野談資料集成』12, 鄭明基編, 啓明文化社, 1987 영인. 이 집성에 수록된 『해동기어』가 박재형이 편찬한 것이라고 추정되는 것은 제목이 <書纂輯書冊目錄後>의 것과 동일한 점, 찬집자를 박재형이 사용한 '百榴園'이라고 적은 점, 수록된 내용이 다른 야사와는 달리 영·정조대에 이르고 있는 점 등을 들 수 있다.

35 檀君, 箕子, 箯筷引 3편이 이에 해당한다.

36 七佛寺, 浮石寺, 金旁他, 鼻荊, 迎烏郎, 朱蒙, 東川王, 如意珠, 王襄, 斯多含, 新羅, 山上王, 首露王, 聖骨將軍, 大世, 道詵, 甄萱, 崔伉, 金庾信, 異次頓, 脫解, 萬波息笛, 眞平王玉帶, 伐高句麗, 長春罷郎, 興德王, 劍君, 善德王, 金庾信墓, 新羅法, 烽上王, 景德王, 金蛙, 官昌 34편이 이에 해당한다.

37 作帝建, 鄭夢周, 柳濯, 李奎報, 高麗文宗, 鄭云敬, 辛禑, 辛禑寧妃, 金寬毅, 盧俊恭, 新及第, 康好文妻, 高麗太祖, 崔瑩, 徐甄, 高麗太祖, 金富軾, 文益漸, 辛禑謹妃, 禪坦, 王氏, 李奎報, 趙云仡, 趙云仡, 威化島, 發首露王陵, 鄭夢周, 崔惟淸, 高麗宗室, 渤海內附, 李雲栽, 圖讖, 元宗, 鄭云敬, 李貞, 鄭夢周, 鄭知常, 役卒妻, 姜日用, 高麗風俗, 尹安淑, 恭讓王, 高麗寺利 43편이 이에 해당한다.

어 있는데 이 역시 박재형의 거주 지역과 관련이 있다.

(15) 『해동명인성휘(海東名人姓彙)』

『해동명인성휘(海東名人姓彙)』는 불분 3책의 필사본으로 조선의 성씨별 인물에 대한 간략한 성보(姓譜)이다.[39] 조선전기 이래 통합보로서의 성보(姓譜)가 있었으나 대부분 가계를 쉽게 파악하기 위해 이름 위주로 그 계승 관계를 밝히는데 그치고 있다. 조선후기에는 주자의 명신언행록류의 인물전기집이 본격적으로 편찬되었으며, 정조대에는 국가적인 차원에서 인물을 사전식으로 편찬한 인물고류의 인물전기집이 대대적으로 편찬되었다.[40] 『해동명인성휘』는 본관과는 상관이 없이 성씨별로 분류하되[41] 인물별로 간략하게 인물지를 작성하는 방식을 취하여 두 책의 장점을 취한 것이다. 낮은 신분의 사람일지라도 충절이나 효행으로 저명하면 채택하여 수록하였다. 다만 책3의 후반부에서 삼국과 일부 고려시

---

38 七佛寺, 五臺山, 浮石寺, 松廣寺, 如意珠, 禪坦, 異次頓, 太宗祈雨, 圖讖, 內佛堂, 高麗寺刹 11편이 이에 해당한다.
39 『해동명인성휘』도 『해동기어』와 마찬가지로 찬집자로 '百榴園'이라고 적은 점, 찬집서책의 것과 동일한 책명과 권수를 가진 점으로 보아 박재형의 저술이다.
40 박인호, 「영·정조대 인물서의 편찬과 역사학의 동향」, 『영·정조대 문예중흥기의 학술과 사상』, 한국학중앙연구원 출판부, 2014.
41 책1은 李, 金, 崔, 安, 鄭, 책2는 朴, 趙, 柳, 權, 宋, 尹, (徐), 吳, 洪, 成, 張, 申, 韓, 盧, 沈, 姜, 兪, 黃, 南, 許, 河, 曹, 田, 책3은 王, 郭, 閔, 高, 文, 林, 康, 孫, 任, 蔡, 薛, 元, 梁, 白, 吉, 辛, 陳, 周, 孔, 羅, 魚, 慶, 愼, 具, 奇, 車, 卞, 咸, 裵, 蘇, 劉, 廉, 玄, 琴, 池, 扶, 潘, 丁, 全, 乙, 眞, 斯, 卜, 阿, 末, 皇甫, 沔, 昌, 黑齒, 余, 韋, 魯, 諸, 于, 闕, 麻, 實, 訥, 得, 擧, 祿, 夏, 賓, 石, 長, 俀, 奚, 貴, 仇, 千, 智, 尉, 署, 素, 寶, 房, 官, 罷, 魏, 泰, 解, 向, 唐, 表, 允, 晏, 細, 怪, 衛, 爾, 大, 箐, 繼, 禹, 陝, 先, 夫, 達, 宣, 密, 興, 邊, 雙, 印, 鄒, 太, 尙, 遲, 福, 卓, 異, 毛, 穢, 皮, 睦, 盤, 溫, 龔, 廷, 秋, 龍, 丘, 芮, 獨孤, 伍, 匹, 嚴, 殷, 常, 胡, 都 성씨를 수록하고 있다.

대 인물을 다루면서 이름에 후대의 성씨 개념을 소급 적용하여 적는 오류를 보이기도 하였다.[42] 박재형의 책이 주로 장서각에 소장되어 있는 반면에 이 책은 국립중앙도서관에 소장되어 있다.

(16) 『해동속고경중마방(海東續古鏡重磨方)』

『해동속고경중마방』은 불분 1책의 목판본이다. 고종 21년(1884)년 박재형의 발문이 있다. 퇴계 이황이 1571년 중국 성현들이 지은 현군 명신의 잠과 명을 모아 『고경중마방(古鏡重磨方)』을 저술하였는데 박재형은 이를 계승하기 위해 우리나라의 현군 명신들의 잠(箴), 명(銘), 찬(贊)으로 이어 붙이었다. 서두에 정조, 주자, 퇴계의 시를 싣고 목록을 수록하였다. 본문에는 숙종을 비롯하여 조광조, 주세붕, 김우옹, 유성룡, 허목, 유세명, 이언적, 주세붕, 이황, 조식, 노수신, 이이, 홍인우, 장현광, 이항복, 최현, 권필, 정온, 장유, 이수광, 김창협, 이상정, 채제공 등 사표가 되는 명현의 잠언과 명언을 수록하였다.

『해동속소학』이 아동들에게 인간으로서의 길을 가르치려고 하였다면 『해동속고경중마방』은 나이가 들어서도 갈고 닦는 이들을 위한 것이라고 할 수 있다. 박재형은 이 책으로 저녁에 죽어도 항상 눈앞에 두고 보는 자료로 마련한 것이라고 하면서 우리 학문의 맥을 터득하고 경을 유지하고 마음을 다스리는 공부에 길들이는데 도움이 될 것을 기대하였다.[43] 그런데 잠은 대체로 유학적 정치관과 군신간 도의 실현을 대한 내용을 수록하고 있으며, 명은 대체로 개인적인 마음 수양을 다루고 있다.

---

42 예를 들면 乙音과 乙巳素를 언급하면서 乙氏로 정리한 것이 그러하다.

43 『해동속고경중마방』, 「발문」. "海東續古鏡重磨方 以備夕死前常目之資 (中略) 吾家路脈 馴致於持敬治心之方 則不爲無助 而窃不勝僭妄之私云爾 甲申流頭 後學朴在馨識"

(17) 『해동속소학(海東續小學)』

박재형이 편찬한 소학 책으로 만화정에서 1884년 목판으로 간행하였으며, 최남선(崔南善)이 편수(編修)하여 연인본(鉛印本)으로 조선광문회(朝鮮光文會)에서 1912년 간행하였다. 권1는 입교(立敎), 권2는 명륜(明倫), 권3은 경신(敬身), 권4는 계고(稽古), 권5는 가언(嘉言), 권6은 선행(善行)의 6권 1책으로 구성되어 있다. 『해동속소학』이 편집된 시기는 임오년(1882)에 쓴 발문이 있으므로 대체로 1882년 혹은 1883년 편집되어 1884년 목판본이 간행된 것으로 보인다. 이때는 서서히 밀려오는 외세의 침입이 차츰 현실화되고 그 위협이 가중되던 시기로 박재형은 유학적 도덕관의 확립을 시대 변화에 대응하는 수단으로 여긴 것이다.

박재형은 이 책을 만들기 위해 이용한 많은 서책을 인용서목으로 제시하고 있다. 그런데 박재형은 다른 소학서에 비해 상대적으로 다양한 서적을 이용하고 있으며 특히 다수의 필기류를 이용한 특징을 보이고 있다.[44] 아동들이 일상적인 생활 속에서 유교적 도덕관을 갖출 것을 염원하고 있었던 박재형은 경전류의 정형화된 표현 외에도 필기류에서

---

44 『해동속소학』에 있는 <引用書冊目錄>은 다음과 같다.
『高麗史』, 『高句麗史』, 『東京誌』, 『國朝寶鑑』, 『國朝典謨』, 『東言當法』, 『國朝彙語』, 『小華言行錄』, 『楓巖輯話』, 『平壤誌』, 『八域誌』, 『靑野謾集』, 『羣豹一斑錄』, 『瑣篇』, 『於于野譚』, 『東史撮要』, 『退陶言行錄』, 『旬五誌』, 『大東韻部羣玉』, 『南溪禮說』, 『鵝城雜記』, 『識小錄』, 『海東野言』, 『閒居謾錄』, 『公私見聞錄』, 『畸翁謾筆』, 『秋江冷談』, 『圃樵雜錄』, 『筆苑雜記』, 『私淑齋訓子說』, 『彝尊錄』, 『因繼錄』, 『靑坡劇談』, 『海東名臣錄』, 『鰷鯖瑣語』, 『莊陵誌』, 『雙節錄』, 『石潭日記』, 『興地勝覽』, 『沙溪語錄』, 『擊蒙要訣』, 『東儒師友錄』, 『松窩雜記』, 『續雜記』, 『南溪記聞』, 『士小節』, 『記言』, 『愚得錄』, 『記善錄』, 『景遠錄』, 『恥齋日錄』, 『寒岡言行錄』, 『遣閒錄』, 『撫松小說』, 『野言通載』, 『忠烈錄』, 『內範』, 『慵齋叢話』, 『睡隱錄』, 『三國史』, 『海東樂府』, 『逐睡錄』, 『東溪雜說』 및 諸先生文集.

보이는 우리나라의 다양한 사례를 발굴함으로써 아동으로 하여금 쉽게 접근할 수 있는 방법을 추구하였다. 이를 통해 기존의 소학이 가졌던 해독의 어려움을 극복하고[45] 재미와 접근성을 높여 도덕교육의 효과를 기하려는 목적이 있었다.

(18) 『해동시선(海東詩選)』

내제명은 『해동시선』이나 표제명은 『백유원지(百榴園志)』로 적은 불분 1책의 필사본 시선집이다.[46] 박재형이 우리나라의 역대 시 가운데 담박한 것을 위주로 채택하여 초략한 것으로 문장을 초략한 『동문작해』과 짝을 이루고 있다.[47] 박재형은 우리 문물이 중국에 미치지 못함도 아닌

---

45 조선사회에서 『소학』을 어떻게 하면 아동에게 쉽게 전달할 것인가는 고민은 『소학』에 대한 구결서, 주석서, 번역서의 잇단 간행과 주자학 학습의 기초로서의 『소학』 교육에의 몰입으로 이어지고 있다(정호훈, 2014, 『조선의 소학』, 소명출판).

46 『진계집』, <書纂輯書冊目錄後>에는 『백류원지』 5권과 『해동시선』 1권으로 구분하여 적고 있다. 그러나 남아 있는 것은 『백류원지』 8책과 『백류원지(해동시선)』 1책이다. 『해동시선』 내제의 『백류원지』는 우리 역대 시를 정연하게 초출한 특성이 난삽하게 글을 차록하였던 『백류원지』의 다른 책과는 성격면에서 다르고 그 자체로 완결된 별도의 책을 구성할 수 있어 『백류원지』 8책과 구분한 것으로 보인다.

47 채택된 시의 작자 명단은 다음과 같다. 작자 명단을 보면 현재 학계에 알려지지 않은 인물도 있고, 女性으로 이름이 없거나 妓女 혹은 賤人 출신으로 詩才가 있는 이도 수록하고 있어 문학사적으로 중요한 자료가 된다. 일부 시에 刪削 표시가 있는 것으로 보아 현재 있는 책을 별도의 詩選으로 수정하려는 과정에 있었음을 알 수 있다.

崔致遠, 乙支文德, 鄭與齡, 李齊賢, 高兆基, 李資諒, 鄭知常, 柳方善, 李仁老, 李奎報, 鄭以吾, 金坵, 李堅幹, 尹汝衡, 崔元祐, 曹係芳, 田濡, 李吉祥, 韓宗愈, 金克己, 李達衷, 李崇仁, 鄭襄明, 高麗顯宗, 安裕, 僧正思, 權思復, 申淑, 李穀, 崔瀣, 崔沖, 鄭夢周, 朴翊, 李穡, 吉再, 鄭道傳, 李原, 端宗大王, 南怡, 成三問, 河緯地, 金時習, 鄭民秀, 朴守良, 李純仁, 金宗直, 周世鵬, 李胄, 李彦迪, 金大

데 선비들은 옛 것은 옳고 지금의 것은 틀렸다고 하는 마음이 있으며, 사람에는 먼 것은 귀하고 여기고 가까운 것은 천하게 여기는 병이 있어 노사 숙유 조차도 동방의 옛 일을 말하는 자가 드물다고 하면서 시율을 뽑은 것으로 세상에 나도는 것으로 『청구풍아』, 『해동풍요』, 『소화시평』, 『대동시림』, 『기아』, 『국조시산』 같은 것이 적지 않음에도 그것을 좋아하는 사람이 드물고 당송의 체와 명청의 격은 말하면서도 신라나 고려와 국조의 시를 칭찬하는 자가 없다면서 그 편협함을 비판하고 있다.[48] 다만 시의 선정은 담박함을 위주로 하면서도 뛰어난 것을 취하였으며, 정미함을 바탕으로 하면서도 맑은 것을 취하였는데 좋은 것을 힘써 도모하여 꽃다운 것이 갖추어지지 아니함이 없다고 자부하였다.[49]

有, 曹植, 李滉, 成夢井, 魚無迹, 朴撝謙, 李荇, 鄭士龍, 徐敬德, 趙昱, 盧守愼, 柳成春, 李苾, 曹錫文, 李珥, 權鞈, 權輪, 宋翼弼, 宋翰弼, 權擘, 柳夢寅, 宋寅, 李後白, 李台瑞, 吳道一, 鄭礎, 林子順, 無名氏, 李聖簡, 李瑞雨, 失名氏, 柳塗, 崔壽峨, 成運, 尹鉉, 許氏(蘭雪軒), 李氏(玉峰), 楊斯文士奇妾, 金得臣, 邵泰挺, 尹弘璨, 朴淳, 姜栢年, 李屹, 世祖大王, 仁祖大王, 宣祖大王, 孝宗大王, 肅宗大王, 柳成龍, 尹繼先, 權韠, 金麟厚, 林億齡, 姜希孟, 蘇世良, 李之氏, 林泳, 洪道達, 李樹仁, 鄭幹, 盧景任, 鄭蘊, 李亶佃, 犁村老人, 僧0潭, 韓氏(影響堂), 失名女子, 桂生, 桂香, 桂月, 失名妓, 元氏(繡香閣), 芙蓉, 太一, 金萬最, 鄭敏僑, 金圭, 林光澤, 金柏齡, 僧淸學, 僧義沾, 金昌協, 李廷龜, 蘇世讓, 林悌, 金景霖, 杏堂殤娣, 李稷, 鄭士龍, 俞好仁, 金安國, 李承召, 偰長壽, 鬼李顯郁, 李佐薰, 李荇, 崔慶昌, 權遇, 許氏, 尹祥, 李邃大, 光海君, 朴安信, 辛永禧, 崔敬止, 李魯, 許曄, 丁若鏞.

48 『진계집』 권6, 「서」, <해동시선서>. "吾東文物 不必多讓於古之中華 而士有是古非今之心 人有貴遠賤近之病 雖稱老師宿儒者 鮮能言吾東古事焉 今夫詩律之選行于世者 若靑邱風雅海東風謠小華詩評大東詩林箕雅國朝詩刪等篇什不爲不多 而傳誦者無幾 其好之者 不過唐宋體及明淸格而已 未有稱羅麗國朝者 何其局哉"

49 『진계집』 권6, 「서」, <해동시선서>. "今是選也 以平淡爲主而兼取其奇 以精實爲質而並采淸爽 務從精約 而衆芳無不備焉"

(19) 기타

박재형이 쓴 자신의 저술 목록에 기재되어 있으나 현재 남아 있지 않은 책은 『섭생요결(攝生要訣)』과 『술선지(述先志)』이다. 『섭생요결(攝生要訣)』은 의서 중에서 섭생 부분을 취하여 한 책으로 만들었다. 이를 통해 외수내양하여 성인이 질병을 삼가라는 뜻을 알도록 하기 위한 것이었다.[50] 『술선지(述先志)』는 밀양박씨 선대와 관련된 시문이나 묘도문을 수집한 것으로 추정된다.

이외에도 사람이 학문을 하는데 있어 경(敬) 자에 입각하여야 함을 설파하고서 선유의 경(敬)을 논한 글을 모아 책자로 만들어 『집경요람(執敬要覽)』이라고 하였으며,[51] 『성리유설(性理類說)』 1권, 『시문체법(詩文體法)』 1권 등이 별도로 있었던 것으로 전한다.[52] 또한 『진계만록(進溪漫錄)』 4권이 있었던 것으로 전한다.[53]

한편 이외에 집안의 문집을 편집하고 간행하는데 관여를 하였는데 그 중 박성민(朴性玟) 등이 편찬한 『박씨신라선원세보(朴氏新羅璿源世譜)』[54]에는 1899년 발문을 쓰고 있다.

---

50 『진계집』 권6, 「서」, <섭생요결서>.

51 『진계집』 권9, 「부록」, <가장(朴昌鉉)>. 『小訥集』 권46, 「行狀」, <進溪朴公行狀>에서는 "有曰集敬要覽 蓋自禮記之母不敬 以至宋朝諸賢言敬之辭 俱收而竝畜之 俾有以朝夕觀省也"라고 적어 『예기』에서부터 송대 제현의 경에 대한 언사를 수집하여 반성의 재료로 삼았음을 적고 있다.

52 『진계집』 권9, 「부록」, <가장(朴昌鉉)>. 『성리유설』은 문집 권6, 「雜著」에 수록되어 있는데 책자와 동일한 것인지는 알 수 없다. 박재형이 남긴 저술의 성향은 대부분 시문 위주로 정리되어 있으며 성리설에 대한 언설은 거의 남아 있지 않은 것으로 보아 <가장>에서 말한 『성리유설』은 문집의 잡저에 수록된 것을 의미하는 것으로 판단된다.

53 『소눌집』 권46, 「행장」, <진계박공행장>. 『진계만록』은 진계가 만든 만록체의 잡저를 수집한 것으로 보인다.

한편 진계의 저술은 한국학중앙연구원에 일괄 기증되었는데 진계의
저술로 분류하고 있으나 그렇게 보기 어려운 것도 있다. 대표적인 책이
장서각 소장 가운데 박재형의 저술로 기록되어 있는『백류원진장(百榴
園珍藏)』제하의 불분필사 10책과『도덕경(道德經)』제하의 불분필사 1
책을 들 수 있다.[55]

장서각 소장『백류원진장』은 불분 10책의 필사본으로 현재 총 9책만
이 남아 있다.[56] 표제에 선인유묵(先人遺墨)이라고 적혀 있는데서 알 수
있듯이 부친 박시묵이 여러 인물들과 창화하면서 남긴 유묵을 모은 것
이다. 백류원에 부친의 유묵을 모아 놓았기 때문에 '백류원진장'이라는
표제명을 붙인 것으로 보인다.『백류원진장』은 박시묵의『운강집(雲岡
集)』에 수록되지 않은 다양한 시문이 수록되어 있어 박시묵의 학문을 살
피는데 도움이 되는 자료라고 할 수 있다.『백류원진장』에 수록된 내용
을 살펴보면 책1에서 책4은 박시묵이 여러 친우들과 교환한 시, 서간,
각종 시문 등 잡문을 수록하고 있다. 책5는 박시묵의 잡문을 수록하고
있다. 책6-책8 전반부는 박시묵의 일기인『운창일록(雲牕日錄)』의 초고
본이다. 이 자료들로 보아 현재 남아있는『운창일록』은 이러한 원 자료
를 바탕으로 재정리한 것임을 알 수 있다. 책8 후반부는 박시묵이 지은
제문(祭文), 모연문(募緣文), 서간문(書簡文)이 있다. 책9는 박시묵의 기,
서간 등 잡문을 수록하였다. 이 책은 박재형의 저술이라기보다 선대인
박시묵의 유적을 박재형이 편집한 책이라고 할 수 있다.

54　『朴氏新羅璿源世譜』, 光武 3(1899), 1권 1책. 서문은 宋秉璿, 朴宗鉉, 趙儀顯,
　　발문은 朴在馨, 朴台澈, 朴性玟이 작성하고 있다.『진계집』권 7,「발」에도 <신
　　라선원세보발>이 수록되어 있다.
55　장서번호, C3 51.
56　장서각번호 C10C 183.

『도덕경』은 『황석공소서』와 『노자도덕경』을 필사하여 합집한 것이다. 다른 박재형의 저술에 있는 '윤석창(尹錫昌)' 장서인이 있다. 한국학중앙연구원에서는 이 책을 박재형의 저술로 분류하고 있다. 그러나 만화정의 장서일 가능성은 있으나[57] 박재형이 필사한 것인지는 확실하지 않다.[58]

(20) 소장 장서

백류원에 소장되었던 박재형의 장서는 도난과 기증으로 현재는 종가나 만화정에 남아 있지 않다. 종가에 있던 박재형의 저술은 일괄 한국학중앙연구원에 기증되었으나 일부 장서는 여러 곳으로 흩어졌다. 박재형의 장서인은 고려대에 소장된 일련의 책에서 확인할 수 있다. 특히 성명인은 현재 고려대 소장본 가운데 『해동사부』에만 있으며 그 외는 백류원장(百瑠園章) 장서인을 사용하고 있다.[59] 진계 박재형이 다른 사람의 저술을 필사하여 성편한 것도 있었으나 현재로서는 그 행방을 알 수 없다.[60]

---

57 박시묵의 『운창일록』(1871년 3월 4일)의 기록에 의하면 어떤 사람이 와서 도덕경을 한번 읽었다고 적고 있다. 박시묵 때부터 도덕경에 대한 관심은 있었을 것으로 보인다.

58 박재형의 대부분 저술은 고서매매상을 하였던 윤석창 장서인이 찍혀 있고, 모종의 일을 계기로 후손 집안에서 책을 일괄 한국학중앙연구원에 기증하면서 이러한 추정이 있게 된 것으로 보인다. 다만 진계의 저술에 찍은 장서인의 모양은 조금 달라 동일한 집안에서 나온 것으로 보기 어려운 부분도 있다. 尹錫昌 소장 고서는 후일 한국학중앙연구원에서 일괄 구매하였으며, 『의춘와유』, 『주역전의대전』, 『국조정토록』, 『기재잡기』 등의 고서에도 윤석창의 장서인이 보인다.

59 구자훈, 2011, 『朝鮮朝의 藏書印·藏書家 硏究 : 고려대학교 소장본을 대상으로』, 고려대학교 대학원 박사학위논문, <박재형조>, 763~765쪽.

60 『운창일록』, 1864년 12월 29일. "卄九日丙申 寒 卽除夕也 伯兒來獻一屛枕其者 乃渠手寫聖學十圖也 字畫正直 圖樣方圓 眞儒家絶寶也 座右貼壁常目在之爲 盡宵警惕" 박시묵은 박재형이 손수 적은 『성학십도』를 보관하였음을 보면 박재형이 직접 적어서 만든 여러 책이 있었음을 알 수 있다.

4. 진계 박재형의 학문 세계

진계 박재형의 학문적 특징으로 첫째 착실하게 기존의 글들을 수집하고 초록하여 정리한다는 점이다. 자신의 저술을 만들기 전에 필요한 글을 수집하고 정리하는 작업은 보통 학자들이 일반적으로 하는 작업이나 작업 과정에 대한 자료가 사라지고 없는 것이 일반적이다. 그러나 박재형은 선조나 선대의 글을 초록해 두었을 뿐만 아니라 자신이 초록한 글도 편책하여 두었다. 그 과정에서 선대의 유묵도 착실하게 정리하고 수집하게 되었다. 위에 보이는 진계 자신의 유집 외에도 부친의 서책을 모은 『가장서첩(家藏書帖)』, 외할아버지의 글씨를 모은 『외왕고천관부군유묵(外王考川觀府君遺墨)』, 선대의 유묵을 모은 『선세유묵(先世遺墨)』을 편집하였음은 문집에 남긴 발문을 통해 볼 수 있다.[61] 그런데 이와 같은 선인의 기록을 잘 남기려는 생각은 부친인 박시묵으로부터 이어진 것이다. 박시묵도 청도 밀양박씨 선대의 기록을 정리하는데 노력하였을 뿐만 아니라 스스로도 『운강만록』, 『운중만록』, 『운창일록』 등의 다양한 필사 기록을 남기고 있다.[62]

둘째 아동 교육에 대한 관심이다. 박세무(朴世茂, 1487-1554)가 『동몽선습(童蒙先習)』을 편찬한 이래 조선에서는 유학자들이 아동들의 유학교육에 지속적으로 관심을 표명하고 있다. 박세무는 한문 학습을 통해 유교 윤리 교육이 이루어지도록 하였는데 이때도 『소학』교육이 중요한 교육 교재이자 과정이었다. 『해동속소학』은 서구 세력의 이입 속에서

---

61 『진계집』 권7, 「발」, <가장서첩발>, <외광고천관부군유묵발>, <선세유묵발>.
62 박시묵 관련 자료로 문집인 『雲岡集』 외에도 『雲岡謾錄』(5책, 장서각 D3B 1714), 『雲中謾錄』(1책, 장서각 D3B 1709), 『雲牕日錄』(11책, 장서각 B9O 45) 등의 필사 자료가 한국학중앙연구원 장서각에 소장되어 있다.

양반이나 혹은 평민이라도 문자를 해득할 수 있는 아이들을 대상으로 이들에게 유학적 이념을 가르쳐 도덕과 윤리를 지닌 인물로 양성하고자 하였다. 조선시대 내내 『소학』을 쉽게 전달하기 위한 다양한 구결, 주석, 해설, 번역서가 간행되었음에도 불구하고 기존의 『소학』의 사례나 내용이 어려워 실제 어린이 교육용으로 활용하기에는 쉽지 않은 점이 있었다. 이에 대응하여 우리나라의 사례를 통해 쉽게 『소학』 교육의 목표를 달성하려는 것이 박재형의 생각이었다. 이러한 목표 달성을 위해서는 아이들을 가르치는 어른들의 사고와 행동의 변화도 수반되어야 하므로 『소학』 책에 들어가지 않은 아이들의 훈육에 필요한 격언과 의행을 모아 『교자요언(敎子要言)』을 편찬하기도 하였다.[63]

셋째 학문에서의 당파성이 차츰 옅어지고 있다. 박재형은 정재 유치명과 한주 이진상으로부터 학문을 수수하여 학맥으로는 퇴계학을 이었으며, 『성학십도』를 비롯하여 『이학통록』, 『퇴계집』 등 퇴계의 여러 저술에서 중요한 구절을 초출하여 성책할 정도로 퇴계학에 심취해 있었다. 『도산지언』에서는 자신이 진정으로 배우려고 하는 것은 선생의 학이라고 말하고 있다. 퇴계가 강학하였던 청량산에 후인들이 세운 오산당(吾山堂)이 1896년 일본군에 의해 소실되어 1898년 사림들이 중건하려고 할 때 출재하는 뜻을 전하기도 하였다.[64]

그럼에도 박재형에게 있어 학문적 당파성은 차츰 옅어져 『동문작해』, 『해동속소학』, 『해동속고경중마방』, 『해동시선』 등의 저술에서는 서인계 인물들의 글에서 자료들을 초출하고 있다. 『성리유설』에서 주자와 퇴계의 글을 주로 초출하고 있으면서도 사단칠정을 논하는 곳에서는 고

---

63 『진계집』 권8, 「부록」, <가장(박창현)>. "又纂中國嘉言善行之不入于小學書中者 編敎子要言一卷"
64 『진계집』 권5, 「서」, <與吾山堂重建監役所>.

봉 기대승과 율곡 이이의 설을 별다른 비판을 가하지 않고 초록하고 있다. 그러면서 박재형은 당시 색목에 따라 편당을 이루어 학문적으로 특정 당의 학술을 묵수하여 다른 당에서는 흉이나 찾고자 하며, 정치적으로 같은 편당은 쓸모가 없어도 덮어주고 끌어들여서 재야의 덕이 있는 이들이 종신토록 벼슬길이 막혀 지내야 하는 현실을 비판하였다.[65] 오히려 군자소인론에서는 군자와 소인의 구분을 강조하는 우암 송시열의 설도 주자의 뜻을 조술하고 있다고 적었다.[66] 박재형은 성리설의 동향에 관심이 없지는 않았으나 당시 편당 풍조에 대한 반성에서 성리설의 분분한 논쟁에 끼어들기보다 착실히 각 인물이 주장한 바를 정리하는 방식으로 학문적 방향을 새워나가고 있다.[67]

넷째 많은 저술에 해동이라는 표현을 붙이고 있다. 박재형은 당시 사람들이 당송의 문장에는 관심을 보이면서도 우리나라의 시와 문장에 대해서는 무관심함을 비판하고 있다. 그는 『해동명인성휘』에서 우리나라 인물을 정리하였으며, 『동문작해』에서부터 『해동기어』, 『해동속소학』, 『해동속고경중마방』, 『해동시선』에 이르기까지 우리나라의 시문을 정리하는 데 많은 힘을 기울였다.

다만 이러한 '해동'에 대한 관심을 민족 정신의 자각으로 해석해도

---

65 『진계집』 권6, 「잡저」, <성리유설>. "近世色目中 爲學初間也 只是理氣其辨 坐在毫釐之差 而因仍傳習 椿守舊見 而不肯濯去以來新意 其末流之弊 或不過是任情徇私 異於己者 雖有德君子 只務索瘢 同於流者 雖不學冗人 特欲遮掩 甚至締連廟堂 使在野耆德 終于窮逸 而不與共天職 以至于今日 尙忍言哉 吁可畏也 然惟幸其曲折備載於諸家文集 後之君子 庶可以爲案而斷之也"

66 『진계집』 권6, 「잡저」, <성리유설>. "尤庵宋文正曰 (中略) 寒岡鄭先生曰 (中略) 蓋昭烈之語祖伊訓 而寒尤之語述朱子矣"

67 『진계집』 권6, 「잡저」, <성리유설>. "先儒所論天地人物性理之說 詳且備矣 而各有所主 尙爲未決之公案 今擧其大略如右 以俟知者問質焉"

되는 가라는 문제가 있다. 가장 이른 시기에 진계 박재형의『해동속소학』
에 주목한 도부학(渡部學)에서부터[68] 최근의 연구에 이르기까지 대부분
의 연구자는 이러한 해동 표제의 저작을 자주적 정신의 표현이라고 평
가하고 있다.[69] 그러나 현재까지의 자료로 보건대 박재형은 퇴계학에 잠
심(潛心)한 유학자로 전통시대 해동의식(海東意識)의 독실한 신봉자라고
할 수 있다.

　　우리 해동은 기자가 교화를 베푼 이래 예악 문물이 중화에 비견하고
　여러 현인들이 배출되어 소중화라고 하기에 이르렀다. 그러나 주부자
　와 같은 이가 세상에 나오지 않아 우리의 격언과 의행이 소학 책에 편
　입되지 못하였으니 나는 이 점을 매우 유감스럽게 생각한다.[70]
　　우리 해동은 비록 아득히 먼 수천리의 밖에 있지만 은 기자가 와서
　교화를 베풀자 공자도 살고 싶다고 할 정도로 풍기와 물성이 변하여
　도에 가깝게 되었다. 또한 우리 성조는 덕으로 교화하고 직접 밝히었으
　니 융성하였던 삼대에 비견할 만하다.[71]

　위에서 보이듯이 박재형은 자신의 저술 발문 첫머리에서 기자 이래
의 교화로 소중화(小中華)가 되었음을 자랑스럽게 표출하고 있다. 유학
을 공부하는 전통시대 지식인으로서 중국에 대응하는 조선적 특질을 드

68　渡部學, 1980, 「해동속소학에 대하여」,『한국학논집』7, 계명대.
69　노관범은 문화적인 민족주의의 배태 속에 소학의 대중화라는 점에 착목하여 대
　　한제국시기 자강론자로의 사상적 연속성을 강조하기도 하였다(노관범, 「19세기
　　후반 청도 지역 남인학자의 학문과 소학의 대중화」,『한국학보』104, 1996).
70　『해동속소학』, 「발문」. "惟我海東 自箕聖以來 禮樂文物 模擬中華 群賢輩出 至
　　稱小中華 而朱夫子不世出 東人格言懿行 不得編入於小學書中 余以是之慨"
71　『해동속고경중마방』, 「발문」. "惟我海東, 雖僻在大荒數千里之外, 殷師來教, 魯
　　叟欲居, 則其風氣物性可一變, 而幾於道矣, 亦粤我聖朝德教体明, 比隆三代時"

러내고자 하는 해동 표제의 저술은 조선시대 유학자들이 중국에 대응하는『동문선』이나『동국통감』을 만들던 생각과 다를 바가 없다. 유학자로서 우리나라의 좋은 글과 문장을 정리하고 이를 교육에 이용하고자하는 전형적인 유학적 지식인의 모습을 보이고 있다고 할 수 있다.

다섯째 박재형은 동학(東學)과 서학(西學)과 같은 대내외적인 새로운 도전에 대한 대응 방략 가운데 내적인 갱신 방법으로 기존의 도덕적 학문을 밝히고 교육을 군건하게 지켜나갈 것을 제시하고 있다.[72] 사실 박재형은 서구 학문에 대해서는 잘 알지 못하였다.[73] 비록 서양세력으로서의 이양선이나 인근의 일본·청의 동향에 대한 관심은 없지 않았으나 이를 학문적으로 발전시키지는 못하였다.[74] 따라서 동시기의 개화를 주장한 인물들이 전면적인 개방의 길을 제시하였던 것과는 달리 전통적인 충효의리를 강조하는 방식으로 대응하고 있다. 송병선에게 보낸 편지에서는 사설(邪說)이 횡류(橫流)하고 우리의 도가 점차 쇠미해지고 오백년 예악 문물의 나라가 하루 아침에 도깨비가 미쳐 날뛰는 곳이 되었음을 지적하고 성현의 말씀을 익히고 의리의 본원을 지키며 자제들에게 효제

---

72 『진계집』권2,「서」, <답장판서석룡>. "東賊之侵擾 西學之阨擘 俱是一種乖氣而處之自如 以講明斯學 扶豎世敎爲己任 此亦一道也 是豈非吾南志士之所以願附下風而不能自己者耶"

73 박재형은 서구의 지구 회전설에 대해 하늘이 돌지 않는다면 해, 달, 별이 어떻게 계절이 바뀌고 위치를 바꿀 수 있는가고 반문하고 있다(『진계집』권2,「서」, <상사미헌장선생복추 별지>).

74 『백류원지』1책에 <洋船辨疑(孫海鎭)> 2책에 <大日本國外務鄉寺島宗則呈書>, <大日本國外務大丞宗重正呈書>, 4책에 <使日本國書(宋相琦)>, <日本答國書(林信篤)>, 5책에 <庚辰九月初八日次對筵說>, <政府與日本公使書>, <再次書函>, 6책의 <禮曹判書送外務省書契>, <淸將丁馬吳魏揭榜鍾樓>, <上國奏文草> 등에서 이양선과 일본·청과의 외교 문서에 주목은 하고 있으나 정보 파악 이상의 논의를 발전시키지는 못하고 있다.

충신의 행동을 갖추도록 하며 예의와 염치의 방법을 가르치는 것이 자정의 도라고 하면서 송병선이 이를 행하고 있음을 칭송하고 있다.[75]『백류원지』의 잡문에서는 서원의 폐단을 지적하면서도[76] 만동묘와 서원의 복구를 요청하는 최익현의 상소문을 그대로 전재하고 있다.[77] 이러한 점에서 박재형은 이 시기의 도전에 대해 기존의 도덕과 전통적인 훈육 방식으로 대처하려고 하였음을 보여준다. 이 점은 박재형이 남긴 유문에서도 보이는바 문장의 대부분이 수기위학(修己爲學)을 위한 방법과 자세에 대한 내용을 담고 있는 것에서도 볼 수 있다.

　여섯째 박재형의 현실인식에 대해서는 문집이나 다른 필사류에서 사회 문제에 대한 경세적인 시각이나 현실문제에 대한 구체적인 개혁방안을 보여주는 상소문이나 대책문은 보이지 않고 있다.[78] 다만『백류원지』

75　『진계집』권2,「서」, <여송연재병선>. "目今異類腥羶 人神雜揉 五百年禮樂文物之邦 一朝爲魍魎之猖狂 志士之淚 奚翅賈生之痛哭哉 有時激仰慷慨 不過爲腐生之空言大談而已耳 只當隨己分杜門鰗舌 沈潛乎聖賢之成說 持守乎義理之本原 得與鄕子弟勉孝悌忠信之行 講禮義廉恥之方 庶可爲自靖之道耶 伏惟尊丈世爲國柱石 其蹇蹇之心 異於餘人 憤鬱衷情 尤當何如也"

76　『백류원지』1책. "東國古無書院 愼齊周先生宰豐基時 得廢佛院基 創立紹修書院 奉安安文成公 爲士子講學之所 自朝家賜額頒以奬之 我朝五百年 文治未必不基於此 繼以各賢輩出 八路效之 三南尤甚 種種有禁令而不能止 雖微數之家 粗有頭緖 卽創立祠廟 初祭其祖之稍顯者 可謂邑邑有院 村村有祠 萬東廟者 尤庵宋文正公所創立 而祭大明神宗皇帝 以報壬辰東救之恩 而爲齋任者 私發墨牌 不能無弊 而吏不得禁 大院位秉政之初 以祠院之弊 不可不除 先自皇廟紹修院而毁之 無論額院 與未額院一幷撤之 略存表表可稱者及忠烈祠之顯著數十院 一國被撤不知其數 而嶺南爲三百餘所矣 其時累擧儒疏 而不報後復皇廟"

77　『백류원지』1책, <戶曹叅判崔益鉉疏>.

78　학맥을 같이하는 다른 동학과는 달리 사회적 혹은 경세적 문제에 대한 박재형의 언설이 남아 있지 않은 이유로는 1867년 원납전 납부 건으로 부친이 경산부에 하옥되었다가 과도한 부담으로 가세가 몰락하게 된 경험이 박재형으로 하여금 쉽게 사회적 문제에 뛰어들게 하지 못하였을 것으로 추정된다.

에 수록된 잡문 가운데 과거(科擧), 서원(書院), 안군(按軍), 원납(願納)의
시행과 서원 철폐에 따른 양반들의 몰락 등의 사회적 현상을 지적하는
기사를 싣거나 임술, 병인, 임오, 갑신, 갑오, 동학, 을미 등의 일부 잡저
기사에서 당시 발생하였던 일에 대해 그다지 평가를 하지 않은 채 사실
을 기술하고 있다.[79] 다만 동학교도, 흑의령, 외세에 비판적이었던 박재
형의 현실인식의 일단을 볼 수 있다.[80] 1884년 변복령이 반포되었을 때
최한주(崔翰周)에게 보낸 편지에서 박재형은 묵의(墨衣)를 착용해야 하
는 기한이 지났는데 백성이 명령에 편안함을 느끼지 못하면 올바른 것

---

79 『백류원지』1책에 시와 문장 사이에 일부 내용이 수록되어 있다. 임오군란 뒤에
는 "自是之後 交通外國 各國公事員來留闕下者 不知其數 往來無常 國事日非
可勝歎哉 淸國大人一員來屯鎭護 以其爲屬國故也"라고 하여 청국의 제어를 받
게 되었다는 평을 남기고 있다.

80 『백류원지』1책. "東徒之爲學 如古之王郎張角之類 其來久矣 至是大盛 千百爲
群百十爲黨 大者討城邑 小者略鄕里 殺長吏之貪饕者 毁閭里之豪富家 三南尤
甚 王師出征 日兵助救 僅得именно 連年饑荒之餘 小民之困於守令及豪勢人貪虐
而不得者 皆付東徒 設隊陣曰包 敬通于四方 約條聚黨 上不失公家之賦 下以保
殘民之侵"

"乙未又出黑衣令 上自大臣 下至守令 皆易服 而人多不肯 亦不甚促 八月日兵
作亂 中殿遇害 而聲言曰 逃避不發喪 協出廢妣令 國事至此 而罔極罔極矣 一
自開化以後 舊家世族 猶有廉恥者 皆辭職而退 至是大起上疏復位 十月發喪 尸
體燒盡 無餘取灰土就襲 兵隊中幸有知其處者指之 乃後園中也 雖已復位擧哀
而不敢發喪讐言者 可勝歎哉 十臣又勸上削髮 雲宮以下各道觀察使 擧皆削之
守宰或削或未及 閭閻之內 無論上下 莫不勒削 國內大亂 義兵處處蜂起 殺五觀
察使及守令十餘人 有罪無罪間 削髮人逢之則殺之 都下震驚弛削令殺 賊臣弘
集秉夏二人 皆餘逃入日本 魚允中逃避龍仁 爲土人所殺 都人曳出二尸 出置街
上 以亂石糜爛粉碎 或有割肉唶之者 蓋積念於斷髻而然也 聞者莫不快之 大駕
避於俄陣中 俄人之來留 都下無幾 而方今之勢 俄國莫强於天下 日兵不敢犯之
故也 義兵在在群起 鄕居世族 莫不應之故 累下敦喩 一邊出師征之 出征之師
亦不敢撕殺肉戰 虛發火炮而已 義兵則逢王師 走避爲主 至秋而盡解散 兵師歷
過之處 糜弊罔有其極"

이 아니라는 정자의 말을 인용하면서 화이(華夷)의 나뉨이 있고 사람과 동물은 행동이 다름을 들어 지금의 명령이 편하지 않으므로 그 정당함을 잃었다고 비판하면서[81] 조정의 명령을 받아들이려 하지 않았던 곳에서도 기존의 전통적 질서를 지키려는 입장을 볼 수 있다. 따라서 박재형은 대체로 전통지향적, 유교적인 현실인식을 기반으로 사회와 현실을 보고 있었다고 할 수 있다.

일곱째 박재형은 당시 대내외적 도전에 대한 대응방략 가운데 외적인 대처방식으로 유학에 바탕한 척사적 사상을 갖추고 행동할 것을 주창하고 있다. 박재형은 1866년 과거를 위해 서울에 갔다가 7월 26일 고향으로 내려왔는데 이때 강화도에 이양선이 들어와 조야가 소란한 정황을 고향에 전파하였다.[82] 이것은 직전에 영국 상선이 월곶진에 정박하면서 통상을 요구한 일을 의미하는 것으로 보인다.[83] 또 당시에는 제너널샤먼호가 대동강에 올라와 상선을 약탈하고 인명을 해쳐 평양감사 박규수의 지휘 아래에 7월 24일 화공으로 침몰시킨 사건도 일어났다.[84] 한편 프랑스 신부 살해건으로 야기된 프랑스 군대의 침략은 조지(朝紙)를 통해 청도에도 알려졌는데 9월 23일 이종상(李鍾祥)이 영남소모사로 차정되었다는 소식을 들었다.[85] 부친 박시묵은 영남소모사로 차정된 이종상

---

81 『진계집』 권4, 「서」, <答崔槙汝>. "墨衣令已過限 日對兩倅之日 極似難便 程子 雖曰居今之時 不安今時之令 非義也 然今日則華夷有分 人獸異行 未可以安時 令之故 而失其權宜也"

82 『운창일록』, 1866년 7월 26일.

83 『고종실록』 권3, 고종 3년 7월 무진(12일).

84 『고종실록』 권3, 고종 3년 7월 무인(22일).
　　『고종실록』 권3, 고종 3년 7월 신사(25일).
　　『고종실록』 권3, 고종 3년 7월 계미(27일).

85 『운창일록』, 1866년 9월 23일.

으로부터 9월 24일 청도의장(淸道義將)으로 위촉되었는데,[86] 박재형은 부친과 경주의 영남소모사와의 연락을 담당하였다.[87]

1894년 일본군들이 서울에 입성하였을 때 이남규가 그 무도함을 지적하는 상소문을 올렸는데[88] 박재형이 유지영(柳芝榮)에게 보낸 편지에서 상소문에 대해 의리가 삼엄하고 말이 간절하여 사람들로 하여금 불식간(不識間)에 통곡하게 하지만 미진한 바가 있다고 평하면서 그러한 언설은 적의 군대가 강해서 그렇다는 말과 다를 바가 없다고 비판하고 도적들을 끌어들인 자가 누구이고 그 죄악과 이름을 지목함으로써 춘추대의를 펼쳐야 하였다고 적고 있다.[89] 집정가로서의 책임의식을 요구하고 있을 뿐만 아니라 외세를 끌어들인 세력을 처리하는데 있어서 강경한 입장을 강조한 것이라고 할 수 있다.

박재형은 당시의 대내외적인 각종의 위기 현상에 척사적 대응을 해결방안으로 제시하고 있다. <가장>에 의하면 박재형은 1900년 거제도의 부인당포(夫人堂浦)에서 적변(賊變)에 의해 사망하였다고 적고 있다. 이

---

86 『운창일록』, 1866년 9월 24일.
87 『운창일록』, 1866년 9월 26일.
   『운창일록』, 1866년 10월 2일.
   『운창일록』, 1866년 10월 6일.
88 『修堂集』 권2, 「疏」, <論匪擾及倭兵入都疏>.
89 『진계집』 권3, 「서」, <答柳仲雍>. "李令南珪疏藁 理義森嚴 措辭懇到 足令讀之者不覺痛哭 然尙有所未盡者 嘗見(朱先生論此等處 春秋之法 君弑賊不討則不書葬者 正以復讎大義爲重 而掩葬常禮爲輕 其義可謂深切而著明矣 今日之變何異於非我也兵也之諭 所謂執政者 與賊虜相爲表裏 釀成窮天極地之禍 而曰非我也賊虜也 縱鉗一時之口 可掩天下萬世之公論乎 今此之疏 不能明言導虜入寇者之爲誰何 而指其罪惡目其姓名 以伸春秋大義 此爲可恨 然能言人所不能言之言 可謂國有人矣)" ( ) 부분은 초판에서 일제의 검열에 의해 삭제되었다가 재판에서 복원되었다.

때 적변이 무엇인지는 확실하지 않지만 진계의 척사적 행동과 사상에 반하는 세력과 관련된 것으로 보인다.

5. 맺음말 – 학문사적 위상

박재형은 다양한 저술활동을 진행하여 비록 출판에 이르지는 못하였지만 많은 필사본 저술을 남겼다. 이 연구에서는 박재형 자신이 남긴 찬집목록을 기준으로 현재까지 남아 있는 서책을 모두 수집하였으며 이를 통해 학문사적인 위상을 살펴보았다. 박재형의 저술은 대부분이 현재 장서각에 소장되어 있으나 후손가나 다른 기관에 소장된 것도 있어 그 소재를 밝혀두었다. 향후 박재형을 연구하는데 있어 쉽게 자료로 활용할 수 있을 것으로 기대된다.

박재형은 우리나라의 시와 글을 잘 갈무리하고 전승하려고 하였으며 격변하는 시기에 아동들에게 유교적인 도덕관을 재정립하려는 유학자의 모습을 보여주고 있다. 그런데 책 제목으로 '해동(海東)'이라는 표현을 다수 사용하고 있는데 이것은 전통시대 유학자들이 공통적으로 가지고 있었던 우리나라가 중국에 대응하는 소중화적 세계라는 동국의식을 계승한 것이다. 또한 박재형은 당시 동학(東學)과 서학(西學)이 가져온 위기 속에서 내적으로는 도덕과 수양이라는 전통적인 훈육 방식을 잘 유지하고 외적으로는 척사적 현실 대응태도를 취함으로써 이 시기 자정지도(自靖之道)를 택한 전통적인 영남의 남인 유학자의 전형적인 내수외양(內修外攘)의 대응태도를 보여주고 있다. 이러한 점에서 본다면 박재형은 고종대 영남의 지방 유림이 가지고 있는 유학사상의 특질을 대표적으로 보여준다고 할 수 있다.

그런데 박재형은 주자의 글을 초략한 『주문정관』이나 퇴계의 글을 초략한 『도산지언』, 그리고 퇴계가 편집한 『이학통록』이나 갈암의 『갈암집』을 초략하여 편집하려고 하는데서 보이듯이 성리학자이자 퇴계학의 유산을 계승한다는 자부심과 긍지를 보여주고 있다. 또한 각종 서적을 초략하여 정리해 보려는 입장을 가지고 있었으며, 선대의 유묵을 잘 편집하여 관리하고 본인의 초략한 글도 모아 보존하고 있는데서 보이듯이 이전의 학적인 유산을 잘 계승하고 전승하는데 관심이 컸다고 할 수 있다. 그러면서도 일부 책에서는 노·소론을 포함한 서인계의 저술도 초략하여 가지고 있고, 기대승, 이이, 송시열 등 서인계의 주장을 수용하여 학설로 받아들이고 있어 학문에 있어서는 당파적 편협성을 극복해 나가는 모습을 보여주고 있다.

다만 박재형의 학맥과 관련된 정재학파, 한주학파, 성재학파의 인물들이 처음에는 서구 문물에 대해 비판적이었지만 차츰 신학문에 관심을 보이고 국권수호운동으로 넘어갔던 점과 비교한다면 박재형의 저술에서는 이러한 측면이 그다지 보이지 않는다. 『백류원지』의 잡문을 통해 보면 박재형이 임술민란 이후 병인양요, 임오군란, 갑신정변, 갑오개혁, 동학, 을미사변, 아관파천, 의병거의, 대한제국에 이르는 근대사의 중요한 사건을 모두 알고 있었다. 그러나 박재형은 이러한 사건들을 세밀하게 분석하여 그 문제점을 파악하고 해결할 방책을 제시하는 단계로 발전시키지는 못하였는데 이는 박재형이 벼슬을 하지 않은 지방 문사였던 점, 신미양요 이후 격변의 시기에 청도의 향촌에 거주하였던 점, 현실 문제에 대한 사회적·경세적 관심이 부족하였던 점, 신학문을 수용할 수 있는 학파의 힘이 결집될 수 있었던 성주, 안동, 진주 등과는 달리 박재형을 둘러싼 학문적 분위기가 이에 이르지 못하였던 점, 박재형이 계몽운동과 국권회복운동으로 넘어갈 수 있었던 시기가 오기도 전에 사망한 점 등을 들 수 있다.

8장
박재형의 해동속소학 편찬과 의의

1. 머리말

송나라 주자에 의해 집대성된 신유학을 안향(安珦)이 도입한 이래 고려말 조선 초기 지식인 사회에서는 기존 유교 경전에 대한 이해를 새롭게 정립해야만 했다. 오경(五經) 대신 새로이 사서(四書)가 기본 경전이 되었고, 인간 생활의 도덕적인 실천 윤리 역시 『소학(小學)』이나 주자(朱子)의 『가례(家禮)』에 준거하게끔 하는 사회로 이행해 갔다.

조선 건국의 주역들은 신유학인 성리학을 이데올로기로 정립하려고 노력했기 때문에 백성들의 기본적 생활 실천 윤리 교과서이자 수신서(修身書)였던 『소학』을 보급하는 일에 매우 적극적이었다. 특히 사림(士林)들이 중앙 정치 무대에 등장한 이후에는 시골 구석구석까지 『소학』 읽는 소리가 끊이질 않았다 할 정도였다. 아무튼 조선 중기에 접어들어 『소학』은 단순한 수신서 혹은 초학서가 아니라 사서와 함께 유교 경전의 하나로 격상되었다. 이런 점에서 『소학』은 조선사회에서 학문권력을 획득하게 되었음을 의미한다. 이렇듯 조선 사회는 『소학』을 통해 유교 문명을 열어가려고 노력했고, 그 과제 해결은 이론이 아니라 『소학』 내용을 실생활에서 실천하는 인간으로 거듭나게 하는 것이었다.

그런데 주자(朱子)『소학』은 그 내용들이 중국 선현들의 사례를 추출하여 엮은 것이기에 진정한 우리 것이 될 수 없었다. 그리하여 보다 우리 정체성을 찾고 주체성 있는 수신서를 만들기 위한 일련의 노력들이 있어왔고, 이런 시대적 배경에서 나온 것이 박재형의 『해동속소학』이었다. 『해동속소학』 발문에서 "우리나라는 예악문물이 중국과 비견할 만하고 현자들이 무수히 배출되었지만, 주자와 같은 분이 세상에 나오지 않아 우리나라 사람의 격언과 행실이 기록되지 못했다."라고 밝힌 바 있듯이, 『해동속소학』에 수록된 예문의 중요 인물로 이황(27회) 조광조(12회) 이이(11회) 장현광(9회) 조식(9회) 김안국(7회) 정구(7회) 김성일(6회) 이언적(6회) 등의 언설(言說)들을 등장시켰다. 기타 교훈이나 모범 사례들 역시 우리 것으로 대치하여 완벽한 『해동속소학』을 지향했던 것이다.

이런『해동속소학』에 대해 이미 학계에서는 여러 방향으로 주목받아왔는데, 편찬에 대한 역사적 배경이나 철학적인 혹은 윤리서 측면에서 검토된 논고들이 꽤 많이 나와 있는 편이다. 본고는 이런 기존 연구에 힘입어 『소학』이란 수신가 우리나라에 어떻게 도입되고 보급되어 갔는가 하는 일반적인 상황부터 점검한 후,『해동속소학』 편찬이 가지는 의미 파악을 통해 조선 유교사회의 변화과정에 대해 알아보고자 한다.

2. 주자소학의 편찬 체제와 내용

흔히 소학(小學)이라 할 때, 주자가 편찬했던 초등용 교재를 뜻 하지만, 문자의 상형이나 음운을 따지는 자서(字書)를 소학이라 칭하기도 했으니, 다음 자료에서 그러한 사실이 잘 드러난다.

옛날에는 육서(六書)를 소학이라 하였다. 그러므로 사람이 나서 8세가 되면 소학에 들어갔는데, 주관(周官)의 보씨(保氏)는 국자(國子)를 기르는 일을 맡아서 육서를 가르쳤던 것이다. 육서는 상형(象形)·상사(象事)·상의(象意)·상성(象聲)·전주(轉注)·가차(假借)를 말함이니, 글자를 만든 근본이다. …… 우리나라에 이르러서는 예로부터 자서(字書)를 가지고 소학으로 한 일이 없다. 국조에 들어와서는 어린이에게 먼저 양나라 주흥사(周興嗣)의 『천자문(千字文)』 또는 『유합(類合)』 『신증유합(新增類合)』 『훈몽자회(訓蒙字會)』를 가르쳤다. 이것이 옛날의 소학은 아니지만 역시 소학 종류라 할 수 있다. 지금 소학은 곧 주자(朱子)가 편집한 『소학』이다.[1]

이렇듯 소학이란 의미가 시대마다 달리 적용된 측면이 있었는데, 이외에도 여러 고전에서 사용되어 온 하상(下庠) 서상(西庠) 좌학(左學) 등과 같은 용어에서 보듯이, 어린이를 입학시켜 가르치는 장소인 학교를 의미하기도 했다.

본고에서 언급할 소학은 주자가 편집한 『소학』을 대상으로 한 것인데,[2] 이 책의 편찬 의도는 권두언격인 소학제사(小學題辭)에서 잘 드러내고 있다. "원형이정(모든 생물의 존재양태)은 천도(天道)의 떳떳함이요, 인의예지는 인성(人性)의 벼리이다"로 시작하는 성리학의 기본 원리를 내세우면서, 아울러 그 구체적인 실천 방법으로 "물 뿌리고 쓸며 응하고 대답하며, 들어와서는 효도하고 나가서는 공손하여 동작이 혹여 어긋남이 없게 하는 것이니, 이를 행하고 여력이 있으면 시경을 외우고 서경을

---

1 이규경, 『오주연문장전산고』 경사편 1, 경전류 2, 소학 편.
2 『소학』은 주자가 성리학 사상 체계를 완성해 가던 58세에 시작하여 60세에 완성된 것으로 알려져 있다. 주자는 그의 문인 유자징(劉子澄)에게 『소학』에 대한 편집을 명하고 자신이 이를 수정하여 완성한 것인데, 삼대(三代)의 이상적인 사회윤리를 실현하기 위한 입문서를 편찬하려는 의도가 잘 반영되어 있다.

읊고 노래하며 춤추고 뛰어 생각이 혹시라도 넘침이 없게 하는 것이라" 하였다.[3] 이렇듯, 소학제사는 『소학』을 짓게 된 연유나 어린아이가 가장 기본적으로 힘써야 할 원칙 등을 제시해 놓고 있기에, 조선시대 도학의 진전에 따라 매우 중요한 기준이 되었다. 영조가 세손에게 명하여 소학제사를 외우게 하였을 때, 세손의 구절이 분명하고 성운이 낭랑한 것에 만족감을 표하며 크게 기뻐하였다는 사실에서도[4] 그런 사실이 잘 드러난다. 특히 영조는 소학의 중요성을 가장 크게 부각시킨 임금이기도 하다. 조선조는 국왕의 '군주수신'에 대한 강조가 지속되어왔고, 국왕의 도덕적 권위를 '수신'의 행위에서 찾고자 하는 노력으로 일관했기 때문이다.[5]

조선후기 학자이던 이규경이 그의 저서 『오주연문장전산고』에서,

> 사람이 나서 8세에 비로소 소학에 들어가고 15세에 대학에 들어가는 것은 옛날의 교육하는 방법이 그러했던 것이다. 모두 6편인데, 입교(立敎)·명륜(明倫)·경신(敬身)·계고(稽古)·가언(嘉言)·선행(善行)이 그 조목이다.[6]

라고 했듯이, 어린이 초등 수신서(修身書) 역할을 했던 것이 『소학』이고, 여기에는 6조목을 내편과 외편으로 나누어 싣고 있는데, 모두 386장(章)으로 구성되어 있다. 내편에는 입교(立敎)·명륜(明倫)·경신(敬身)·계고(稽古) 등 4조목, 외편에는 가언(嘉言)·선행(善行) 등 2조목으로 구성되

---

3 「小學題辭」, "原亨利貞 天道之常 仁義禮智 人性之綱 …… 小學之方 灑掃應對 入孝出恭 動罔或悖 行有餘力 誦詩讀書 詠歌舞蹈 思罔或逾"

4 『영조실록』 권92, 영조 34년 12월 17일 기사.

5 이정민, 2016, 「18세기 국왕의 『소학』 교육 강화와 성격」 『한국계보연구』 6, 한국계보연구회.

6 이규경, 『오주연문장전산고』 경사편 1, 경전류 2, 소학 편.

어 있다. 입교는 삼대(三代)의 고제(古制)인 오교(五教)·삼물(三物)·팔형(八刑)을 열거하여 인륜 교화 정신과 방침을 제시했고, 명륜에는 유학의 기본 덕목인 5륜(부자, 군신, 부부, 장유, 붕우)을 기본 세목으로 잡았으며, 경신은 심술(心術 : 마음가짐)·위의(威儀 : 몸가짐)·의복(衣服)·음식(飮食) 등을 기본 세목으로 구성하고 있다.[7]

따라서 명륜과 경신은 『소학』에 있어서 내용이나 구성 체계상 핵심 요소라 할 것인 바, 인간으로서 지켜야 할 기초적인 인륜(人倫)과 일용(日用)에 관한 것들이다. 내편 끝부분의 계고(稽古)는 순 임금으로부터 공자에 이르기까지 성현들의 언행을 전거(典據)로 내세워 앞의 입교(立教)·명륜(明倫)·경신(敬身) 3편을 보충하는 형식을 취한 것이다. 외편에 수록된 5권 가언(嘉言)은 한나라 이후 송대에 이르기까지 현사(賢士)들의 언행을 수록한 것이니, 내편 계고편을 보강하는 차원이다. 마지막 6권 선행(善行) 역시 한나라 이후 송대에 이르기까지 모범이 되는 인물들의 행적을 제시하여 계고와 가언편을 실증적으로 뒷받침하고 있다.[8]

즉, 『소학』의 기본적인 구성은 입교(立教)·명륜(明倫)·경신(敬身)이라 할 수 있으니, 전체 386장 가운데 약 58.5%에 해당하는 226장이 명륜

---

7 『소학』의 경신편을 보면, 마음가짐보다 몸가짐이나 의복이나 음식 같은 외형적인 항목 비중이 더 높다. 이는 결국 수신의 주체는 일상생활이고, 이것들이 곧 신성한 의식으로 비견될 만큼 행위규범과 행실철학을 엄격하게 요구하고 있었음을 잘 보여준다. 고려이후 자유분방한 삶을 살았던 한국인들은 『소학』이 민가에까지 보급된 조선 중기 이후부터 엄격한 행실철학과 행위규범으로 살아가는 과정에서 다분히 교조적인 모습으로 변해갔던 것을 주지의 사실이다. 이는 남녀관계 뿐만 아니라 결혼 풍속과 상속제도 등 인간의 모든 면에서 고려 이래 조선전기까지의 수평적 사회가 조선 후기의 수직적인 모습으로 달리 나타났다는 연구 결과에서 여실히 증명되고 있다.
8 김준석, 1981, 「조선전기의 사회사상 – 소학의 사회적 기능 분석을 중심으로-」 『동방학지』 29, 147~151쪽.

(明倫) 관련이며, 31%에 해당하는 120장이 경신(敬身)과 관련된 내용이어서 심한 편중을 보인다. 내편 4조목과 외편 2조목은 이 세 가지 주제를 중층적으로 재배열하고 있다. 내편은 주로 고대 문헌에서 발췌한 것이고, 외편은 송대 원전을 중심으로 하되 그 이전의 사례에 대한 원전도 발췌하여 고금의 조화를 이루게끔 편성했다. 따라서 『소학』의 편제 방식은 두 가지 구성방식이다. 시대별 편제와 내용별 편제 방식이 그것이다. 전자의 경우 내편(혹은 상편) 4항목은 선진(先秦) 시기의 고서에서, 외편(혹은 하편) 2항목은 한대(漢代) 이래 특히 북송시기 유학자들의 언행을 인용한 것이다. 후자의 내용상 편제를 보면 입교 명륜 경신은 『소학』의 강령이고, 계고 가언 선행은 구체적인 사람의 행적과 전자의 내용을 사례로 제시하여 학습하도록 한 것이다.[9]

한편 소학 전체에서 내용별로 보면, 부자관계가 가장 많은 분량을 차지하는 가운데 군신관계와 장유(長幼) 관계가 각각 그 절반쯤 되며, 친구와 부부 관계가 가장 적다. 따라서 수평적인 관계보다 수직적인 관계에 대한 비중이 높은 편이다. 그리고 수직적인 관계에서도 부자관계를 중심축으로 하였기에, 공동체를 이루는 가장 근원이 바로 효(孝)라는 인식 아래 사회공동체에서 필요한 경(敬)과 국가 운영에 필요한 충(忠)으로 그 외연을 확대시키고 있다.

이상에서 보았듯이, 주자가 편찬한 『소학』은 그가 도학을 세우면서 인간을 어떻게 교화해야 하는지에 대한 깊은 고민과 해결책을 담았다고

---

9 『논어』에는 이런 편제가 없는데, 『소학』에서는 일정한 체제 없이 제시된 『논어』 언명들을 입교(총 13장 중의 3장), 명륜(총 108장 중의 19장), 경신(총 46장 중의 19장), 계고(총 47장 중의 11장)로 유형화 재배치함으로써 『논어』의 약점을 보완하고 있다(진원, 2012, 「소학의 편찬 이유와 이론적 입장」 『한국학논집』 49, 계명대학교 한국학연구원, 453쪽).

할 수 있겠다. 주자가 살았던 시기는 한당 유학이 너무나 고답적인 면에 치우쳐져 있었다. 이에 새로운 신유학 분위기가 움트고 있었고, 그와 때를 같이 하여 국가의 문교 정책 또한 어린 학동 교육에 대한 관심이 크게 일던 때였다. 당시 대부분의 학인들은 각 지방에서 사숙(私塾)을 설치하여 지방 자제 교육에 힘을 쏟았을 때였으니, 이와 짝하여 적절한 교재 개발 역시 크게 요구되고 있었다.

전통사회 중국 사회집단은 천자(天子) 아래 각국 통치자인 제후와 경(卿) 대부(大夫) 집단, 사(士) 집단, 평민과 노예집단 등 크게 4부류였다. 아울러 이들은 정해진 신분에 따라 그 사회적인 역할 또한 구분되어 있었다. 이런 사회구조는 당 송 변혁기를 거치면서 재구성되었다. 특히 송대에 들어와 꾸준하게 실시된 문치주의 정책으로 인해 방대한 독서인층이 출현했고, 이들이 과거를 통해 사대부 관료계층을 형성하면서 주도권을 장악하기 시작했다. 그런데다 이 시기에 들어와 인쇄술이 뒷받침되면서 서적 보급 또한 용이해졌다. 이에 따라 송대의 지식인들에게는 그 시대의 요청에 부합하는 새로운 지배원리가 필요했고, 이는 기존의 경서에 대한 창조적 재해석으로 나타났다.[10]

송대의 지식인을 중에서 개혁적 방향을 제시했던 왕안석은 『주례』를 이념적 지표로 중앙집권적 권력을 행사했는데, 이는 종법과 토지 분봉에 입각한 봉건질서를 핵심으로 한 것이었다. 반면에 사마광으로 대표되는 보수 세력들은 『춘추』에 바탕을 둔 국가운영을 꿈꿨으니, 즉, 『춘추』는 정치권력을 규제하기 위한 도덕적 근거를 제공했다 할 것이다. 군주를 절대화된 도덕적 질서 아래 종속시킴으로써 국가 권력이 군주의 사사로

---

10 이범학, 1987, 「송대 주자학의 성립과 발전」 『강좌 중국사』 III, 서울대 동양사학연구실편. 197쪽.

운 권력으로 전락하는 것을 방지하고자 하였다. 그리하여 보수세력들은 왕안석의 신법에서 추진하려 했던 국가주도의 정치개혁을 거부하는 대신 권력 분산과 자율 확대를 원했다. 사마광 입장을 추구한 주자는 군주의 권위를 도덕적 질서 아래 편입하고자 하는 새로운 지배 원리 구축에 몰두했고, 이를 달성하기 위해서는 사대부 계층 육성을 위한 교육 사업이 절실했다.[11]

그러한 때에 주자가 삼대(三代)의 이상적인 실천윤리와 행동강령들을 토대로 입문적인 수신서로 편찬하였던 것이 『소학』이었다. 주자가 『소학』을 편찬하면서 인용한 경전은 모두 22종이나 되지만, 전체 214장 가운데 3/4에 해당하는 162장이 『예기』 『논어』 『맹자』에 집중되어 있고, 인용한 인물 또한 전체 172장 가운데 110장 이상이 송나라 인물의 언행과 행적을 사례로 제시했다.[12] 이는 주자가 삼대(三代)에서 출발한 도통(道通) 체계를 확립하는 과정에서 공맹 이후 한동안 단절되었다가 주돈이, 정이·정호 형제 등의 송조 인물로 그 맥을 연결했던 부분과도 일치한다는 점에서 주의 깊게 볼 필요가 있겠다.

주자가 소학을 편찬하면서 주안점을 둔 것은 효(孝)에 대한 문제인데, 신분에 상관없이 효의 범위를 확장했다는 점이다. 한·당대의 기본 경전, 예컨대 『효경』에서는 신분 간에 차별이 존재했지만,[13] 소학에서는 천자부터 일반서민에 이르기까지 신분적 차별이 없는 보편적인 효의 적용이

---

11 윤인숙, 2010, 「소학의 성격과 정치론, 그 적용」 『사림』 35, 성균관대학교 사학회, 139쪽.
12 이수건, 1968, 「이조시대 소학 교육에 대하여」 『영남대학교논문집』 2, 245~255쪽.
13 『효경』에서는 천자(天子) 제후(諸侯) 경대부(卿大夫) 사(士) 서인(庶人) 별로 각 신분에 따른 효의 내용과 범위를 달리 규정하였다. 이는 효(孝)라는 보편성을 강조하면서도 신분별 차별성을 부각한 것이기도 하다.

었다. 예컨대, 자식은 이른 아침에 부모님에게 문안인사를 해야 하고, 부모님의 어떤 요구에도 즉각 응답해야 하며, 자식은 부모님의 육체적·심리적 편안함에 오로지할 뿐이었다. 이는 곧 진정한 효의 보편화인 동시에 일원화인데, 송대에 새로 등장했던 사대부 입장을 반영한 것이기도 하다. 천자를 사대부와 동일시하려는 의도가 다분히 숨어있다.

한편 효라는 것이 일가(一家)의 혈연관계에서 출발하는 것이지만, 사회와 국가 차원에서 동일한 구조로 확대해 나감을 벗어나 주자는 가(家)와 국가(國家)를 분리적용하려는 모습을 보여준다. 부자관계 38항목 중에서 부모의 잘못을 지적하는 항목은 3개에 그치지만, 군신관계 20항목 중에서 군주에게 극간(極諫)하는 신하의 태도를 담은 것은 8항목이나 된다. 이 두 가지 관점에서 보면, 효에 의해 작동되는 가(家)가 국가(國家)로까지 확대되질 못하고 있는 동시에 가(家)가 국가(國家)보다 우선하고 있음을 보여주고 있다.

이는 동시에 효(孝)와 충(忠)의 각 영역을 분리했음을 의미한다. 주자가 보는 리(理)는 하나이지만, 각 사물마다 그 리(理)는 달리 나타난다는 전제가 깔려 있다. 따라서 부자의 리(理)와 군신간의 리(理)는 각각 다르게 나타난다고 이해한 것이다. 효와 충이 분리되었다는 것은 한발 나아가 공과 사의 관계도 엄격하게 구분되었음을 의미한다. 주자『소학』에서 보여주고자 한 것도 여기에 기반 한다고 볼 수 있다.

그렇기에 군주도 도덕적 완성을 이루어야 할 주체에 지나지 않았다. 정책 최고 결정권자가 군주이고, 정치의 치란(治亂)은 군주에게 달려 있기에, 군주 자신이 심술을 바로잡아 도덕적으로 완성된 인격체로 거듭나야하기 때문이다. 소위 군주수신론(君主修身論)이다.[14] 이는 주자가『소

---

14 『주자대전』권11, 무신봉사(戊申奉事).

학』과 연계시킨 『대학』에서 말하는 수신제가치국평천하(修身齊家治國
平天下)로 가는 길이며, 『대학』을 통해 사물에 대한 궁리(窮理)로 완벽
한 지(知)를 갖추고, 이들 바탕으로 군주가 덕성을 완성하는 일련의 과
정인 것이다. 다만 『소학』은 타인과의 관계성에서 구체적이고 현실적임
을 추구하지만, 『대학』은 평천하에 이르는 연속적인 과정에서 추상적이
고도 사변적임을 추구하여, 서로의 연계성을 확립했다.

아울러 주자는 『소학』에서 내면보다는 외형적이고 일상적인 몸가짐
예절에 대한 비중을 높였다. 이런 수신은 사대부층보다 더 상위계층에까
지 확대함으로서 군주 수신을 강조하고, 비판의 대상이 될 수 있도록 했
다. 당나라 이전의 귀족사회에서 벗어나 사대부 계층의 영역 확대를 군
주권에까지 이르게 한 것이 소학의 지향점이기도 했다.

3. 소학의 전래와 보급과정

주자 『소학』이 언제부터 우리나라에 보급되었는지에 대해서는 그 기
록이 자세하지가 않다. 대체로 『소학』은 송나라에서 신유학으로 성립된
성리학이 고려에 도입되는 과정과 궤를 같이 하는 것으로 추정되고 있
을 뿐이다. 그런데 성리학 도입과정 또한 분명하게 드러나는 것이 아니
어서 혼란스럽기는 마찬가지이다.[15]

성리학이 우리나라에 전래되기 시작한 때를 추정해보면, 북송(北宋)

---

15 원나라를 통해 성리학이 도입되었을 것이란 것이 일반적인 견해이지만, 무신란
   이후에도 송나라 상인들의 내왕이 많았기에 초야에 묻힌 학자나 승려들에 의해
   남송의 주자학이 전래되었을 가능성은 여전히 남아 있는 편이다(문철영, 1982.
   「여말 신흥사대부들의 신유학 수용과 그 특징」 『한국문화』 3, 112~113쪽).

에서 성리학이 발흥할 무렵인 고려 중기 인종대를 전후(11~12세기)한 시기로까지 거슬러 올라 갈 수 있다. 당시 고려에서는 송나라의 서적을 많이 수집해 들여왔고, 김양감(金良鑑)이나 윤언이(尹彦頤) 같은 학자들이 사신 임무를 띠고 송나라에 왕래했는가 하면, 중국 사신들 또한 고려에 왕래가 잦았거나와 중국으로 유학 가는 고려인 또한 적지 않았다. 특히 고려 문종(재위 1046~1083) 때 대학자였던 최충(崔冲)이 구재학당(九齋學堂)을 열었을 적에 그 재명(齋名)을 보면, 솔성(率性)·성명(誠明)·대중(大中) 등과 같은 용어들이 등장했는데, 이는 성리학자들이 특별히 중시한『중용』의 용어였다. 이런 점으로 미루어 이 시기에 이미 고려 학자들이 성리학을 접했을 가능성이 컸다. 이와 더불어 예종(睿宗, 재위 1105~1122) 때에도 경학 강론이 지속되는 가운데, 김인존(金仁存)이 쓴「청연각기(清讌閣記)」에서[16] "삼강오상(三綱五常)의 가르침(敎)과 성명도덕(性命道德)의 도리(理)가 만당에 가득하였다"라고 한 점으로 미루어, 이미 성리학을 접한 것으로 추정할 수도 있다.

한편 13세기에 들어서면서 원나라 팽창과 함께 주자 성리학이 보편화되었고 주자서도 널리 유포되었다. 이러한 분위기 속에서 고려인들은 원나라에 오가며 그곳의 학풍을 접할 수 있었다. 그러한 분위기를 선도한 이가 안향이었다. 안향이 성리학을 수용하여 신유학 발전을 위한 토대를 마련한 결과 고려에서 주자 성리학이 크게 일어날 수 있었고, 때문에 그는 우리나라 최초의 주자학자로 평가 받고 있다.

---

16 김인존이 서북병마사(西北兵馬使)로 있을 때 거란의 내원성자사(來遠城刺使) 상효손(常孝孫)이 주민의 보호를 위해 내원성(來遠城)과 포주(抱州) 두 고을 백성을 거느리고 귀화하였는데, 김인존은 두 성을 점거하여 전공이 매우 높았다. 이에 예종이 청연각(清讌閣)에서 잔치를 열어 위로하였고, 김인존에게 기(記)를 쓰게 하였으니, 이것이 유명한 「청연각기(清讌閣記)」이다.

1260년(원종 1) 문과에 급제한 안향은 교서랑(校書郎)이 된 이래 유교 사상에 따라 혹세무민하는 무당을 엄중히 다스리도록 국왕에게 간언하였다. 1289년(충렬왕 15년) 원나라 황제가 고려유학제거로 임명했으며, 같은 해 11월 국왕과 공주를 호종하여 원나라에 간 그는 박사 김문정(金文鼎)에게 공자와 그 제자들 70명에 달하는 초상화를 구해 오게 하는 한편 제기(祭器), 악기, 6경(六經), 제자사서(諸子史書)를 구하여 오도록 하였다. 또 밀직부사(密直副使)로 치사한 이산(李愺), 전법판서(典法判書) 이진(李瑱)을 천거하여 경사교수도감사(經史敎授都監使)를 삼았다. 아울러 인재 양성에 필요한 재원을 마련하기 위해 섬학전을 두었고, 만년에는 주자의 초상을 걸어 놓고 경모하는 등 주자를 신봉하며 유학과 성리학 발전에 기여하였다. 특히 그는 주희의 호 회암(晦庵)에서 '회(晦)'자를 모방하여 자신의 호를 회헌(晦軒)이라 하였는데, 이는 주희에 대한 존경심을 나타낸 것이었다.[17]

이러한 배경 하에서 백이정(白頤正)은 원나라 연경 만권당(萬卷堂)에서 공부하면서 정주(程朱) 성리(性理)의 서적을 구해서 돌아왔고,[18] 권부(權溥) 또한 『사서집주(四書集註)』를 구해 와 고려에 보급하려 노력했다.[19] 이들의 활약이 있었기에 이제현(李齊賢)·이색(李穡)·정몽주(鄭夢周) 등과 같은 학자들이 배출될 수 있었으며, 후일 정몽주(鄭夢周)는 동방이학(東方理學)의 조(祖)로까지 추존될 수 있었다.

안향이 충렬왕을 따라 연경에 다녀 온 것이 1278~1296년경이다. 이때 안향이 주자전서(朱子全書)를 가지고 왔는데, 이 시기는 주자가 『소학』을 편찬했던 1187년으로부터 약 1세기가 흐른 시점이다. 따라서 안

---

17 『고려사』 권105, 열전18, 안향(安珦).
18 『고려사』 권106, 열전19, 백문절(白文節) 부 백이정(白頤正).
19 『고려사』 권107, 열전20, 권단(權㫜) 부 권보(權溥).

향이 가지고 온 주자전서 속에 『소학』이 포함되어 있었을 것으로 추정된다. 그와 아울러 김문정에게 공자 초상화와 함께 제자사서(諸子史書)를 구입해 오게 했을 당시에도 『소학』이 포함되었을 것으로 보인다.

주자가 『소학』 편찬에서 주안점을 둔 것이 외형적으로 드러나는 일상적인 생활윤리였듯이, 안향이 국자감에서 젊은 학생들에게 강조한 것 역시 이 부분과 매우 닮아있다. 즉, "성인의 도는 일용윤리에 지나니 않으니, 아들이 되어 효도해야 하고 신하가 되어 충성해야 하며, 예로서 집안을 다스리고 믿음으로 벗을 사귀고, 자기를 닦는데는 경(敬)으로 하고, 일을 하는 데는 반드시 성(誠)으로 할 뿐이다."라고[20] 하였듯이, 일상적 행위규범을 강조하고 있다는 점에서 양자가 매우 닮아있다. 이는 곧 안향이 『소학』에 바탕을 둔 교육방침을 나타낸 것이라 짐작되는 부분이다.

이후 충선왕과 충숙왕 재위 시절에는 백이정이나 성균박사 유연(柳衍)과 학유 유적(俞迪) 등을 보내 중국의 서적들이 대량으로 들여오던 때였다는 점을 감안한다면,[21] 『소학』 도입은 이미 이루어져 광범위한 보급도 있었으리라 짐작된다. 특히 충숙왕(忠肅王) 복위 17년(1330) 12월에는 과거를 준비하는 자들에게는 『소학』과 오성자운(五聲字韻)을 통해야만 응시를 허락하도록 조치를 내릴 정도였다.[22] 이는 원나라의 영향으로 보인다. 즉 충숙왕 1년(1314) 원나라에서 과거 실시 내용을 고려에 통보하자, 이듬해 과거를 원나라 향시(鄕試)에 해당하는 응거시(應擧試)로 변경한 이후 시험과목도 원나라를 모방하여 『소학』과 『사서집주』 등과 같은 주자서(朱子書)로 대체해 나갔다.[23]

---

20 안향, 『회헌집(晦軒集)』 「유국자제생문(諭國子諸生文)」.
21 『고려사』 권34, 세가34, 충숙왕 원년 6월 경인조.
22 『고려사』 지27, 선거(選擧) 과목1, 충숙왕조.
23 이성무, 1983, 「주자학이 14~15세기 한국 교육·과거제도에 미친 영향」 『한국사

원나라에서 주자학을 관학(官學)의 지위로 굳힌 이가 노재(魯齋) 허형(許衡)인데, 노재(魯齋) 학풍의 특징은 철학적인 이기론보다는 실천윤리를 강조했다는 데 있다. 그는 특히 매료되어 있었다 할 정도로『소학』을 신봉했던 인물이었다. 안향이 적극적으로 성리학을 원나라에서 도입한 이후 새로운 신유학에 경도된 신흥사대부들의 입장에서는 권문세족에 대항하는 새로운 이데올로기로 받아들였고, 이때의 학문이란 반드시 철학적일 필요는 없었다. 다시 말해 주자가 당초 계획했던『소학』에 따른 보편적 유교 윤리와 행실 철학을 위한 수신서이자 교과서 역할만으로 족할 따름이었다.[24] 이리하여 이 시기의『소학』은 과거 응시를 위해서는 물론이고 수신서로서도 각광을 받기에 이르렀다. 이숭인(李崇仁)이 흥국사에 갔을 때 박남장(朴男章)이란 이가 종일토록 단좌하여 한 시간도 움직이지 않고 소학서(小學書)를 쉬지 않고 읽고 있었던 것에 감명받았다는 사실을 보면,[25] 마치 조선조의 소학동자로 이름난 한훤당 김굉필을 연상할 정도였다.

요컨대 고려 말의『소학』은 당시 절박한 상황에 대한 자각에서 유교적 통치이념에 대한 실효성 보장을 위해 유입 보급되었던 바, 그 정치적 요인에 따른 특정의 기능 담당자로서의 성격을 지닌 것으로 평가될 수 있겠다.[26]

따라서 조선 건국과 함께 성리학이 지배 이념이 되면서『소학』교육

학』4, 한국정신문화연구원 연구논총, 379쪽.
24　鄭然植·趙顯傑, 1988,「麗末·鮮初에 있어서「小學」普及의 政治的 意義」『사회과학연구』4, 경북대학교 사회과학연구원, 144~146쪽.
25　이숭인,『도은집(陶隱集)』권4, 서(序) - 증(贈) 박생시서(朴生詩序).
26　鄭然植·趙顯傑, 1988,「麗末·鮮初에 있어서「小學」普及의 政治的 意義」『사회과학연구』4, 경북대학교 사회과학연구원, 146쪽.

은 정책적으로 이루어져야만 했다. 8세에『소학』을 시작하여 15세에 이르러『소학』을 성취한 자에 한해 성균관에 진학하여 대학지도(大學之道)를 배우도록 법으로 규정하였지만, 일상생활의 초등교육에 지나지 않는다는 이유로 대수롭지 않는 분위기가 팽배했던 것도 사실이다. 그런 와중에 연산군대를 거치면서『소학』의 명맥은 자취를 감추는 듯 했다. 이렇듯 중종이 즉위할 때까지『소학』은 크게 각광받지 못한 채 내려오다 조광조 일파의 사림세력들에 의해 크게 주목되기 시작했다.

예컨대, 훈구세력들과 사림파들과의 사이에 충효관이 다를 수밖에 없었던 것은『소학』에 대한 이해와 맥을 같이 하는 점이 있다. 실제 조선사회에서『소학』이 본격적으로 읽히기 시작한 것은 성종 이후 정치세력의 한 축으로 등장했던 사림세력들에 의해서였다. 사림파 세력들은 충과 효를 분리시켰기에, 군신관계에 대해서 도(道)와 의(義)로써 서로 바로잡는 관계에 지나지 않는다는 인식을 하고 있었다. 이런 사림파들의 인식이야말로『소학』에 바탕을 둔 것이었음은 말할 나위가 없다.

대사간(大司諫) 최숙생(崔淑生) 등이 소를 올렸는데, "…… 몸을 닦는 일은 임금에게는 큰일이니, 진실로 마음속에 정성이 없으면 그 밖에 나타나는 것은 모두 거짓입니다. 재계(齋戒)하고 성복(盛服)으로 엄숙하게 그 아랫사람을 대하면, 간쟁(諫爭)하는 신하와 기거(起居)를 보살피는 관리들이, 행동할 때마다 반드시 글로 쓰고 허물이 있으면 반드시 간하므로, 이러한 때를 당해서는 중등 정도의 재질을 가진 임금이라도 역시 경계하고 삼가서 감히 스스로 마음대로 하지 못하는 것입니다. …… 임금과 신하란 도(道)를 가지고 서로 허여(許與)하고, 의리로 서로 바로잡는 것이니, 한갓 형세만 가지고 서로 부려서는 안 됩니다."(『중종실록』권20, 중종 9년 7월 13일 갑술)

한(漢) 당(唐) 시기의 군주는 천명(天命)이라는 절대적 권위를 부여받았기에 인간의 견제장치를 인정하지 않는 분위기였다. 군주에 대한 유일한 견제장치는 하늘일 수밖에 없었기에, 천재지변이란 현상들을 매우 중요하게 생각했다. 이런 관념에서 탈피한 주자는 군주에 대해 끊임없이 수양하고 수신(修身)하여야 할 한 인간이자 지도자로 바라보는 데에 불과했다. 소위 말하는 군주수신론(君主修身論)이 그것이다. 군주가 군주답기 위해서는 끊임없는 수양과 수신을 통해서만 가능하고, 그럴 때에 군자(君子)와 소인(小人)을 구별할 능력을 가진다는 것이 핵심이었다.

유학이 전래된 이래 군자 소인이란 용어들이 빈번하게 사용되긴 했고, 특히 조선시대에 들어와 유교가 지배 이데올로기가 되면서 그 사용빈도가 더욱 잦았다. 하지만, 사실 조선시대 정치사에서 군자 소인론이 본격적으로 등장한 것은 성종대 이래 사림파들에 의해서였고, 특히 중종대 조광조 일파들이 등장한 시기부터는 우리에게 더욱 익숙한 용어로 자리 잡았던 것이 사실이다. 중종 12년 석강(夕講)에서 검토관(檢討官) 조광조(趙光祖)는 군자와 소인을 구별하는 것은 오로지 군주 자신의 판단력에 의존할 수밖에 없으며, 이런 소양과 판단력을 갖기 위해서 군주는 끊임없이 노력해야 하는 존재임을 강조하고 있다.[27]

조선 건국초의 천명이라는 절대적 권위를 부여받았다고 여기는 군주에 대한 관념 아래서는 쉽게 뱉을 수 있는 간언(諫言)은 아니었다. 여기에서 수신의 주체는 외적 강제를 통한 내면의 도덕적 완성으로 나아가는 것이다. 이리하여 중종 시기에는 천재지변이 일어나더라도 군주가 군자와 소인을 구별하지 못한 것 때문이지, 군주의 실정 때문에 변고가 일어난 것이 아님을 인식하도록 유도하고 있음을 보게 된다.[28] 이렇듯 성

---

27 『중종실록』 권27, 중종 12년 1월 23일 기해조.

종 이후 사림세력들은 군주를 절대화된 도덕적 질서아래 종속시킴으로써 신권을 좀 더 확대하여 권력 분산을 노렸다는 특징을 보인다.[29]

그리고 이런 분위기는 결국 사림세력들에 의해 『소학』이 광범위하게 보급된 것에 기인한 것이었다. 이는 곧 명분론과 정통론에 입각한 의리정신을 고양하는 원동력이었고, 요순 3대의 도덕정치 실천 방법을 『소학』 교육에서 찾으려 했다. 사림들이 목표로 하는 교화(敎化)는 국가 권력에 의한 것이 아니라 향약을 통하거나 일상적 보편적 생활 윤리를 추구하는 『소학』과 주자가례와 같은 것들을 통해 이룩하려고 했던 것이다. 사림의 연원인 길재에서부터 김숙자와 김종직에 이르기까지 자제교육은 『소학』의 기초에 해당하는 쇄소응대(灑掃應對) 예절부터 시작하였던 것은 물론 김종직의 제자이자 스스로 소학동자라 일컬었던 김굉필에 이르기까지 오로지 『소학』으로 마음을 다스리고 실천하는 데에 심혈을 기울였다.

소학동자 김굉필의 도통이 조광조에 이어졌으니, 중종대에 『소학』 보급운동 역시 기묘사림들의 몫이었다. 특히 관찰사로 부임했던 김안국의 노력으로 영남지역은 구석구석 『소학』 읽는 소리가 끊이질 않았다 할 정도였다. 그러나 급격하고도 혁신적인 개혁에 반기를 든 훈구세력들에 의해 사림들이 화를 당하게 되자, 『소학』은 다시 금서의 반열에 올라 금기시 되고 말았다. 경연(經筵) 석상이나 각급 교육기관에서 다시 『소학』을 진강할 수 있게 된 것은 그로부터 20여 년이 더 흐른 중종 하반기

---

28 중종 13년 5월 연속하여 세 차례나 큰 지진이 일어났을 때, 중종은 자신의 실정으로 변고가 일어났음을 걱정하고 있었던 것에 반해, 사림과 신하들은 소인들이 물러나지 낳고 분한 마음을 품고 있기 때문이라 하여, 군주의 수신과 수양 부족을 간접적으로 노출시키고 있었다(『중종실록』 권33, 중종 13년 5월 계축).

29 윤인숙, 2010, 「소학의 성격과 정치론, 그 적용」『사림』 35집, 성균관대학교 사학회, 149~150쪽.

에 가서였다.

이후 명종 집권 과정에서 한 두 차례 더 사림세력들이 화를 당하게 되었지만, 선조의 즉위로 사림세력들의 신원이 회복되고 정계를 장악하면서 『소학』의 중요성은 자연스럽게 연결되어 갔다. 이미 중국의 『소학집성』이나 『소학집설』 같은 주해서들이 도입된 상황이었다. 아울러 중종 13년부터 나오기 시작한 소학 언해본들이 선조 이후 본격적으로 이어지고 활용되어졌다. 이는 곧 『소학』의 대중화를 의미한다. 특히 중종 13년(1518) 김전(金詮)·최숙생(崔淑生) 등 김종직 제자들이 주축이 되어 만들어진 『번역소학』은 일반 민중에까지 보급하겠다는 의지가 잘 드러난다.

소학이 추구하는 이념이 가족관계에서는 효(孝), 사회공동체 안에서는 경(敬), 국가 안에서는 충(忠)으로, 그 외연이 확대되면서도 도덕 의무에 있어서는 분명한 차이를 보이고 있다. 하지만 소학이념이 보다 대중성을 확보할 수 있었던 근거는 『소학』의 형태, 즉, 경전이나 당·송 저작물의 원문에서 취사선택한 선집(選集) 방식이란 점이다. 이런 형태는 독자들이 이해하기 쉬울 뿐 아니라, 구체적이며 현장 적용성이 매우 높다. 추상적인 것이 아니라 물 뿌리고 쓸며 응하고 답하며, 나아가고 물러가는 예절과 어버이를 사랑하고 스승을 존경하며 벗과 친하게 지내는 도리이기 때문이다. 지배계층은 물론 민(民)을 대상으로 교화하는 데도 매우 적합한 것이기에 조선후기에도 매우 중시되지 않을 수 없었다.[30]

퇴계는 선조 1년(1568)부터 『성학십도』에 「소학도」를 삽입함으로써 소학을 성학(聖學) 범주 안으로 넣었고, 율곡은 선조 10년(1577)년 어린 학동의 초학서인 『격몽요결』을 편찬하면서 이제는 사서(四書)의 시대를

---

30 윤인숙, 2012, 「16세기 소학 언해의 사회 정치적 의미와 대중화」 『동악어문학』 58, 동악어문학회.

벗어나 오서(五書)의 시대로 전환되었음을 천명했다.[31] 사서는『대학』『논어』『맹자』『중용』을 뜻하는 말인데, 원래『대학』과『중용』은『예기(禮記)』속의 한 편(編)에 불과했으나, 유교 교설의 뛰어난 개론으로 주목한 주자(朱子)가 그것을 독립시켜『논어』『맹자』와 함께 공문(孔門)의 사제 전수(師弟傳授) 도통(道統)을 보여주는 것이라 높이 평가하였다. 즉, 1177년 주자는『사서집주』를 완성한 후 1182년에 집주(集註)와 장구(章句)를 묶어 간행함으로써 사서를 완성시켰는데, 이는 주자의 학문체제가 최종적으로 확립된 것이다. 이와 함께 함양론도 성숙해져 갔으니,『소학』은 주자가 이론적으로 성숙한 후에 완성한 함양공부의 수행서였다. 그런데 율곡은『소학』을 사서와 동등한 반열의 경전으로까지 승격시켰으니, 조선 중기에 접어들어『소학』의 지위는 전대와는 차원이 다른 것이었다.

그런 후 율곡은 선조 12년(1579)에『소학집주(小學集註)』라는 일종의 완결판 주석서를 완성했다. 이이의『소학집주(小學集註)』는 중국에서 도입된『소학집설』의 주석을 수용하면서도 약 33% 정도를 변형시켰다. 이는 주자학 입문서라는 취지를 살리되, 조선 현실에 맞게 변형한 것이었다. 그리하여 내용이 번잡하거나 어렵지 않으면서도, 성리학 주자학의 교설이 담긴 내용을 갖출 수 있었다. 선조 20년엔 재차 번역을 시도하여『소학언해』를 편찬했는데, 이는 종전의 번역에 의역이 많았던 문제점 해소를 위해 직역 원칙으로 교정청에서 간행된 것이었다.[32]

아무튼 조선 중기에 접어들어『소학』은 단순한 수신서 혹은 초학서가 아니라 사서와 함께 유교 경전의 하나로 격상되었다. 이런 점에서『소학』은 조선사회에서 학문권력을 획득하게 되었음을 의미한다. 아울러

---

31 이이,『격몽요결(擊蒙要訣)』제4장 독서(讀書).
32 이기문, 1960,「소학언해에 대하여」『한글』127.

인조가 집권한 이후 『소학집주』는 서인학계의 정치적 우위를 바탕으로 확대일로에 있었다. 숙종 20년에 어제(御製) 서문을 단 『소학집주』가 간행될 수 있었던 것도 결국 이이·성혼 등 서인계 학문의 연원을 이루는 인물들의 문묘 종사와 같은 정치적 행위와 맞물려 일어난 일이었다.[33] 숙종은 어제서와 함께 명(銘)과 잠(箴)을 친히 세자에게 내려 그의 정치적 입지를 강화시켜 주었다. 이 『소학』은 그 이듬해 행해진 세자의 입학례(入學禮)에 사용되었다. 영조 역시 『소학』을 중시하여 세자교육에 활용했다.[34] 사도세자가 만 1세가 되자 『소학』에 어필로 내사기(內賜記)를 써서 내려주었고, 영조 20년(1744) 『어제 소학언해』 간행을 거치는 과정에서[35] 소학을 통한 유교문명의 절정기를 구가했다. 따라서 16세기에서 18세기에 이르는 약 200년간은 가히 '소학의 시대'였다.[36]

4. 해동속소학 편찬 체제와 내용

경전의 지위로까지 격상되어 가며 정전화(正典化) 과정을 밟아오던 『소학』이 18세기 중반이후 해체 양상을 보이기 시작했는데, 속소학류의 등장이 그것이다. 유직기(俞直基)가 『소학』 외편의 가언과 선행을 우리나라 인물 사례로 재편한 『대동가언선행(大東嘉言善行)』(1746년)을 비롯

---

33 정호훈, 2009, 「16~17세기 『小學集註』의 成立과 刊行」 『한국문화』 47, 규장각 한국학연구원.

34 윤정, 2004, 「肅宗~英祖代의 세자 교육과 『小學』」 『규장각』 27, 규장각 한국학연구원.

35 『영조실록』 권59, 영조 20년 정월 계묘조, 2월 기사조.

36 정출헌, 2015, 「『소학』을 통해 읽는 유교문명의 완성과 해체-『소학집주』, 『해동속소학』, 그리고 『소학독본』을 중심으로」 『율곡학연구』 33, 율곡학회, 309쪽.

하여, 이와 유사한 방식을 취한 황덕길(黃德吉)의 『동현학칙(東賢學則)』 (1786년 경)등에서 확인할 수 있듯이, 중국 선현을 조선의 선현으로 대체한 획기적인 시도들이 나타났다. 하지만 이들은 『소학』 외편의 가언과 선행편 정도를 수정한 것에 불과했다.

'동국소학(東國小學)'이란 제목으로 편찬하려 했던 조철영(趙撤永)이 선배 학자였던 기정진의 만류로 『해동신편』(1843년)으로 방향 전환할 수밖에 없었던 것이 당시의 시대적 분위기였다.[37] 주자가 간행한 『소학』의 도는 천지간 어디서나 보편타당한 규범이란 것이 당대 지식인들 사이에 팽배해 있었기 때문이다. 특히 노론 집권 하에서 주자의 권위를 훼손한다는 것은 매우 어려웠던 것이 현실이었다.

그럼에도 18세기 중반이후 주자 『소학』의 해체 과정은 가속화되어 갔고, 이는 시대적 요구에 부응하는 측면에서 이룩해 낸 결과물이었다. 송나라 주자학을 표본으로 했던 유교문명이 자리 잡기 시작한 이래 약 2~3백년이 흐른 시점부터 서서히 해체과정을 밟고 있었다. 이 때 등장했던 다양한 속소학류(續小學類)들을 보면 다음 <표 1>과 같다.

<표 1> 조선 후기 속소학류 편찬 시기와 체제

저자	서명	연대	체제	발행지
兪直基	大東嘉言善行	1746	가언 선행	경기
兪直基	師善篇	1765	爲學 行己 接人 立朝	경기
黃德吉	東賢學則	1786	가언 선행	경기
趙撤永	海東新編	1843	(不傳)	?
朴在馨	海東續小學	1884	입교 명륜 경신 계고 가언 선행	영남
金平默	大東小學	1888	유직기의 대동가언선행 교정본	경기
金魯洙	小學續編	1920	계고 가언 선행	호남

37　기정진, 『노사선생문집(蘆沙先生文集)』 권6, 「여조광주철영(與趙光州撤永)」.

아무튼 이러한 시대적 분위기와 여건 속에서 정점을 찍었던 것이『해동속소학』이었다. 기존의 속소학류들은『소학』의 내편(內篇 : 입교 명륜 경신 계고)에 대한 해체작업까지는 이르지 못했기 때문이다.

진계(進溪) 박재형(朴在馨)이『해동속소학』발문을 작성한 시기는 고종 임오년(1882)이었다. 그리고 성재(性齋) 허전(許傳)에게 서문을 받았던 시기는 그로부터 2년 뒤인 갑신년(1884)이었다. 성재가 90세 되던 해인 1886년에 생을 마감했으니, 그가 서문을 쓴 시기는 이로부터 2년 전의 일이었다. 성재 허전은 이익(李瀷)·안정복(安鼎福)·황덕길을 이은 기호(畿湖) 남인학자로서 당대 유림의 종장(宗匠)이 되어, 영남 퇴계학을 계승한 유치명(柳致明)과 쌍벽을 이루었다. 성재가 1864년 3월에 김해부사로 내려온 것이 계기가 되어 영남일원의 학자들이 문하에 몰려들면서 당시 영남우도의 학풍을 크게 진작시킨 바가 있었다. 청도 출신이었던 박시묵과 그의 아들 박재형 역시 이 때 성재 허전과 인연을 맺었던 것으로 보인다.

아무튼 박재형이 오랜 기간『해동속소학』을 준비하여 원고를 완성한 후 발문을 작성했을 것인 바, 이를 선배학자들에게 보내 자문을 받고 수정하는 기간을 중요하게 생각했다. 책이란 일가의 사물(私物)이 아니라 천하의 공기(公器)란 믿음을 갖고 여러 학인들에게 널리 질정을 구하고 있었기 때문이다.[38]

허전에게 서문을 받아 판(板)에 붙인 갑신년에 목판 300부가 간행되었지만, 이미 임오년이던 1882년에 사본(寫本)으로 약 100부가 만들어졌으니,[39] 아마 이 때 만들어진 사본들을 선배학자들에게 보내 자문을 받았던 것이 아닌가 한다. 허전은『동현학칙(東賢學則)』의 편저자 황덕길

---

38 박재형,『진계문집(進溪文集)』권4, 「여이성근(與李聖謹) - 相慤」.
39 박문현, 1979, 「박재형의『해동속소학』연구」, 영남대학교 석사논문, 12~13쪽.

의 적전문인이었다. 한편 박재형이 이만인(李晚寅)에게 보낸 편지에서도 『해동속소학』 원고에 대한 표점(標點)과 도말(塗抹)을 베푼 것에 대한 감사의 뜻을 전하고 있었다.[40] 이만인은 허전과 함께 『해동속소학』 서문을 쓴 인물이기도 하다. 또한 현존하는 『해동속소학』에 실리지는 않았지만, 정기석(鄭箕錫) 또한 발문을 찬한 사실이 있었다.[41] 정기석은 강화학파를 이끌던 하곡 정제두의 후손으로 아버지 정문승(鄭文升)과 함께 가학으로 양명학을 계승해 나간 인물이었다. 따라서 박재형이 『해동속소학』을 준비하면서 받은 자문은 그의 재지적 기반이던 영남 남인에 치우치지 않고, 경향 각지의 폭넓은 교유관계에 기반을 두고 진행되었음을 추정케 한다.

박재형의 이러한 노력들은 갑신년(1884)에 초판으로 목판본 300부가 간행된 이후에도 지속되었을 것으로 보인다. 박재형이 이만인에게 감사의 편지를 보낸 것이 1890년이기 때문이다. 아무튼 초판 목판본이 나온 2년 후인 병술년(1886)에 다시 재판 200부를 목판으로 인쇄한 바가 있다. 이는 박재형이 활동할 당시의 일이라 수정 보완이 가해졌을 가능성도 있다.[42] 그 후 박재형이 생을 마감한 후였던 1912년 조선광문회에서 활판으로 인쇄한 바가 있으나 인쇄 부수에 대해서는 알려진 바가 없으며,[43] 1925년에 목판으로 다시 100부가 인쇄되었으니, 일제치하에서도 『해동속소학』이 초등 수신서로서 꾸준하게 읽히고 있었음을 알 수 있다.

『해동속소학』은 기본적으로 주자 『소학』에 바탕을 둔 책인데, 건곤

---

40 박재형, 『진계문집(進溪文集)』 권3, 「여이용산(與李龍山) – 晚寅)」.

41 정기석, 『부군유고(府君遺稿)』 권2, 「해동소학발(海東小學跋)」.

42 판본에 대한 대조작업이 필요한 부분이나, 본고에서는 이에 대한 작업까지 수행하지 못했다.

43 조선광문회에서 발간한 책에는 서문과 발문이 생략되어 있다.

2책 6권의 총 면수 256쪽이며, 각 면별로 세로 10행, 각행 18자어(字語)로 되어 있다. 아울러 본문에 해당하는 권1~권4의 내편에는 모두 162장(항목)이 수록되어 있고, 권5~권6의 외편에는 248장이 수록되어 있어, 모두 410장(항목)으로 구성되어 있다.

〈표 2〉『해동속소학』 내용 구성과 편집 체제

책	쪽수	내용(편목)		내용 설명 (장절)
乾	1~2	小學圖 / 해설		右退溪先生小學圖也 小學圖 至先生始有 而先生東人也 玆收載卷首
	3~5	편목		1입교 2명륜 3경신 4계고 5가언 6선행
	6~12	인용서책 목록		고려사 이하 63책과 諸先生文集
	13~17	序文, 題辭		허전 이유승 찬, 이만인 찬
	19~32	內篇	立教	권1 立教第一 20장(=항목)
	33~58		明倫	권2 明倫第二 43장
	59~76		敬身	권3 敬身第三 35장
	77~112		稽古	권4 稽古第四 64장(입교 8 명륜 37 경신 11 통론 8)
坤	1~40	外篇	嘉言	권5 嘉言第五 74장(입교 33 명륜 18 경신 23)
	41~142		善行	권6 善行第六 174장(입교 21 명륜 107 경신 46)
	143~144	발문		권6 박재형찬

위의 표에서 보듯이, 주자가 편찬했던 『소학』이 모두 386장으로 구성되어 있었던 것에 비해 약간 늘어난 셈이긴 하지만, 박재형의 『해동속소학』은 주자 『소학』에 바탕을 둔 것이다. 본문에 해당하는 내·외편의 입교 명륜 경신 계고 가언 선행 등의 편목 자체가 동일하기 때문이다. 그리고 양자의 기본적인 가치 기준이 성리학적 유교윤리에 입각한 것이란 점에서도 동일하다. 유교적 실천윤리의 핵심은 삼강오륜이었으며, 입교(立教)나 경신(敬身)은 삼강오륜을 실천하기 위한 수단에 불과한 것이었다. 따라서 주자 『소학』이든 『해동속소학』이든 명륜(明倫)에 관한 항

목들이 약 절반 이상을 차지하는 핵심 어젠다였음을 부인할 수가 없다.

그런데 양자의 실제 내용상의 구성을 보면, 매우 큰 차이점을 발견할 수 있다. 『해동속소학』첫머리에 퇴계가 만든 「소학도」를 첨부했는데, 그 이유는 퇴계가 동인(東人)이기 때문이라는 전제를 달고 있었다.[44] 여기에서 동인이란 동국인(東國人) 혹은 해동인(海東人)이란 의미를 담은 것이니, 그의 서명을 '해동(海東)'과 '속(續)'이라 붙인 연유의 출발점이기도 하다. 그런데다 내편을 크게 줄인 반면, 외편의 분량을 크게 늘렸다. 가령 주자『소학』에서는 외편의 선행편이 81장에 불과했지만, 박재형의 『해동속소학』에서는 174장으로 늘렸다.

우선 박재형의『해동속소학』과 주자『소학』의 외형적인 차이에 대해 살펴보는 것이 필요할 것 같다.

〈표 3〉 주자『소학』과『해동속소학』내용별 장(章)수 비교[45]

편명	구분	입교	명륜	경신	통론	계
내편	소　　학	13(7.8%)	108(64.7)	46(27.5)		167
	해동소학	20(20.2)	43(44.1)	35(35.7)		98
계고	소　　학	4(8.5)	31(66)	9(19.9)	3(6.4)	47
	해동소학	8(13.1)	37(57.8)	11(17.1)	8(13.1)	64
가언	소　　학	14(15.4)	41(45.1)	36(39.6)		91
	해동소학	33(44.6)	18(24.3)	23(31.1)		74
선행	소　　학	8(9.9)	45(55.6)	28(34.6)		81
	해동소학	21(12)	107(61.5)	46(26.4)		174
계	소　　학	39(10.1)	225(58.3)	119(30.8)	3(0.8)	386
	해동소학	82(20)	205(50)	115(28)	8(1)	410

44　"右退溪先生小學圖也 小學圖 至先生始有 而先生東人也 玆收載卷首"

45　한관일, 2012, 「한말(韓末)『해동속소학(海東續小學)』의 효교육에 관한 연구」『청소년과 효문화』19, 한국청소년효문화학회, 103쪽 도표.

<표 3>에서 확인되듯, 『소학』에서는 모두 386장(항목)인데 비해 『해동속소학』에서는 410장으로, 약 24장이 늘어났다. 그런데 내편의 입교 명륜 경신 편 구성을 보면 『소학』은 167장으로 구성되어 있었는데 비해 『해동속소학』에서는 98장으로 축소되었다. 그 대신 외편의 선행 편을 보면, 전자가 81장에 불과했는데 『해동속소학』에서는 174장으로 확대되었다. 인간의 올바른 인격 함양을 위해서는 먼저 선행을 꾸준하게 실천하고 습관화시키는 것이 보다 중요함을 강조한 것이다.

특히 『해동속소학』에서는 우리나라 성현들의 가언과 선행들을 모아 편집한 것이기에 실생활에 공감되거나 귀에 익은 친근한 이야기들이다. 중국 성현들의 언설(言說)에서 보이는 형이상학적이고 공허한 이론이 아니라, 우리나라가 배출했던 인물 행실에 대한 현장감과 친근함을 주는 실제 이야기는 입교 편 시작부터 이어진다. 입교 편 1장에 제시된 사례는 정충신(鄭忠信)의 야담집인 『포초잡록(圃樵雜錄)』에서 뽑은 정여창 선생 일화이다.

> 일두선생 문헌공(정여창)은 젊은 시절 술을 좋아하여 하루는 친구들과 몸을 가누지 못할 정도로 마시고는 들판에서 잠자고 돌아오니, 어머니가 책망하길 "네 아버지는 이미 돌아가시고 미망인이 된 내가 의지할 곳이 너 뿐인데, 지금 너의 꼴이 이 지경이니 내가 누굴 의지하겠는가" 하시니, 선생이 깊이 마음에 새겨 다시는 술을 입에 대질 않았다. (見圃樵雜錄)

이렇듯 경사자집(經史子集)에서 뽑은 근엄한 고문이 아니라, 야담집에 불과했던 자료들을 오경(五經)의 반열에까지 오른 『소학』 첫머리에 싣고 있었으니, 『해동속소학』이야말로 매우 파격적이면서도 대담함까지

보인 것이다. 옛 형식은 받아들이되 진부하고 공허한 메아리에 불과했던
『소학』에 대한 반성이요, 나아가 창조적 파괴였다. 제시된 모든 장들이
생생한 실제 사례들이어서 마치 『삼강행실도』를 보는 느낌마저 든다.
　박재형이 책을 찬집하는 과정에서 인용했던 서책을 보면 인쇄술과
제지술의 한계가 있었던 시기였음에도 불구하고 매우 광범위한데, 그 서
목을 보면 잘 드러난다.

　　麗史(我世祖朝命鄭麟趾著)

　　高句麗史

　　東京誌

　　國朝寶鑑(我世祖朝命撰)

　　國朝典謨(李世璉著)

　　東言當法

　　國朝彙語

　　小華言行錄

　　楓巖輯話

　　平壤誌

　　八域誌

　　靑野謾集

　　羣豹一斑錄

　　瑣篇(李月沙廷龜著)

　　於于野談(柳參議夢寅著)

　　東史撮要

　　退陶言行錄(李德弘著)

　　旬五志(洪萬宗著)

　　大東韻府群玉

　　南溪禮說(文純公朴世采撰)

　　鵝城雜記(淸江李濟臣著)

識小錄(許筠著)

海東野言

閒居謾錄

公私見聞錄

畸翁謾筆(鄭弘溟著)

秋江冷談(南孝溫著)

圃樵雜錄(任輔臣著)

筆苑雜記(徐四佳巨正著)

私淑齋訓子說(姜希孟著)

彛尊錄(佔畢齋金文忠公宗直著)

因繼錄(鄭載崙著)

靑坡劇談(李陸著)

海東名臣錄(金堉著)

鯸鯖瑣語(淸江李濟臣著)

莊陵誌

雙節錄

石潭日記(李文成公珥著)

輿地勝覽

沙溪語錄(金文元公長生著)

擊蒙要訣(李文成公珥著)

東儒師友錄(朴南溪世采著)

松窩雜記(李墍著)

續雜記(柳磻溪馨遠著)

南溪記聞(朴文純公世采著)

士小節(李德懋著)

記言(眉叟許文正公穆著)

愚得錄

記善錄

景遠錄

恥齋日錄(洪仁祐著)

寒岡言行錄

遣閒錄

撫松小說

野言通載

忠烈錄

內範

慵齋叢話

睡隱錄

三國史

海東樂府

逐睡錄

東溪雜說

諸先生文集

이상 모두 63책들 중 극히 일부를 제외한 대다수가 다소 가벼우면서
도 친근하게 읽혀지던 야담류(野談類)들이다. 한편 목록 마지막에 제시
한 제선생문집(諸先生文集)에는 퇴계를 비롯하여 수많은 인물들의 문집
들이 포함되어 있다. 이 역시 전적으로 해동(海東)에서 생산된 문집들이
다.『퇴계집(退溪集)』『탄옹집(炭翁集:權諰)』『포저집(浦渚集:趙翼)』『한
음집(漢陰集:이덕형)』『수은집(睡隱集:姜沆)』『지봉유설(芝峯類說:이수
광)』『회은집(晦隱集:南鶴鳴)』『백사집(白沙集:이항복)』『여헌집(旅軒集:
장현광)』『청강집(淸江集:이제신)』『치재집(恥齋集:曺善迪)』『우복집(愚
伏集:정경세)』『동춘집(同春集:송준길)』『서애집(西厓集:류성룡)』『청천
당집(聽天堂集:張應一)』『명재집(明齋集:윤증)』『계곡집(谿谷集:장유)』『동
명집(東溟集:정두경)』『택당집(澤堂集:李植)』『동주집(東洲集:李敏求)』『대
곡집(大谷集:成運)』『월한집(月澗集:李瓚)』『동계집(桐溪集:鄭蘊)』『점필

재집(佔畢齋集:김종직)』『돈계집(遯溪集:허후)』『오봉집(五峯集:李好閔)』
『만전집(晚全集:洪可臣)』『오리집(梧里集:이원익)』『정암집(靜菴集:조광
조)』『수곡집(壽谷集:金柱臣)』『제산집(霽山集:김성탁)』『월사집(月沙集:
李廷龜)』등이며, 그 인물들의 면면을 놓고보면 당파를 초월하고 있다.

아울러 문집에서 가려 뽑은 내용이라 할지라도 흥미로우면서도 매우
시사적이고 교훈을 주는 내용들로 채워져 있다. 가령『택당집(澤堂集)』
에서 뽑아 선행 편으로 편집한 이순신 이야기를 보면 흥미와 교훈을 동
시에 만족시키고 있다.

> 충무공(忠武公) 이순신(李舜臣)은 이미 벼슬길에 오르긴 하였으나 빨
> 리 출세하려는 뜻도 갖지 않았고 윗사람을 찾아 청탁하는 일도 하지
> 않았다. 문성공(文成公) 이이(李珥)가 이때 이조 판서로 있었는데 공의
> 사람됨이 뛰어나다는 말을 듣고는 기왕이면 같은 종씨를 등용하고자
> 하여 사람을 통해 만나보기를 원하였다. 그러나 공은 이를 달갑게 여기
> 지 않고 말하기를 "같은 종씨이니 만나볼 수도 있겠지만 현재 인사를
> 맡아 보는 자리에 계시니 만날 수가 없습니다.(同宗則可相見, 在銓地則不
> 可見)" 하였다.[46]

『해동속소학』본문에 인용된 대다수의 언설과 언행들이 이런 식이
다. 이는 진정한『소학』의 대중화요, 유교문명을 해체로 이끄는 길이었
다. 그리고 우리 주체성과 정체성을 찾는 길이요, 민족주의적 시각에서
해동(海東)을 찾는 길이기도 했다.

이처럼 박재형은『해동속소학』의 외형적인 변용을 바탕으로 내용에
있어서도 새 시대에 부응하는 변화를 추구했다. 주자『소학』에서의 군

---

46 『해동속소학(海東續小學)』외편(外篇) 善行第六 實明倫 40章.

신관계를 보면, 임금이 사악에 빠지지 않고 사직을 바로 세우게 하는 것이 신하의 도리라 규정했다.[47] 그러면서도 임금의 존엄성과 권위를 신성불가침의 단계에 두고 있었다. 이에 반해 『해동속소학』에서는 임금 명령에 복종만 하는 충(忠)이 아니라, 적극적으로 교도(敎導)하여 임금에게 이익이 되도록 설득하고 간언하는 성간이 충이란 점을 강조하고 있다. 예컨대 정암(靜庵) 조광조(趙光祖)가 "임금 앞에 나아갈 때는 비록 낮은 벼슬에 있더라도 경(經)을 토론하는데 있어서 황왕(皇王)의 도리를 극진히 진술하여 임금이 덕망을 잘 기르도록 해야 잘못이 없다"라고[48] 한 것이나, "간쟁을 할 때에 임금이 응답 하지 않으면 또한 악한 일을 꺼리고 착한 일을 드러내는데 회피하지 않았다. 내가 바른 도리로 임금을 섬기다 살면 살고 불행이 죽으면 죽는 것이지, 화와 복을 어찌 두렵다고 하겠는가?"라고[49] 한 언설(言說), 그리고 모재(慕齋) 김안국(金安國)의 "신하의 도리는 평화로운 때는 임금을 속이지 않고 직분을 다하고 위태로울 때면 목숨을 버리는데 두 마음을 먹지 말아야 한다."라고 한 언설[50] 등을 통해 임금이 바르게 정사를 돌보도록 보필하는 것이 신하의 도리임을 강조하고 있다. 기묘사림들이 활약할 당시 비로소 『소학』이 널리 읽히기 시작했고, 또 그들에 의해 재확립되어 간 군신관계론들이 『해동속소학』에 의해 완연하게 정전화(正典化) 되는 빛을 보게 된 것이다.

한편 전통사회의 남녀관계에 있어 『소학』 단계에서는 성차별과 여성의 희생적인 수절을 강요한 반면에 『해동속소학』에서는 여자의 인격수양 관련 비중을 크게 높였다.[51] 이렇듯 여성의 인격 수양과 이를 바탕으

---

47 『소학(小學)』 내편(內篇) 明倫第二, 明君臣之義.
48 『해동속소학(海東續小學)』 내편(內篇) 明倫第二, 明君臣之義.
49 『해동속소학(海東續小學)』 외편(外篇) 善行第六 實明倫 13章.
50 『해동속소학(海東續小學)』 내편(內篇) 明倫第二, 明君臣之義.

로 한 부부간의 상호 존중을 강조하였으니, 칠거지악을 폐단으로 규정하고 바로잡아야 함을 강조했다. 즉, 부부의 연은 인륜의 시작이고 만복의 근원이라 그 관계가 지중함을 논파한 정암 조광조의 언설을 소개하는가 하면,[52] 옛날 어른들이 적서(嫡庶)를 나눈 것이 비록 엄하지만, 골육(骨肉)의 나눔에는 차이가 있을 수 없다는 퇴계의 논설을[53] 인용하여 적서차별에 대한 문제점까지 파고 들었다.

이렇듯 『해동속소학』에서는 가부장적인 권위주의에서 탈피하려는 자세를 보여주고 있었고, 나아가 공동체의 상호부조를 더욱 강조하고 있다. 장여헌(張旅軒)의 족계의(族契議)에 이르기를 일을 할 때는 힘을 합하여 그 도와주는 의리를 다하고, 그들로 하여금 부유하면 나누어 주고 가난하면 도와주는 것이다. 서로가 경사스러운 일이면 함께 기뻐하고 근심스러운 일이면 그 근심을 함께 나눈다. 이는 곧 가정을 보전하고, 일가를 화목하게 만드는 깊은 생각이요, 원대한 생각이라 하겠다[54] 라는 언설을 통해 가족공동체의 화목을 강조하고 있다.

주자 『소학』에서는 몸가짐과 마음가짐, 언어 그리고 기거하는 행동의 기본적인 언행을 통한 자기수양의 본이 되는 겸양지덕(謙讓之德), 인내성 그리고 침착성 등의 미덕을 가르치는 데 중점을 두었다. 반면에 박재형의 『해동속소학』에서는 절약과 검소, 반성 그리고 극기 등의 실질적인 수양덕목에 중점을 두었다.[55] 또한 『소학』에서는 사대부층의 대의

---

51 『해동속소학(海東續小學)』 내편(內篇) 明倫第二, 明夫婦之別 내용 중에 여성의 인격수양 관련이 12장인데 비해 정절 요구는 3장에 불과하다.

52 『해동속소학(海東續小學)』 외편(外篇) 嘉言第五 廣明倫 8章.

53 『해동속소학(海東續小學)』 외편(外篇) 嘉言第五 廣明倫 10章.

54 『해동속소학(海東續小學) 내편(內篇) 권2 明倫第二, 明長幼之序, 2章.

55 한관일, 앞의 논문, 116쪽.

명분만 강조하면서 개인의 이해관계와 관련되는 이권추구를 막지 못한 결함으로 결국 국가질서 문란으로 이어졌다. 이를 규제 할 수 있는 현실적이고 적극적인 방안 마련을 소홀했기에 사회문제 해결에 무기력 했다. 그런데『해동속소학』에서는 임금이나 관리층에게 절약과 검소한 생활을 수양덕목으로 가르쳐 생활화하는 것이 이권을 추구하는 사회문제 해결의 본질임을 제시하고 있었다.[56] 이는 왕조말기 현상을 직접 체득하고 있었던 박재형의 시대 인식이 반영된 것이라 할 것이다.

5. 해동속소학 편찬 의의

진계 박재형은 선유(先儒)들이 경(敬)자를 의론한 글을 모아 한 권의 책으로 만들고 제목을『집경요람(執敬要覽)』이라 하였다. 학문이란 오로지 '경(敬)'자에 달렸다고 말한 것이다.『해동속소학』과『소학』의 경신 편에서 경이란 실천방법으로만 간주하지 말고, 하나에만 정신을 집중하는 것이며, 마음을 전념하여 잡념을 갖지 않는 이른바 정신집중을 의미한다.

박재형은 신라·고려·조선시대 유현(儒賢)들의 서론(緒論)과 현인군자(賢人君子)·절부(節婦)·의사(義士) 들의 사행(事行)으로서 세상에 모범이 될 만한 것들을 수집하여『해동속소학(海東續小學)』6권을 편찬하였다.『해동속소학』을 찬집하는 과정에서 박재형은 "모두가 선유(先儒)의 성설(成說)에서 나온 것으로 그 사이에 한 글자도 윤색하지 않았다. 다만 편(篇)을 배열하고 류(類)를 나눈 것은 보기에 편리하게 하고자 함이다."

---

56 한관일, 앞의 논문, 118쪽.

라고 했다.[57]

박재형이 추구했던 『해동속소학』 편찬 의지는 그가 쓴 발문에 잘 나타나 있다.

주자가 옛사람의 훌륭한 말씀과 행실을 뽑아 『소학』을 편찬하였는데, 천하 사람들이 이것을 숭상하고 있다. 우리나라는 예악문물이 중국과 비견할 만하고 현자들이 무수히 배출되었지만, 주자와 같은 분이 세상에 나오지 않아 우리나라 사람의 격언과 행실이 기록되지 못했다. 나는 이것을 슬피 여겨 우리나라 옛사람의 언행을 뽑되, 그 규모와 범례를 한결같이 『소학』을 따르고 『해동속소학』이라 제목을 달았다. 어느 객이 이를 힐난하는 자가 있어 "주자는 대현(大賢)이니 가하거니와 자네가 감히 이런 참람한 일을 했는가?" 하였다. 나는 찌푸리고 대답했다. "일찍이 퇴계 선생에게 들으니, '농부가 뽕나무와 삼을 말하고, 목수가 먹줄과 먹통을 말하는 것은 각기 직분에 떳떳한 일이다. 그런데도 농부를 참람하게 신농씨(神農氏)가 되려는 것이라 나무라고, 목수를 망령스럽게 공수자(公輸子)가 되려는 것이라 나무라니, 신농씨와 공수자에게는 미치지 못하지만 이것을 버리고 어떻게 농사와 목수 일을 배울 수 있겠는가?' 라고 하셨다. 나는 지금 주자를 배우는 자이니, 농부가 신농씨를 배우고 목수가 공수자를 배우려는 것에 가깝지 않겠는가! 자네는 어찌 이를 나무라는가?" 하였다. 객이 "옳다 옳다" 하고는 물러갔으므로, 이것을 써서 스스로 위안하는 바이다.[58]

이러한 진계 박해형의 시대정신과 학문적 경향성은 어디에서 온 것인가?

박재형은 부친 박시묵의 영향 아래 퇴계학의 정맥을 이은 정재 유치

---

57 박재형, 『진계문집(進溪文集)』 권2, 「답박도사(答朴都事 - 제성(齊性)」.
58 박재형, 『해동속소학』 발(跋).

명(柳致明) 문하에 나아가 성리학을 수학한 바가 있고, 근기 남인학파를 이끌던 성재 허전이 김해부사로 내려오자 또 다시 허전의 문인이 되었다. 그러하니 박재형은 퇴계 학맥과 성호 학맥을 동시에 이은 학자이기도 했다. 당대 영남의 명유(名儒)로 이름 놓았던 이원조(李源祚), 이종상(李鍾祥), 유주목(柳疇睦), 이진상(李震相) 등은 물론이고, 경기 지역 소론 산림으로 이름 높았던 문경(文敬)공 성근묵(成近默)과도 교류를 하고 있었다.[59] 성근묵은 헌종 13년(1847) 이양선이 우리나라 연해에 자주 출몰하자 그에 대한 단호한 조처를 취할 것을 상소했던 인물이다.[60] 박재형의 아버지 박시묵은 1866년 병인양요가 발발하여 이종상(李鍾祥)이 경주진소모사(慶州鎭召募使)로 차정되었을 때 청도소모장(淸道召募將)으로 추대 받았다. 이러한 내우외환의 위기 속에서 살았던 박재형은 1870년에 진사시에 합격한 이후 한양에서 과거준비를 하기도 했지만, 곧 청도 운문산에 칩거하였음에도 외세에 대해서는 민감한 반응을 보이기도 했다.[61]

그는 이 시기에 집중적으로 저술 활동에 매진하였는데, 『해동속소학』이외에도 많은 저술을 남겼다. 『해동속고경중마방(海東續古鏡重磨方)』『해동명인성휘(海東名人姓彙)』『해동시선(海東詩選)』『해동기어(海東奇語)』『동문작해(東文酌海)』『주문정관(朱文井觀)』『도산지언(陶山至言)』『팔가골수(八家骨髓)』『금부록(金缶錄)』『섭생요결(攝生要訣)』『교자요언(敎子要言)』『공문편(恐聞篇)』『술선지(述先志)』『백유원지(百榴園志)』등과[62] 같은 저술활동에서 보듯이, 그의 관심은 온통 '해동(海東)'에 쏠

59 박재형, 『진계문집(進溪文集)』권7, 「가장서첩발(家藏書帖跋)」.

60 『헌종실록』권14, 헌종 13년 8월 9일 을묘조.

61 박재형, 『진계문집(進溪文集)』권2 「여송연재(與宋淵齋)」, 권3 「답유중옹(答柳仲雍)」「여김참판(與金參判)」「여김후(與金侯)」, 권4 「답최정여(答崔禎汝)」.

려 있었음을 짐작케 한다.

『해동속소학』 발문에서 "우리나라는 예악문물이 중국과 비견할 만하고 현자들이 무수히 배출되었지만, 주자와 같은 분이 세상에 나오지 않아 우리나라 사람의 격언과 행실이 기록되지 못했다."라고 밝힌 바 있듯이, 또한 『해동시선(海東詩選)』 서문에서, "동방 문물이 중화보다 못하지 않고, 이미 『청구풍아(靑丘風雅)』『해동풍요(海東風謠)』『소화비평(小華批評)』『대동시림(大東詩林)』『기아(箕雅)』『국조시선(國朝詩選)』 등의 시선집이 세상에 유행하고 있는데도 대부분의 사람들이 당송(唐宋)과 명청(明淸)의 체격(體格)만 좋아하고, 신라나 고려와 조선의 한시를 칭찬하는 사람을 보지 못했다."라고 밝힌 바 있듯이, 진계 박재형이 생각하던 한탄스런 세태를 바로잡기 위한 도전이었다.

박재형의 이러한 태도와 학문적 관심이야말로 조선후기 조선중화주의에 입각한 학문적 실천들이 자국 문화에 대한 지적 탐구로 귀결되고 있었음을 극명하게 보여준다. 안으로 경(京)·향(鄕) 분기가 대세를 이루고 밖으로는 대청(對淸) 종속이 심화되어 가면서 문화적 자주성 상실과 어설픈 세계주의에 휩쓸려가던 세태에 대한 반성이었으니,[63] 조선 중·후기에 접어들어 소중화(小中華) 의식이 극에 치달았던 반성에서 출발한 일종의 탈중화였던 셈이다.

『해동속소학』 찬집 과정에서 영향을 크게 미친 사람은 성재 허전이었다. 박재형이 보낸 초고를 읽어 본 허전은 동현(東賢)의 선행(善行)들이 누락된 감이 없지 않다며 보궐(補闕)하란 가르침을 준 바가 있는데, 이 때 허전이 제시해 준 책이 바로 『동현학칙(東賢學則)』이었다.[64] 박재

---

62 박재형, 『진계문집(進溪文集)』 권7 「서찬집서책목록후(書纂輯書冊目錄後)」.

63 노관범, 2001, 「19세기 후반 청도지역 남인학자의 학문과 『소학』의 대중화」『한국학보』 104, 102쪽.

형이『해동속소학』을 찬집하는 과정에서 기존의 속소학류, 예컨대『대동가언선행』『동현학칙』등을 참고했던 것은 당연한 것이었지만,[65] 그 중에서도 황덕길의『동현학칙』영향은 매우 컸고, 그것은 허전의 가르침 때문이었다.

『해동속소학』과『동현학칙』에 수록된 예문의 중요 인물을 추출해 보면, 동일인물들이 다수를 차지한다.『해동속소학』에 수록된 예문의 중요 인물로는 이황(27회) 조광조(12회) 이이(11회) 장현광(9회) 조식(9회) 김안국(7회) 정구(7회) 김성일(6회) 이언적(6회) 등이 자주 등장했는데, 이는『동현학칙』에 등장했던 인물들의 비율과 궤를 같이 한다.[66] 그리고『해동속소학』에 수록된 상당수 언설(言說)들이『동현학칙』의 것과 동일한 내용들이다. 따라서 박재형이『해동속소학』을 찬집하는 과정에서『동현학칙』내용을 토대로 재편집한 것으로 보이는데, 그 비율을 보면 입교편 약 63%, 명륜 편 약 80%, 경신 편 약 74%, 계고 편 약 55%를 차지한다. 이는 박재형이 스승인 허전의 권유를 받아들여『동현학칙』을 잘 계승하고 있었음을 말해주는 것이다.

그럼에도 이황의 언설(言說)들이『동현학칙』에서는 전체의 약 25%를 차지하고 있었던 것에 비해,『해동속소학』에서는 7% 정도로 줄여 놓았다. 황덕길과 박재형 모두 남인 계통의 학자들이었지만, 근기 남인이었던 황덕길보다 영남 남인이었던 박재형이 퇴계 언설을 더 축소했다는

---

64 허전,『성재집(性齋集)』권5,「답박재형(答朴在馨)」.

65 이정민, 2015,「18세기『소학』류 서적의 새로운 양상-『대동소학』과『동현학칙』에 대한 검토-」『한국문화』71, 규장각 한국학연구원 ; 김순희, 2014,「下廬 黃德吉의 小學類 三書 考察」『서지학연구』60, 한국서지학회.

66 『동현학칙』에 인용된 인물 빈도를 보면, 이황(175회) 이이(27) 조광조(25) 김안국(17) 조식(16) 정구(16) 장현광(14) 이언적(12) 노수신(11) 김굉필(10) 순으로 나타난다.

것이 다소 의아하지만, 그 의미는 매우 커 보인다. 박재형이 『해동속소학』을 찬집하는 과정에서 당색을 탈피한 개방적이고 진취적인 모습을 보여준 것이라 여겨지기 때문이다. 또한 명륜 편과 계교 편은 충실히 계승했지만, 입교 편과 계고 편에서는 상대적으로 독자성을 보여주고 있다. 아울러 황덕길이 경신 편에 넣었던 언설을 박재형에 와서는 입교 편에 넣었던 사례도 보인다. 그리고 박재형의 『해동속소학』 계고 편에서는 삼국시대나 고려 인물들의 언행들이 많이 삽입되어 있는데, 우리 역사와 전통문화를 매우 강조하고자 했음을 보여주는 대목이기도 하다. 박재형의 이런 역사인식은 후일 『소학속편』을 편찬한 김노수(金魯洙)에게도 큰 영향을 주었다.[67]

이런 박재형의 자세는 시대적 상황에 따른 것일 수도 있고, 개인적인 학문적 성향에서 온 것일 수도 있겠다. 『해동속소학』 명륜 편에 보이는 송시열의 효행에 관한 언설(言說)은[68] 『동현학칙』에서는 보이질 않지만, 『대동가언선행』에는 수록된 내용이다. 『대동가언선행』을 남긴 유직기가 당색으로 노론이었다면, 『동현학칙』을 남긴 황덕길은 남인이었다는 점에서 쉽게 납득이 가는 부분이다. 그런데 남인 학자였던 박재형은 당색의 입장을 고려하지 않은 통합적 차원에서 책을 찬집하려 했기에 들어간 언설이었다. 이런 자세는 본문에서 수록된 권2 명륜 편의 박세채(朴世采) 언행, 권5 가언 편의 김창협(金昌協) 언행, 권6 선행편의 조현명(趙顯命) 언행들에서도 잘 드러난다. 이들은 소론과 노론을 대표하던 인물이었으며, 동시에 이전의 속소학류에서는 등장하지 않았던 인물 사례였다.

한편 『해동속소학』에서는 인용 서책이 매우 광범위하고 다양했다는

---

67 노관범, 앞의 논문, 112쪽.
68 『해동속소학(海東續小學)』 내편(內篇) 明倫第二, 明父子之親.

특징을 지닌다. 그렇기에 기존의 속소학류에서 인용되지 않았던 독자적인 인용 서책 또한 많았다. 이를 표로 나타내면 다음과 같다.

〈표 4〉 속소학류별 독자적인 인용 서책 현황 (인용횟수)

구 분	독자적인 인용 서목	책수
대동가언선행	聖學輯要(3) 警民編(4)	2
동현학칙	記善錄(11) 戊寅記聞錄(1) 重峯集(2) 聞溪漫錄(2) 艮齋集(6) 江陵誌(1) 慕齋集(1) 星湖塞設(3) 下學指南(1)	10
해동속소학	國朝典謨(1) 國朝彙語(13) 國朝彙言(1) 畸翁漫筆(1) 東京誌(5) 東言當法(9) 士小節(4) 旬五志(1) 鵝城雜記(1) 因繼錄(1) 莊陵誌(6) 靑野謾輯(1) 逐睡錄(1) 平壤誌(2) 圃樵雜錄(2) 楓嚴輯話(1) 閑居漫錄(2) 谿谷集(1) 明谷集(1)	19

『해동속소학』에서는 이전에 나왔던 속소학류를 참고했다 할지라도 보다 새로운 서책들을 대거 인용하고 있었다. 가령 6차례 인용된『장릉지』는 박재형의『해동속소학』에 와서 새롭게 주목받은 서책이다. 단종을 위해 목숨을 바친 충절의 상징이던 사육신과 생육신 계열은 숙종조에 비로소 신원되는 과정을 거쳐, 정조 15년(1791)에 어정배식록(御定配食錄)을 편정(編定)할 때 정단배식(正壇配食) 32인을 최종 확정함으로써 향사되었다. 이는 단종을 위해 목숨을 바친 신하들에게 국가적으로 그 공을 인정한 완결판이었다.『장릉지』는 이런 과정 속에서 편찬된 서책인데, 여기에 소개된 엄흥도를 비롯하여 허후 성삼문 박팽년 유응부 이맹전 등 6명의 인물 언행에 대한 것들을 채록하여『해동속소학』의 선행편에 올렸다.[69] 단종이 영월에서 죽임을 당하자 누구 하나 시신 곁으로 가려는 사람이 없었는데, 그곳 향리 엄흥도(嚴興道)라는 의인이 무덤을 만들어 주었다는 고사나 수양대군의 처사에 불만을 품었던 허후(許珝)가 황보인·김종서 등의 무죄를 주장하다 결국 교살된 고사들이 오늘날은

69　『해동속소학(海東續小學)』외편(外篇) 善行第六 實明倫 41~46章.

비교적 잘 알려져 있지만, 『해동속소학』에 오르지 전에는 그러질 못했다. 이런 부분에서도 박재형의 편집 의도가 분명해 보인다.[70]

한편 『해동속소학』에는 『공사견문록』을 비롯하여 'OO잡록' 'OO잡기'같은 야담집들의 인용이 두드러졌다. 이는 그가 참고했던 『동현학칙』을 계승하여[71] 야사나 야담의 세계와 소학 세계를 가로막고 있던 두터운 경계의 벽을 허물어 버린 것인데, 기존 속소학류의 한계를 뛰어넘는 것이기도 하다. 특히 『동경지』에서 인용한 5건의 선현들 언행 중에서 계고 편(권4)의 김유신에 관한 야담은 그 절정을 이룬다.

김유신(金庾信)이 어렸을 때에 어머니가 날마다 엄한 훈계를 하여 함부로 교유하지 못하게 하였다. 하루는 우연히 여자 노예인 천관(天官)의 집에서 묵고 오자, 어머니가 면전에서 꾸짖어 말하기를 "나는 이제 늙어서 네가 자라 공명을 세우기를 밤낮으로 바라고 있는데 지금 어린 아이들과 어울려 창녀가 있는 술집에서 놀다 온 게냐?"라고 하면서 하염없이 울었다. 김유신은 즉시 어머니 앞에서 다시는 그 집을 지나가지 않겠다고 맹세하였다. 하루는 술에 취해 말이 옛길을 따라 창녀가 있는 집에 이르렀다. 공(김유신)은 이를 깨닫고 타고 온 말을 베어 안장을 버리고 돌아갔다. -『동경지(東京誌)』에 보인다-[72]

---

70 박재형이 사육신 충절과 관련된 내용들에 집착한 이유는 그의 가문적 내력 때문으로 보인다. 중종 대에 살았던 그의 13대조 소요당 박하담 문집이나 박하담 동생이던 박하징 문집에는 이들이 사육신묘가 흩어져 있던 노량진을 방문하여 소회를 남긴 시문들이 전한다. 특히 박재형의 아버지 박시묵이 살았던 시기에 집중적으로 소요당을 비롯한 선조들의 흩어진 유문(遺文)들을 수습하여 문집으로 간행한 바가 있는데, 선조들의 위선사업 과정에서 노출된 단종과 사육신 충절 관련 내용을 박재형이 접한 후 『해동속소학』에 반영한 것으로 보인다.
71 『동현학칙』에는 雜著類 약 23종과 雜記類 약 29종을 인용하고 있다.
72 『해동속소학(海東續小學)』 내편(內篇) 稽古第四 立敎 1章.

이 이야기는 조선후기 이익의 『해동악부(海東樂府)』, 오광운(吳光運)의 『해동악부』, 이학규(李學逵)의 『영남악부(嶺南樂府)』에 실렸던 유명한 일화이지만 그것은 어디까지나 영사(詠史)의 세계에 머물렀을 뿐 일찍이 소학적 지식이 된 적이 없었다. 아울러 『해동속소학』에 소개된 수많은 일화들 역시 조선후기에 유행했던 야담집에 실려 있던 것들이 많은데, 이들 역시 야담의 세계에서 벗어나 소학적 지식으로 승화되었다. 변화하는 사회의 새로운 도덕을 창조하려는 박재형의 과업에서 조선의 역사와 조선의 야담들이 『소학』이 되는 시대를 활짝 열어가고 있었다. 박재형의 『소학』 대중화 의도는 곧 삼국시대와 고려시대의 역사 이야기가 『소학』의 창을 열고 들어와 더욱 활성화 될 수 있었으며, 조선시대의 여러 가지 야담이 수신 교과서 안으로 들어와 새롭게 국민 도덕으로 합류하게 되었다.[73]

이는 조선의 역사와 문화를 소학에 담아 인륜과 도덕이라는 보편성을 재창조하려 했던 박재형 노력의 결과였다. 아울러 일반 대중 취향에 맞춰 성리학 내용을 문학적으로 순화시키는 대중화 방향이었다. 여기에는 19세기에 들어와 개성 있는 퇴계학맥의 학자들이 출현했기에 가능했다. 아울러 이는 조선 유학 전통에 대한 문화적 자존의식 또는 문화적 민족주의 발로에서 온 결과였다.

퇴계학의 특징을 '리학' 또는 '심학'이라고 규정하지만. 주자학에 비해 '심학 경향성'이 많이 내재되어 있는 것으로 본다. 퇴계학은 경(敬) 중심의 심학적 특징을 강하게 지녔기 때문이다. 다시 말해 퇴계학 특징은 형이상학인 이기론보다 실천 가능성과 실천의 현실적 수행을 담보하는 심성론을 더 강조한 것이다. 주자학의 경우 이기론으로부터 심성론을

---

73 노관범, 2014, 『고전통변』 김영사, 224~225쪽.

설정한다면, 퇴계학은 심성론을 위해 이기론을 그 근거로 요청하고 있다. 이 같은 특징을 두고 퇴계학을 흔히 '심학'이라 부른다.[74] 그런 면에서 『소학』은 퇴계학맥의 심학적 경향성을 받들고 있는 책이라 할 수 있고, 실천성과 일상성의 강조가 퇴계학맥의 중요한 특징적 요소였다.[75]

아무튼 이런 사회문화적 기반위에서 편찬된 『해동속소학』은 전대의 속소학류보다 크게 진일보 한 것이었음이 틀림없다. 주자『소학』의 체제를 따르는 모양 세를 취했지만, 내용 구성에서는 외편만이 아니라 내편에 이르기까지 전편 모두를 조선의 선현 276명으로 완벽하게 대체했기 때문이다. 물론, '조선에서 주자 소학을 잇는다'는 뜻으로 제목에다 '해동(海東)'과 '속(續)'이라는 말로 표현한 것이긴 하지만,[76] 이는 유교 문명이라는 테두리 안에 갇혀 있던 조선 지식인의 한계를 극복하는 과정이었으며, 동시에 유교 문명 속에서도 조선의 주체성을 회복하려는 의지의 소산이었음이 분명하다. 박재형의 이런 의지는 그가 남긴 『해동속소학』 발문에 잘 나타나 있음을 우리는 이미 살펴보았다.

여기에서 말하는 유교 문명이란 조선 전 시기를 관통하는 광의의 개념이 아니라 병자호란 이후 집권세력이던 노론의 입장에서 정치적으로는 대명의리론, 학문적으로는 오로지 주자의 해석방법만을 존중하던 순수 성리학적 측면을 뜻하는 협의의 개념이다. 조선이 건국되면서 주자학을 지배 이데올로기로 받아들였고, 이때부터 조선의 문명전환이 시작되었다. 이를 위해서는 유교 경전의 보급과 동시에 유교적 행위 실천이 뒷

---

74 홍원식, 2001, 「퇴계학, 그 존재를 묻는다」 『오늘의 동양 사상』 제4호, 예문동양
    사상연구원, 50쪽 이하
75 이상호, 2008, 「안동지역 퇴계학파의 『소학』 교육에 나타난 철학적 특징」 『안동
    학』 7, 한국국학진흥원, 304쪽.
76 정출헌, 앞의 논문, 312~313쪽.

받침되어야만 했다. 『소학』과 『주자가례』를 통해 실생활에서 유교덕목이 통용되고 실천 될 수 있도록 유도해 나갔다.

세종은 어린이도 쉽게 이해할 수 있는 원나라 하사신(何士信)의 『소학집성』을 대량으로 구입해 와 전국의 향교에 배포했다. 유교 문명이 완성되어 가던 성종 집권기엔 전국 어디든 집집마다 소학을 소장하였는데, 이때부터는 과거준비라는 입신 수단이 아닌 실천윤리로 받아들이는 부류가 등장했다. 이제 유교문명의 과제는 이론이 아니라 소학 내용을 실생활에서 실천하는 인간으로 거듭나게 하는 것이었다. 『소학』경신 편을 보면, 몸가짐 항목(33)이 마음가짐 항목(12)보다 더 큰 비중을 차지했다는 것이 이를 잘 보여준다.

유교문명을 더 빨리 열어가려 했던 사림(士林)들은 유교윤리에 어긋나는 세조의 행위를 비판하다 무오사화를 겪었고, 유교적 이상을 정치적으로 구현하려다 기묘사화를 겪었다. 특히 세조의 왕위 찬탈이 몰고 온 현실정치는 유교질서의 파탄을 의미하는 것이어서, 사림(士林)들은 결국 '수기치인(修己治人)'을 통해 무너진 강상(綱常)을 회복하려 했다. 이제 『소학』은 초등 수신서에 머무는 것이 아니었다. 소학동자 김굉필을 필두로 강응정 남효온 등이 소학계(小學契)를 운영한 것도 그런 배경에서 나타난 것이었다.[77] 이후 선조가 즉위한 조선중기에 이르면 사림세력들이 대세를 이룬 가운데 본격적인 유교문명이 시작되었고, 이런 시대적 분위기에 편승하여 이제는 『소학』이 경전(經典)의 지위에까지 오르게 되었다. 유교문명의 입문서 역할을 부여받은 『소학』의 시대가 도래 했지만, 18세기 중반에 이르러 유교문명의 해체 과정을 필연적으로 겪을

---

77 윤진욱, 2010, 「조선전기 '소학계' 연구」 『경주사학』 32, 경주사학회 ; 윤인숙, 2011, 「金宏弼의 정치네트워크와 소학계(小學契)」 『조선시대사학보』 59, 조선시대사학회.

수밖에 없었다. 『소학』은 더 이상 신성불가침의 것이 아니었다. 여러 종류의 속소학류가 나온 것 중에서도 가장 주체적이고 창의적인 정체성을 찾는 국학운동이 바로 『해동속소학』이었다. 그리고 이는 문화적 자존의식을 바탕에 둔 탈중화(脫中華)였고, 다분히 교조화로 치닫던 협의의 유교문명에 대한 도전이었다.

6. 맺음말

조선이 건국되어 성리학을 지배 이념으로 내세웠다는 것은 유교문명을 열어가겠다는 의지 표명이었다. 이에 따라 조선은 성리학의 나라가 되었고, 그 기반에는 주자(朱子)가 심혈을 기울였던 『소학(小學)』과 『가례(家禮)』가 바탕이 되었다. 유교문명이 지속되는 한 이에 대한 것은 신성불가침의 영역일 수밖에 없었다. 임진왜란과 병자호란을 겪으면서 무너진 사회를 재건하기 위해 예제(禮制)에 목을 매 달았던 것도 그 때문이었다. 그러나 예송(禮訟) 논쟁(論爭)이란 부작용 또한 작은 것은 아니었다.

초등 수신서에 머물렀던 『소학』은 고려 이래 유지되어 오던 수평적인 자유사회를 수직적인 교조사회로 탈바꿈시켰다. 이는 유교문명의 완성을 의미한다. 예컨대, 아들 딸 구분 없는 군분상속이 이루어지고, 친손과 외손, 장손과 차손이 차별받지 않던, 그리고 여자의 재가가 허물이 되지 않던 기존 사회 분위기를 완전히 변모시킨 것이었다. 이렇듯 유교문명이 극에 달하자 이제 『소학』은 유교 경전의 반열에까지 오르는 시대가 되었다.

조선왕조가 세계사 유래에서도 찾아보기 힘든 500년을 이어간 것도 워낙 단단한 유교문명으로 뭉쳐진 사회였기 때문에 장기 지속되었을 가능성이 크다. 하지만 어느 왕조를 막론하고 창업과 수성의 시대를 거쳐 쇠망기에 이르는 것이 역사의 필연인지라, 조선왕조의 유교문명도 서서히 해체되어 갔다. 일종의 국학운동으로 여러 종류의 속소학류가 나온 것이 이를 반증하는 하나의 예가 될 것이다. 이렇게 쏟아진 속소학류 중에서도 가장 주체적이고 창의적인 정체성을 추구한 것이 『해동속소학』이었다. 그리고 이런 문화적 자존의식을 바탕에 둔 탈중화(脫中華)가 청도 남인 학자의 한 사람이었던 박재형에 의해 시도되었다는 것이 매우 고무적인 일로 받아들여진다. 한적하고 궁벽한 청도가 아니라 신세계를 열어가는 청도 선비의 모습을 볼 수 있기 때문이다.

찾아보기

| 저자 소개 | (집필순)

박홍갑   전 국사편찬위원회 상임위원
저서 : 병재 박하징 연구(경인문화사, 2006)
조선조 사족사회의 전개(일지사, 2012) 외 다수

김성우   대구한의대학교 교수
저서 : 조선중기 국가와 사족(역사비평사, 2008)
조선시대 경상도의 권력중심 이동(태학사, 2012) 외 다수

신병주   건국대학교 교수
저서 : 이지함 평전(글항아리, 2008) :
정인홍 평전(경인문화사, 2008) 외 다수

권대웅   전 대경대학교 교수
저서 : (목숨 바쳐 나라를 사랑한 선비) 왕산 허위(지식산업사, 2014)
한계 이승희 생애와 독립운동(성주문화원, 2018) 외 다수

권오영   한국학중앙연구원 교수
저서 : 최한기의 학문과 사상 연구(집문당, 1999)
조선 후기 유림의 사상과 활동(돌베개, 2003) 외 다수

박인호   금오공과대학교 교수
저서 : 조선시기 역사가와 역사지리 인식(이회문화사, 2003)
칠곡 귀암 이원정 종가(예문서원, 2015) 외 다수

청도 밀양박씨 嘯皐公派와 朴時默·朴在馨

초판 인쇄 | 2019년 9월 18일
초판 발행 | 2019년 9월 25일

지 은 이 박홍갑 외
발 행 인 한정희
발 행 처 경인문화사
출판번호 406-1973-000003호
주   소 파주시 회동길 445-1 경인빌딩 B동 4층
전   화 031-955-9300 팩 스 031-955-9310
홈페이지 www.kyunginp.co.kr
이 메 일 kyungin@kyunginp.co.kr

ISBN 978-89-499-4837-9 93910
값 26,000원